多元视角下壮语与泰语谚语比较研究

周艳鲜　何丽蓬 ◎ 主编

中国社会科学出版社

图书在版编目（CIP）数据

多元视角下壮语与泰语谚语比较研究 / 周艳鲜，何丽蓬主编 . — 北京：中国社会科学出版社，2021.1

ISBN 978-7-5203-8065-2

Ⅰ.①多… Ⅱ.①周… ②何… Ⅲ.①谚语—对比研究—壮语、泰语 Ⅳ.① H218.3 ② H412.3

中国版本图书馆 CIP 数据核字（2021）第 040709 号

出 版 人	赵剑英
责任编辑	任　明　周怡冰
责任校对	李　莉
责任印制	郝美娜
出　　版	中国社会科学出版社
社　　址	北京鼓楼西大街甲 158 号
邮　　编	100720
网　　址	http：// www.csspw.cn
发 行 部	010-84083685
门 市 部	010-84029450
经　　销	新华书店及其他书店
印刷装订	北京君升印刷有限公司
版　　次	2021 年 1 月第 1 版
印　　次	2021 年 1 月第 1 次印刷
开　　本	710×1000　1/16
印　　张	16.5
插　　页	2
字　　数	279 千字
定　　价	90.00 元

凡购买中国社会科学出版社图书，如有质量问题请与本社营销中心联系调换
电话：010-84083683
版权所有　侵权必究

前　言

　　由于历史原因，壮、泰民族传统文化有着千丝万缕的联系。20世纪80年代，广西学者和泰国艺术大学联合开展了一项系统而全面的壮泰民族传统文化比较研究课题，包括自然环境、体质特征、考古文化、语言文字、生产习俗、传统建筑、生活习俗、人生礼仪、宗教信仰、伦理道德、习惯法规、社会结构、文化艺术、文化教育、民间科技等15个内容，并于2002年出版了《壮泰民族传统文化比较研究》。这部作品被称为"壮泰民族传统文化研究的划时代巨著"[1]，它用丰富的资料说明了壮族与泰族既有亲缘性、同源性，也有本质上的差异性。上世纪末以来，壮、泰民族比较研究的课题得到了越来越多学者的关注。东南亚语言与文化研究著名专家范宏贵教授提出，"我国壮族、泰国的泰族都是同根生的民族，犹如一株大树，经过若干年的生长后，生出很多枝干。枝干虽然不同，但内在是有联系的。"[2]经过长期的历史发展、民族迁移，壮、泰民族在文化习俗方面已烙上了各自的特点，但是由于他们之间的历史渊源关系，在漫长的历史长河中，双方仍然积淀着很多共同的文化。

　　谚语是"人们以隐喻手法，采用固定、便于记忆的结构来反映智慧、真理、道德与传统观念，被代代相传下来的短小精炼而众所周知的语句"[3]。壮、泰民族有着非常丰富的谚语，其语言特征鲜明、内容包罗万象，文化内涵丰富。一直以来，壮、泰语言同源关系是引起学术界共同兴趣的一个话题。我们认为，从谚语的角度来探究壮、泰语言同源关系，来探究壮、泰民族历史文化渊源关系，或许能找到一些证据或者答案。作为口头传统文化的一种主要类型，谚语是壮、泰民族文化研究的重要语料之一，壮、泰两个民族的谚语比较研究亟待开拓及全面地研究，以获得系统的研究成果，这就使得本课题具有了独特的研究价值。运用语言学及其交叉学科和其他学科知识，构建多元视角下壮泰谚语比较研究的理论框架，采用综合学科方法对壮、泰语谚语进行全面而系统的对比分析，为世界谚语文化交流和不同民族的谚语比较研究提供借鉴，具有较高的学术价值，体现了一定的理论意义。通过壮、泰民族的谚语比较研究，揭示两个民族的谚语文化内涵，探寻壮、泰两个民族历史文化的渊源关系，增强两个民族的语言与文化认同感，不仅可以促进壮、泰民族传统文化交流，增进相互理解，促进民心相通，而且符合我国对外合作交流、发展邻邦友好关系的外交战略，有利于"一带一路"建设，因而又具有不可低估的现实意义。

《多元视角下壮语与泰语谚语比较研究》是周艳鲜教授主持的2013年国家社科基金项目"壮语与泰语谚语比较研究"（13XYY021）的最终成果之一，由课题组负责人周艳鲜和课题组成员覃丹、言红兰、阳亚妮、石岩、何丽蓬、刘俊彤共同完成。

本书共收录25篇文章，其中，课题组成员撰写的论文有22篇，大部分已经在学术期刊上正式发表。需要特别说明的是，本书中也收录了非课题组成员3篇文章，其中有来自泰国学者的2篇文章：《流行文化时期泰国熟语谚语动态》和《帕雅（พญา）谚语：沙功那空府社会文化的资本》，这是文献阅览中不可多见的泰国学者关于泰语谚语研究的两篇代表性论文。这些文章按照语言篇、文化篇、文学篇三大内容进行分类编排，主要从语言、文化、文学等多视角，围绕壮、泰谚语的语言属性、文学属性和文化属性进行深入细致的对比分析。壮、泰语谚语具有鲜明个性的语言特征，蕴含着丰富的文化内涵，并具有较为相似的文学属性。其"音、意、形"等审美特性具有共通性，但其语言属性和文化属性存在一定的差异性，这是两个民族的历史演变和社会变迁的结果。

本书的出版，是"壮语与泰语谚语比较研究"这项国家课题告一段落的标志。但是，对于我们来讲，壮泰民族谚语的比较研究才刚刚开始。我们以这样一本文集，抛砖引玉，期盼有更多学者加入壮、泰民族谚语文化研究与壮、泰民族传统文化的比较研究中，希望壮、泰民族传统文化研究的学者队伍壮大起来，希望壮、泰民族传统文化研究的成果越来越丰硕。

由于学术水平有限，文章中难免有错漏，敬请专家学者们批评指正。

参考文献

［1］ 钱宗范：《壮泰民族传统文研究的划时代巨著》，《广西民族研究》2004年第3期。

［2］ 范宏贵：《同根生的民族——壮泰各族渊源与文化》，民族出版社2014年版，第12页。

［3］ Wolfgang Mieder. *Proverbs*：*A Handbook*，Connecticut：Greemwood Press. 2004，p. 4.

编 者

2019年10月18日

目 录

第一部分 语言篇

从谚语看壮泰民族的隐喻思维 ………………………………（3）
壮泰谚语修辞特点比较分析 …………………………………（15）
认知隐喻视阈下壮泰谚语词语选用特点比较 ………………（22）
认知隐喻视阈下壮泰谚语的始源比较 ………………………（30）
认知隐喻视阈下壮泰谚语隐喻形式特征比较 ………………（37）
认知隐喻视阈下壮泰谚语隐喻异同的理据考究 ……………（45）
壮泰隐喻性谚语的语义特征 …………………………………（55）
传神达意：壮族谚语壮语英译策略研究 ……………………（64）
泰语动物谚语汉译策略研究 …………………………………（78）

第二部分 文化篇

从农业谚语看壮泰民族的传统农耕文化 ……………………（89）
从谚语看壮泰民族的稻米文化 ………………………………（104）
壮泰植物谚语文化内涵比较研究 ……………………………（115）
壮泰谚语中的酒文化 …………………………………………（125）
文化间性视域下壮泰谚语的伦理道德 ………………………（132）
壮泰谚语的跨文化对话：宗教信仰与生态伦理 ……………（142）
壮泰气象谚语生活哲理初探 …………………………………（151）
流行文化时期泰国熟语谚语动态 ……………………………（158）

帕雅（ຜຍາ）谚语：沙功那空府社会文化的资本 …………（177）

壮语谚语的结构、修辞特征及其文化内涵探析

　　——以广西靖西县果乐乡壮语谚语为例 …………（192）

第三部分　文学篇

壮泰谚语中的中国形象 ……………………………（205）

壮泰谚语中女性性别定型的女性主义阐释 …………（215）

壮泰传统伦理道德观之比较

　　——以《传扬歌》与《帕銮箴言诗》为例 ………（225）

壮语与泰语谚语中的"雨"意象 ……………………（235）

壮泰谚语对比视界中动物意象的隐喻机理阐释 ……（246）

泰语气象谚语分析 …………………………………（254）

第一部分

语言篇

从谚语看壮泰民族的隐喻思维

周艳鲜[*]

一 引言

"最干净的水是泉水,最精炼的话是谚语。"谚语是一个民族的传统智慧,壮、泰语谚语是壮、泰民族世代流传于民间的宝贵的口头传统。Blehr提出,"Many proverbs also exhibit certain stylistic features that help a statement to gain and maintain proverbial status."[1] Wolfgang Mieder注重谚语隐喻性的文体特征。他说,谚语的隐喻性普遍存在,人们喜欢使用隐喻性谚语是因为它可以形象地、间接地表达意思[2]。根据《中国谚语集成》,"谚语是民间集体创作、广为口传、言简意赅并较为定型的艺术语句,是民众丰富智慧和普遍经验的规律性总结",它富有口语性特征,广用辞格,常常运用排比、对偶、比喻、层递、倒装、设问等多种修辞手法,具有强烈的感染力。[3] 这些关于谚语的论述无不强调谚语的隐喻性特征。

Lakoff, G. & Johnson, M的概念隐喻理论提出,"Metaphor is pervasive in everyday life, not just in language but in thought and action. Our ordinary conceptual system, in terms of which we both think and act, is metaphorically structured and fundamentally metaphorical in nature."[4] 自此,谚语隐喻性特征的研究即开始从传统的比喻修辞手法转向隐喻认知思维。人们逐渐认识到,隐喻不仅是一种普遍的语言现象,更是人类思维和认知世界的

---

[*] 作者:周艳鲜,壮族,广西民族大学教授,文学博士,博士生导师。从事少数民族民间文学、民族典籍英译、生态美学和壮族口头传统研究。

方式，"隐喻可以体现不同思维方式和文化差异。"[5]研究者开始借助概念隐喻理论来研究壮语隐喻性谚语。韦企成发现，壮、英隐喻性谚语具有相似的内容来源、表达方式和风格特征，但是由于历史、语言特色和民族文化等原因，两者在内容来源、表达方式和音韵方面存在差异[6]；石岩发现壮、英谚语在极大程度上依赖根植于身体经验中的隐喻机制进行概念化和表述，反映了壮英两个民族思维之共性[7]。

壮、泰语谚语广泛采用隐喻意象，反映了独具特色的民族思维特点。本研究解读壮、泰语谚语中隐喻意象"大米""鱼"和"牛"的隐喻意义和文化含义，对比分析壮泰民族的思维方式，旨在揭示壮泰民族隐喻思维的共性与特性。

二 壮泰谚语中的隐喻意象"大米""鱼""牛"

美国学者Margaret Magat研究菲律宾的食物谚语，发现大米、蔬菜和鱼是谚语中最常见的食物意象。[8]菲律宾是个群岛国家，农业在国家经济中占有十分重要的位置，菲律宾人以水稻、家畜、家禽和渔业生产为主，这种农业形态和生产活动与壮泰民族非常相似。经统计，我们发现"米""鱼"和"牛"是壮、泰语谚语中最为频繁的隐喻意象，这和Margaret Magat的研究结果极为相似。

（一）大米

大米是壮泰民族的主食，它不仅是一种食物，更是一种文化，是壮泰民族饮食文化中最富有文化含义的符号。"大米"在壮语（南部）和泰语中同源，发音基本一致，前者为khau^{24}，后者为khaw^{41}，（韵尾其实是一致的，只是习惯分别标为-u和-w），这是壮泰民族稻作文明相似性的重要证据。以下几组壮、泰谚语中，稻穗、大米的转换物和大米的储藏工具等隐喻意象被赋予了相同或各异的隐喻义，说明壮、泰民族对同一事物有相同或不同的感知、体验与联想。

1. 稻穗与谦虚美德

[1]（壮）Faiq fouz mak ngangx gyaeuj, haeux miz rieng ngaemqgyaeuj. 棉无实昂头，稻有穗含羞。

[2]（泰）รวงข้าวสุกน้อมลง รวงข้าวลีบชูขึ้นฟ้า 稻穗成熟弯低 稻穗不良举

上天。

这两句谚语描写了稻谷成熟时节饱满的稻穗因为沉重而向下弯曲，好比有内涵的人往往谦逊而低调。"好米如好人"，壮泰民族在漫长的稻作实践中，深刻体会到"大米"对自身生存的重要意义，对稻穗、稻谷产生了积极、美好的情愫，在谚语中将成熟的稻穗和人的谦虚美德联想起来，反映了壮泰民族隐喻思维的共性。

2. 大米转化物与急躁心理

［3］（壮）Sim gaek mbouj ndaej gwn raemxrouh ndat. 心急吃不得滚汤圆。

［4］（泰）กิน ข้าว ต้ม กระโจม กลาง 吃稀饭从中间吃起。

"汤圆"和"稀饭"均为大米的转换物，两句谚语通过"吃滚汤圆""吃烫稀饭"和人的急躁心理两者之间的对应关系，从人的饮食行为这样一个具体的概念投射到人的心理这个抽象的概念域，表面上看，两句谚语的喻体不同，但产生了相同的隐喻义。

3. 大米储藏工具与勤劳观念

［5］（壮）Nou doek cang haeuxreih, gaeq doek gveih haeuxsan. 鼠落到米仓，鸡落到米柜。

［6］（泰）หนู ตก ถัง ข้าวสาร 老鼠掉进米桶。

谚语［5］将"老鼠落到米仓"比作不劳而获的行为，有贬义，而［6］将"老鼠掉进米桶"比喻懒汉娶了阔媳妇衣食无忧，并无贬义。两句谚语以大米的储藏工具为意象，源语义域相同，但前者比喻人的懒惰心理，后者却具有积极的意义。泰人认为，老鼠掉到米桶是幸运的事，好比"懒汉娶到媳妇"的喜事，丝毫没有"斥责"懒汉的意思，这是一种极为有趣的联想。

4. 劳作分工与性别观念

［7］（壮）Mbwk guenj hong ranz, sai guenj nazreih. 女管家务，男管田地。

［8］（泰）ชาย ข้าวเปลือก หญิง ข้าวสาร 男是谷壳女是米。

壮族对男女的不同社会角色有明确的界定，"男耕女织""男主外、女主内"是壮族社会分工模式，［7］反映了壮族社会倡导男女半边天的性别观念，而［8］将男子比作坚硬的谷子，易于生根发芽、成家立业，但是女人却是无法生长的米粒。在泰国，男人可以娶多妻，女人若嫁多个丈夫便被视为耻辱，这句谚语也反映了"男女不平等"的婚姻制度与性别观念。

（二）鱼

"稻鱼共生系统"是壮、泰民族共有的农业文化遗产。在壮、泰语中，"鱼"的发音相似，甚至语调也是一样，前者是pja^{33}，后者是pla^{33}。壮语谚语Bya iep soengq laeuj goekheuj sing（咸鱼送酒牙根腥）和泰语谚语ทำนาออมกล้า ทำปลาออมเกลือ（种田节省秧苗 做干鱼节省盐）说明壮泰民族先民很早就学会制作与食用干鱼（咸鱼）。至于捕捞工具和方法，壮泰民族也有诸多相似之处，比如"鱼罩"，前者称为som^{35}，后者称为sum^{33}，"捕鱼笼"在壮泰语中均称为sai^{55}，这些证据被认为是壮泰民族渔业的共同渊源。[9] 以下几组壮、泰语谚语中"鱼"的意象具有非常相似的隐喻含义。

1. 鱼与专一品质

［9］（壮）Fwngz ndeu mbouj ndaej gaem song duz bya. 一手不能拿两鱼。

［10］（泰）จับ ปลา สอง มือ两手抓鱼。

两句谚语都是通过"用手抓鱼"这个具体的动作（概念域）向"人的心理"这样一个抽象的概念域的系统映射，前句告诫人们一心不能二用，后句比喻三心二意之人。

2. 鱼与知足心理

［11］（壮）Duzbya duet set cungj dwg hung. 脱钩的鱼总是大。

［12］（泰）ปลาตกน้ำตัวโต掉入水里的鱼大。

两句谚语意思相近，以"失去的鱼"来映射人的心理，比喻人们往往不满足于自己拥有的东西，然而对得不到的东西却趋之若鹜，这是人类的一种普遍心理，壮泰民族也不例外。

3. 鱼与运势观念

［13］（壮）Ndawdah miz raemx bya gwn moed, ndawdah raemx mboek moed gwn bya. 河里有水鱼吃蚁，河里水干蚁吃鱼。

［14］（泰）น ปลากินมด น้ำ ลดมดกินปลา水涨鱼吃蚁，水落蚁吃鱼。

两句谚语意思一致，以"鱼"和"蚁"在不同情境中互相蚕食来比喻时来运转，说明人各有得势之时，反映了壮泰民族相似的运势观念。

4. 鱼与生存观念

[15]（壮）Doengzhangz lumj bouxdig, bya hung gwn bya iq. 同行如仇敌，大鱼吃小鱼。

[16]（泰）ปลาใหญ่กินปลาเล็ก大鱼吃小鱼。

"优胜劣汰"是自古以来人类共识的自然规律。"大鱼吃小鱼"这条宿命论谚语包含智慧与真理，体现了"贪婪、掠夺"的人性本质，并在很多国家广泛流行。这两句谚语说明壮泰民族与其他民族一样，具有相似的生存观念，体现了人类隐喻思维的共性。

5. 鱼与利益观念

[17]（壮）Soengq noh coh bak ma, soengq bya haeuj bak meuz. 送肉给狗，送鱼给猫。

[18]（泰）หุงข้าวประชดหมา ปิ้งปลาประชดแมว煮饭给狗，送鱼给猫。

"鱼"是壮泰民族喜欢的食物，被赋予了"利益、好处"的隐喻义。两句谚语通过"送鱼给猫"这个具体行为映射到人的"以追求利益为目的"的心理这种抽象的概念域，来讽喻人类以利诱惑的行为。

6. 鱼与集体观念

[19]（壮）Dai duz byalwg, haeu daengx daemz raemx. 一条死鱼仔，臭了一塘水。

[20]（泰）ปลาข้อง เดียวกัน ตัวหนึ่งเน่า ก็พลอยพาให้เหม็นไปด้วย一条烂鱼臭了整个鱼篓。

两句谚语意思一致，通过"死鱼"弄臭了"塘水"和"鱼篓"这样一个具体动作，映射到"人的坏品行影响集体声誉"这个抽象概念域，比喻个人破坏集体利益，与"害群之马"同义。但是，为什么壮泰两句谚语中用来描述"死鱼"的地点并不一致，前者为"塘"，后者为"鱼篓"？古越人很早就发明了水塘养鱼，这种生产方式由古越人后人沿用至今。稻作农业为鱼类养殖提供了天然条件，"Ciengx bya it moux daemz, miz bya youh miz haeux.（养鱼一亩塘，有鱼又有粮）"反映了壮族稻作衍生出来的挖塘养鱼生产活动，水塘不仅便于灌溉，也是鱼的生长环境。泰国境内湖泽遍布，降雨充足，淡水捕鱼自古以来就是泰人的重要职业，一般是在河、湖、潭、滩、渠捕鱼，鱼篓是主要的捕鱼工具。壮泰先民因为不同的渔捞方式，对鱼的生长环境和死鱼对于集体的危害性有不同的经验与体会。

（三）牛

牛是壮泰民族驯养的主要动物，是稻作农业不可或缺的畜力，也是壮、泰语谚语中使用最频繁的动物意象。耕牛与壮、泰民族的生产生活息息相关，人们对牛的生活习性、性格特征、行为特点有着深刻的了解。

1. 牛与贪婪心理

[21]（壮）Vaiz maeuz nywj doeklak, vunz maeuz bak doek laeng. 牛贪草落崖，人贪嘴落后。

[22]（泰）วัว เห็นแก่ หญ้า ขี้ข้า เห็นแก่ กิน 黄牛贪草 奴才贪吃。

贪恋是人类的弱点，一般会带来不良后果，[21]从牛贪草联想到人贪嘴，形象生动地反映"贪婪坏事"的道理，[22]将奴才比作黄牛，从黄牛贪草联想到奴才贪吃。两句谚语均是从牛"贪吃草"的饮食习性投射到人的"贪婪心理"这个抽象的概念。

2. 牛与"好嫩"心理

[23]（壮）Vunzgeq sim lij hai, vaiz laux naemj nywj oiq. 人老心不老，老牛思嫩草。

[24]（泰）โคแก่ชอบกินหญ้าอ่อน 老牛吃嫩草。

牛主要以草为食，[23]将老牛"思嫩草"比作人心不老，反映了牛好吃嫩草的本性和男人喜欢年轻貌美女子的心理之间的一种对应关系，从老牛吃嫩草这个具体概念，映射到了"男人"这个目标语义域上，象征男人花心这个抽象概念。

3. 牛与固执性格

[25]（壮）Vaiz mbouj gwn nywj gaej gaemh gaeu. 牛不吃草莫按角。

[26]（泰）อย่า ข่ม เขาโค ขืนให้กิน หญ้า 按牛头勉强牛吃草。

牛天性固执、耿直，并非逆来顺受，壮泰民族先民对牛的这种认识非常一致。他们将牛的这种本性和人的倔强性格联想起来，用"按牛角"这个具体的行为象征人们"强人所难"的处事方式，劝诫人们不要勉为其难、强迫他人做不愿意做的事情。

4. 牛与"因小失大"

[27]（壮）Doengz ien diuz habfeiz, naed noh gaj duz vaiz. 筒烟盒火柴，块肉杀只牛。

［28］（泰）ฆ่า ความ อย่า เสีย ดาย พริก杀牛不要可惜辣椒。

两句谚语均以"宰牛"事件为源语义域（具体概念域），投射到"人"这个目标域（抽象概念域）。前句"块肉杀只牛"意为"为了一块肉宰杀整牛"，与"杀鸡取卵"同义，比喻只顾眼前利益，不做长远打算，结果是失去了更大利益，劝诫人们做事情不要因小失大。后句来自泰族先人的一个典故，以前泰人杀牛后用盐把剩下的肉风干做成干牛肉，当时盐巴并不充足，所以一些人为了节省盐巴却使牛肉腐坏了，［28］将"杀牛"比作干大事，"惜辣椒"为只顾眼前利益之举，讽喻那些想要收获但不舍得付出成本、不做长远打算的人。

壮、泰语谚语广泛使用"大米""鱼"和"牛"等隐喻意象，不仅反映了壮泰民族古老的稻作农业特征，也反映了两个民族隐喻思维的异同之处。

三 谚语中壮泰民族隐喻思维的异同分析

（一）壮、泰语谚语广泛使用与农业相关的隐喻意象

隐喻性谚语运用比喻修辞手法，用精炼简洁的语言来告知真相、传播智慧、警示人们，产生了强烈的修辞效果。壮泰民族都是古老的农业民族，在漫长的农业生产生活中，创造了丰富的隐喻性谚语。这些谚语大量采用与农业相关的隐喻意象，例如动物意象、植物意象与食物意象，通过这些具体有形的"表意之象"，用具体化手段来反映丰富、抽象、深刻的普遍真理和人生哲理，形成了一种生动形象的语言艺术，反映了壮泰民族的隐喻思维特点。

1. 动物意象

在壮语谚语中，家畜家禽、水产动物（鱼、虾等）、飞鸟、爬行动物（蛇、蚂蚁等）、昆虫（蝴蝶、蜜蜂等）是出现较多的动物意象。例如，Bya mbouj liz raengz, naeng mbouj liz noh（鱼不离潭，皮不离肉）比喻依存关系，Bik vaizdaeg roengz lwg（逼公牛生崽）比喻徒劳无益，Doeg baenz sim ngwzheu（心毒如青蛇）比喻人心狠毒。而在泰语谚语中经常出现的动物意象有养殖动物、野生动物（象、虎、猴等）、水产动物、飞鸟等，例如，วัวหายล้อมคอก（牛丢围栏）比喻为时过晚，หมา เห็น ข้าวเปลือก（狗看到稻谷）比喻白搭，เห็นช้างเท่าหมู（看见大象相当于猪）比喻思考事

情时缺乏理智。这些壮、泰语谚语中相同的动物意象被赋予了不同的隐喻义，说明两个民族在不同的生态环境里动物的种类、动物的习性以及动物的功能等方面存在差异性。

2. 植物意象

壮、泰语谚语中的植物意象大多与稻作相关，如禾苗、稻谷等。壮语谚语Boux hag lumj miuz lumj haeux，boux mbouj hag lumj nya lumj haz（学者如禾如稻，不学者如蒿如草）将好学者比作珍贵的"禾"与"稻"，懒学者比作不值钱的"蒿"与"草"，Gogyaj ndei gvaq gvan guenj leix，cou gvaq haeux gok daeb baenz bya（秧苗好了管理关，秋后稻谷堆成山）将丰收的稻谷比作一座山，以强调管理对秧苗成长的重要性。泰语谚语ข้าวคอยฝน（禾苗等雨）比喻人们等待时无奈的心理；ทำนาออมกล้า ทำปลาออมเกลือ（做田节约禾苗 做鱼节约盐）比喻目光短浅的行为，劝诫人们干大事需不拘小节。

3. 食物意象

在壮泰谚语中，大米及其加工食物是出现最为频繁的食物意象，具有独特的隐喻意义，反映了水稻对于稻作民族的重要意义。壮语谚语Bongz baenz ceiz saz（像火煨糍粑一样胀），糍粑是糯米的加工食物，用火烧热时常常会发胀，壮族将肿胀的物体和火煨的糍粑联想起来，而那些没有糍粑制作和食用经验的民族却是无法想象的。泰语谚语ข้าวไม่มียาง（米没有乳汁）比喻消耗殆尽，ไม่มีข้าวสารกรอกหม้อ（没有大米下锅）比喻穷困潦倒，ได้เบี้ยเอาข้าว（得钱要米）比喻贪得无厌。

壮泰民族同属农耕民族，具有悠久的稻作文化，在谚语中采用大量的与农业与稻作相关的隐喻意象，是两个古老农业民族隐喻思维共性的具体表现。

（二）壮、泰谚语中"大米""鱼""牛"意象被映射到目标域"人"

大米、鱼和牛对于具有悠久的稻作历史、古老的稻作文化的壮、泰民族具有特殊的意义。壮、泰民族在大量的谚语中记录了他们对大米、鱼和牛的深刻感知、深切的体验和真实的情感。

首先，很多壮、泰语谚语在"大米"与人类自身之间产生了丰富的联想。壮语谚语Vunz baengh go haeux ciengx，gogyaj baengh bwnh maj（人靠稻谷养，禾靠粪土长）说明米养人的道理，Bak yiengh haeux ciengx bak yiengh vunz（百样米养百样人）用"大米"的多样性象征人的多元性，Haeux fag youq laeng gyaj，lwg maj youq laeng meh（稻好在于秧，子壮在于娘）将长得壮实的孩子比作长得饱满的稻谷，Haeux yied dak yied sauj，vunz yied laux yied gvai（谷越晒越干，人越老越精）将精明的老人比作晒干的稻谷。泰语谚语中的"大米"意象，多用来表征人的地位或行为，例如，บ้านนอกขอกนา（家外圈田）比喻乡下人，ข้าว นอก นา（稻田外的秧苗）比喻出身不寻常的人，ทุบหม้อข้าวตัวเอง（打破饭锅）比喻破坏谋生之道，ตำข้าวสาร กรอก หม้อ（舂米下锅）比喻临渴掘井，等等。

其次，很多壮、泰语谚语中的"鱼"意象常常映射人的本性与德行。例如：Bya hung gwn bya iq（大鱼吃小鱼）反映了"弱肉强食"的人性，Duz ndaw gez mbouj goq，dauq bae goq duzdah（篓里鱼不顾，反顾河里鱼）喻指贪婪的行为，Hak dam gwn bya mbouj haiz ndok（贪官吃鱼不吐骨）讽喻为官贪婪的行为，Bya dai muengx byoengq（鱼死网破）比喻过分之举。泰语谚语ปลาขึ้นบก（鱼上陆地）喻指违反规矩的行为，ตีปลาหน้าไซ（渔网前打鱼）比喻碍手碍脚的行为，ก้างขวางคอ（鱼刺卡喉咙）比喻从中作梗的人，ปลาติดหลังแห（渔网外的鱼）比喻无辜受牵连的人。

最后，在壮、泰语谚语中"牛"常常被赋予丰富的象征意义。壮、泰民族在水稻耕种过程对耕牛的生活习性、性情脾气、行为特征有着深刻的认识，在谚语中往往会记录各自对于牛的认知、了解与情感。在壮族文化意境中，"牛"意象往往被赋予"大、笨而憨厚、蛮劲"的隐喻义，如牛蕉（gyoij vaiz）、牛头（gyaeuj vaiz），谚语Duzvaiz yienz hung，at mbouj dai duzmaet（水牛虽大，压不死跳蚤）、Vaiz bae ging dauq lij dwg vaiz（牛进京回还是牛）、Vaiz haemz gangj mbouj ok（牛苦说不出）、Vaiz laux mbouj rox nyeng gaeu，duzbaeu mbouj rox byaij cingq（牛老不会侧角，螃蟹不会走正）等。泰族对"牛"的联想也非常丰富，泰语谚语รักวัวให้ผูก รักลูกให้ตี（爱牛就要绑，爱孩子就要打）从"绑牛"联想到"教子"，ควาย ขวิด อย่า ขวาง（不要阻拦顶撞的公牛）将脾气暴躁的公牛和激烈发展的势态进行类比。在泰语谚语中，"牛"意象也被赋予了和人类一样的"善良""怯懦""呆板"等多种色彩，例如，หน้าเนื้อใจเสือ（牛面虎心）比喻人面兽心，เขียน เสือ ให้ วัว กลัว（画虎让牛怕）比喻造势吓人，วัว เห็นแก่ ญ้า

ขี้ข้า เห็นแก่ กิน（黄牛贪草 奴才贪吃），ซื้อ ควาย ในหนอง（沼泽地里买牛）比喻做事不周全，วัวสันหลังหวะ（黄牛背上的伤口）比喻理亏心虚，วัวลืมตีน（黄牛忘脚）比喻忘本，ไม้หลักปักขี้ควาย（树桩插牛屎）比喻摇摆不定。

根据概念隐喻理论，以上几组谚语在隐喻意象"大米""鱼"和"牛"和"人"之间建立起某种对应关系，以具体的概念域映射抽象的概念域，将这些意象的性质、习性、特征等源语义域投射到目标语义域"人"身上，表征人类的本性、品行和心理，完成了跨概念域的映射过程，反映了壮、泰民族概念隐喻思维方式的相似性。

（三）相同的意象具有不同的隐喻义与文化含义

John B. Smith认为，"A popular（proverbial）saying never grows out of nothing. It always grows from what is perfectly familiar in a particular place at a particular time. It can also cast life on obscure aspects of folk life."（谚语从来不是无中生有的，它必定是产生于某一个特定的场合、某一个特定的时间，是人们现实生活面貌的模糊映照。）[10]壮泰民族有许多共同的农业生产生活知识与经验，但由于不同的生活环境、生活习惯和民族信仰，壮泰民族对现实生活面貌有各自不同的体认。

1. "米糠"的联想

［29］（壮）Boq raemz raen haeux, dingq vah rox sim. 吹糠见米，听话知心。

［30］（泰）กินข้าวเปลือก吃谷壳，吃谷糠。

［31］（泰）ข้าวแดงแกงร้อน米红汤热。

［29］米糠中的米比作话语里流露出来的心声，［30］比喻愚昧无知之人，［31］将稻米加工脱去米糠后仍留下的余温比作养育的恩泽，告诫人们要知恩图报。壮泰民族采用大致相同的稻米加工方法，但各自对稻米脱壳之后余留的物质产生的联想并不相同，因此"米糠"在壮、泰语谚语中的隐喻意义有较大的差异。

2. "死鱼"的寓意

［32］（壮）Bya dai dungx ciu mbwn. 死鱼肚朝天。

［33］（泰）ปลาตายน้ำตื้น 鱼死于浅水。

两句谚语均以"死鱼"为隐喻意象，前句比喻真相大白，后句比喻智者千虑必有一失，告诫人们要三思而后行。壮、泰先民很早就开始渔捞生产，对"鱼"有很多共同的认知，但是"死鱼"意象在壮、泰语谚语中为何有不同寓意呢？这可能和壮泰民族居住环境有很大关系。考古资料表明，在史前时期壮族先民曾从事海洋捕捞，后来由于壮族分布区转入内陆，其海洋捕捞也随着逐渐消失，而泰国长期临海，一直保持海洋渔捞[9]，鱼一般生活在大海深处，一旦到了浅滩会容易丧命，这是泰族先人在海洋捕捞中总结出来的经验。

3."牛角"的认知

[34]（壮）Vaiz dai ceroengz doiq gaeu, vunz dai ceroengz mingzdaeuz.牛死留双角，人死留名声。

[35]（泰）ช้างวัวตายเหลืองาหนังเขา คนเราตายเหลือแต่ชั่วดี象死留牙，牛死留角，人死留名。

两句谚语中的"牛角"意象均具有积极的意义，壮族将牛角当作珍贵的中药材，泰族也将牛视为有功德的动物。但是，在泰语谚语中，"牛角"常常带有贬义，例如，อยู่ระหว่างเขาควาย（牛角之间）比喻危险的处境，ควายเขาระฟ้า（牛角举上天）比喻傲慢之人骄傲自大，สวมเขาให้ผัว（给丈夫带上牛角）比喻使其蒙羞，因为人们认为长角的水牛比较笨拙。以上例子说明，壮泰两个稻作民族对"牛"非常珍视，但由于不同的自然环境和生活背景，两个民族对于"牛角"有不同的认识与理解。

四　结语

"隐喻是人类共有的源于体验哲学的一种认知方式，一方面，跨民族的隐喻自然具有相似性；另一方面，不同民族由于自身独特的地理环境、宗教信仰、民俗民风、价值取向等因素，人们运用隐喻思维认知世界时，就会产生极具特色的民族性。"[11]壮、泰语谚语中广泛使用"米""鱼""牛"隐喻意象，通过跨概念域的系统映射，从这些意象的源语义域投射到"人"这个目标语义域，表征人的本性、品行与心理等抽象的概念，这是壮泰民族相似的隐喻思维方式。但是，谚语是现实生活的模糊映照，壮、泰民族对现实生活面貌有各自不同的体认，在谚语中对意象的选择和运用存在较大差异性，反映了各自民族隐喻思维的特性。

参考文献

[1] Blehr. Otto. What is a Proverb? *Fabula*14: 1973, pp. 243-246.

[2] Mieder Wolfgang, *Proverbs: A Handbook*. Connecticut: Greenwood Press, 2004, p. 7.

[3] 中国民族文学集成编辑委员会、中国民族文学集成广西卷编辑委员会:《中国谚语集成（广西卷）》,中国ISBN中心2008年版,第8页。

[4] Lakoff, G. & Johnson, *M. Metaphors We Live By*. Chicago: The University of Chicago Press, 1980, p. 3.

[5] 肖蔚:《隐喻的认知与思维方式及隐喻理解》,《重庆大学学报》(社科版)2003年第5期。

[6] 韦企成:《概念隐喻视野中的英壮谚语对比研究》,《广西师范大学学报》2007年版,第4页。

[7] 石岩:《从概念隐喻角度管窥壮英思维之共性——以壮英谚语为例》,《前沿》2012年第15期。

[8] Margaret Magat, *Food Metaphors in Filipino Proverbs. Proverbium Yearbook of International Proverb Scholarship*. V. 17: 2000, pp. 195-216.

[9] 覃圣敏:《壮泰民族传统文化研究》,广西民族出版社2003年版,第1375页。

[10] John B. Smith, *Traditional Sayings Reflexes of Household, Barn, and Byre, Proverbium Yearbook of International Proverb Scholarship*. V. 29: 2012, pp. 331-340.

[11] 石岩:《壮泰谚语对比视界中动物意向的隐喻机理阐释》,《百色学院学报》2015年第1期。

（原文载于《哈尔滨师范大学学报》2016年第5期）

壮泰谚语修辞特点比较分析

阳亚妮[*]

壮语谚语和泰语谚语分别是壮族和泰族两个民族人民智慧的结晶，是人们生产生活的总结，包含着丰富的哲理，是人们对客观世界的真实体验，有深刻的教育意义，通过口头相传的形式代代相传，专家学者和民间人士对壮泰谚语收集整理，为人类留下了宝贵的财富。谚语之所以能够为广大群众所接受并广泛流传，其中一个重要的原因即通过各种各样的修辞手法将抽象化的体验和感受形象生动、幽默风趣、具体鲜明地表达出来，是民众喜闻乐见的。对壮泰谚语的修辞特点进行比较分析，可以探析两个民族语言表达方式的异同，为深入进行壮泰谚语语言层面和文化层面的比较研究提供参考。

一 反义对比

壮泰谚语中有不少谚语是反义对比的修辞形式，包括反义词的选用和两个分句意思相反，通过反义对比反映事物的对立、矛盾，目的在于突出真正想表达的含义。

壮语谚语如：

Miz cingz gwn raemx hix van, Fouz cingz gwn rwi hix yiem．（有情吃水也甜，无情吃蜜也嫌。）这句谚语分别使用"有情"和"无情"两个意义相反的词，而前后两个分句的意义也是对立相反的。

Boux gaenxhong gwnz vax swi oemq, Boux vunz gik dingjranz hwnj nya.

---

[*] 作者：阳亚妮，汉族，广西民族大学教师，讲师，泰国南邦皇家大学语言文学博士。从事民族典籍泰译中语言文化研究。

（勤劳的人瓦板上冒烟，懒惰的人屋顶上长草。）这句谚语选用"勤劳"和"懒惰"两个意义相反的词，前后两个分句也表达对立的意义：壮族人民以耕作为生，勤于耕作的人有收成，每日烧柴做饭，屋瓦就可以冒烟；懒惰的人无收成，无米为炊，屋顶长草。意在教育人们勤为先。

Mizsim cax luq raemj faex geq, Fouzsim caxraeh nanz gvej rangz. （有心钝刀砍老树，无心利刀难割笋。）这句谚语用"有心"和"无心"引导两个意义相反的分句，意在表达做事只要有决心、恒心，无论条件如何，都可以做得成事。

泰语谚语如：

น้ำลึกหยั่งได้ น้ำใจหยั่งยาก（水深可以测量，人心难以测量。）这一句的前后两个分句含义相反，主要突出表达"人心难测"的观点。

น้ำนิ่ง ไหลลึก（水面静，水底动。）意思是表面看起来平静的事物，实际上在做很大动静。也指表面看起来很平静的人，内心其实有很多想法，深不可测。

二　重复

壮泰谚语不少采用了重复的手法，包括词的重复和两个分句意义的重复。词重复的作用主要是加强语气和含义，读起来朗朗上口；含义的重复主要是前呼后照，更加突出要表达的主旨。

壮语谚语如：

Bwn yiengz yienz saeq san baenz danj, Naedhaeux yienz iq gyonj baenz rap. （羊毛虽细织成毡，粒米虽小积成担。）这一句的两个分句分别选用"羊毛"和"粒米"这两种表示量和体积较小的物品，重复强调虽然"细""小"，但是只要积累，就可以"织成毡"和"积成担"，重在强调突出"积少成多"，教育人们学会节约、节俭。

Rom naed baenz loz, rom caek baenz dah. （积粒成箩，积滴成河。）这一句谚语的两个分句使用重复的手法，"粒米"积多了会成"一箩"，"滴水"积多了会成"河流"，也是为了向人们突出强调应有"积少成多"的意识。

泰语谚语如：

ฝนตกก็แช่ง ฝนแล้งก็ด่า（雨下也咒，干旱也骂。）这句泰语谚语说的是无论下雨还是干旱，都要咒骂，前后两个分句有意思上的重复，用来说的是环境好坏或者别人如何做，都心怀不满，意思是无论如何都无法满足。

ทำนาอย่าเสียไร่ เลี้ยงไก่อย่าเสียรัง（种田不浪费地，养鸡不要让鸡窝残缺。）泰国是个农业大国，农民辛勤劳作。种田的就不应该浪费土地，养鸡的就不要让鸡窝坏掉，前后两个分句意思重复，比喻不应浪费的就不要浪费，要物尽其用，并且尽其能、尽其源。

รักวัวให้ผูก รักลูกให้ตี（爱牛就要绑，爱孩子就要打。）这句泰语谚语，前后两个分句都说了"爱"，爱牛则"绑"，爱子则"打"，意义重复，说的是对于心爱之人、之物应加强管理，侧重强调爱孩子要勤于教导。

三　比喻

壮泰谚语大多使用比喻的手法，即通过相似的事物打比方去描述另一事物或表述某一事理。

1. 明喻

壮泰谚语中有不少采用明喻手法的例子，他们都采用"如""像""相当于"等字眼（壮语词"beijlumj"，泰语词"เหมือน""ราว""เท่า""อย่าง"等），将本体和喻体联结起来。

壮语谚语如：

Mbaetyungh beijlumj batrombauj, Luenh sai beijlumj raemx dongj sa.（节约好比聚宝盆，浪费犹如水推沙。）用明喻的手法，形象描述节约和浪费的性状，意在告诫人们应节俭。

Gaej aeu miz seiz gwn lumj guk, Cajdaengz fouzseiz cup gyaeuj dawh.（切莫有时如虎咽，待到无时咬筷头。）用明喻的手法写出"有时""咽得像老虎"的铺张浪费，警示人们应"有时"思"无时"。

Saenzcingz lumj daz gawq, Miz bae cij miz daeuj.（人情像拉锯，有去才有来。）用"拉锯"比喻"人情"，意在说明人情有来有去。

泰语谚语如：

ง่ายเหมือนปอกกล้วย（像剥香蕉一样容易。）用"剥香蕉"形容做某事非常简单、容易。

เห็นช้างเท่าหมู（看见大象相当于猪。）用误把"大象"当"猪"喻指头昏眼花，没有理智地去想事情。

พูดอย่างมะนาวไม่มีน้ำ（说话像没有水的柠檬。）用"无水的柠檬"喻指说话干巴巴，不吸引人。

2. 暗喻

暗喻有时候也叫隐喻，壮泰谚语中的暗喻，有时候本体和喻体同时出现，有时候只出现喻体，不出现本体。

壮语谚语如：

Deiz sang hoh lai, vunz geq caiz mbwk. （竹高节多，人老识博。）用"竹高""节多"喻指"人老""识博"。

Da vunz dwg caengh, gaen liengz faenmingz. （人眼是秤，斤两分明。）用"秤"喻指"人眼"，意在表达做了什么事人们心里有数，因此为人处世应正直、善良。

泰语谚语如：

เวลาเป็นเงินเป็นทอง（时间是金是银。）"金""银"是贵重的东西，用来比喻"时间"，强调时间的可贵。

ฝนตกขี้หมูไหล คนจัญไรมาพบกัน（下雨猪屎流，恶人来相伴。）猪吃饱了之后就会排泄，一堆猪粪在地上，下雨时猪粪流泥相伴。坏人碰到一起就会做坏事，不会做好事，就像猪粪浸流泥泞相伴，意思是物以类聚。

ฝนตกอย่าเชื่อดาว มีเมียสาวอย่าไว้ใจแม่ยาย（下雨别相信星星，有少妻别相信岳母。）勿深信他人的意思。天空满是星星，天空没有云，不像会下雨，但不久，天下雨也是有可能的；岳母有年轻的女儿，如果看见有更好的男子，把女儿嫁给别人也是有可能的。

3. 借喻

壮泰谚语中，有不少谚语，不出现本体，也不出现比喻词，直接用喻体代替本体，即使用借喻手法。

壮语谚语如：

Hanq mbwn mbin fanh leix, Roeglaej ndoj laj roq. （大鹏飞万里，麻雀躲屋檐。）这句谚语借用"大鹏"喻指志向高远之人，"麻雀"喻指志向低下之人，意思是志向远大的人前行万里，志向低下的人安于眼前。

Fwngz mbouj haeu sing meuz mbouj daeuj, Ndaeng mbouj haeu haex ma mbouj gaen. （手上无腥猫不叫，身上有屎狗跟踪。）这句谚语也可理解为"手上有腥猫叫，身上有屎狗跟"，"手上的腥"和"身上的屎"是"猫"和"狗"想要的，分别喻指利益或诱饵。

泰语谚语如：

เรือล่มในหนอง ทองจะไปไหน（船沉在湖里，金子会去哪儿？）意思是金子装在船上，船陷在湖里，金子也在湖里，不会外流，即肥水不流外人田。用"沉没在湖里的金子"喻指利益混在一起，不可分开。

บัวไม่ให้ช้ำ น้ำไม่ให้ขุ่น（不让荷花有淤青，不让水浑浊。）用"荷花"和"水"喻指利益的多方，而"淤青"和"浑浊"表示利益受损，整个谚语的意思是考虑多方利益，不伤彼此。

เข้าเมืองตาหลิ่ว ต้องหลิ่วตาตาม（到了大家都斜眼的地方，就要跟着一起斜眼。）用"跟着斜眼"喻指入乡随俗。

四 拟人

壮泰谚语中，选用大量的动物、植物以及客观事物，冠以人的思想、感受、动作，形象、生动，易于理解。

壮语谚语如：

Vunz muengh gvaq ndei faex muengh cin, Bya gyaez dahhaij roeg gyaez raemx.（人望幸福树望春，鱼爱江水鸟爱林。）人盼望获得幸福，就正如树木盼望春天、鱼依水而活、鸟依林而居一样，都是大自然的规律，是很自然的事情。而"望""爱"这些都是人类的情感，因此这句谚语使用了拟人的手法来表现。

Duzyiuh mbouj lau rumz fwn, Vunz ak mbouj lau lae lwed.（山鹰不怕风雨，勇士何惧流血。）这一句谚语的两个分句用第一个分句的"山鹰"来比拟后一个分句的"勇士"，而"不怕"是人的心理，用山鹰不怕风雨来比拟勇士不怕流血，意指勇敢的人身强志坚。

Gaej hag mwnzdaeng cien aen da, Aeu hag ga lab diuz sim dog.（莫学灯笼千只眼，要学蜡烛一条心。）这句谚语给"灯笼"和"蜡烛"分别冠以"眼"和"心"，意指做人应真诚。

泰语谚语如：

กระต่ายตื่นตูม（兔子受惊。）这个谚语来自一则泰语小故事，说的是兔子在棕榈树下休息，棕榈掉下地，兔子以为是地震了，奔走相告，森林里的动物们也不问缘由跟着疯跑，最后却发现是虚惊一场。"受惊"是人类的感受，用在兔子身上，这句谚语用来喻指大惊小怪。

กำแพงมีหู ประตูมีตา（墙有耳，门有眼。）这句谚语用拟人的手法，意思是世界上没有不透风的墙，世间也就不存在什么秘密，只要做了、说了，就可能会被人知晓，用来教育人们为人行事应谨慎。

เวลาวารีไม่เคยรอใคร（时间不曾等过谁。）"时间"不可能"等"人，用了拟人的手法，意在教育人民应惜时。

五　夸张

壮泰谚语中，也有一些谚语，采用夸张的手法，夸大某些现象、经验、规律，主要目的是引起人们思考和重视，强烈地表达说话者的意图。

壮语谚语如：

Cenj laeuj yienz iq lumx dai vunz, Gadawh mbouj maengh moed raek hwet.（杯酒虽小淹死人，筷子不粗打断腰。）一杯酒淹死人和筷子打断腰都是夸张的说法，用以告诫人们不应该贪杯；一双筷子力量有限，但是一把筷子甚至更多筷子的力量不可低估，喻指团结的群体力量不可小视。

Duzmoed gamz namh dui baenz bya.（蚂蚁叼泥堆成山。）蚂蚁这么小的生物，持续不断地衔泥可以堆成小山丘是夸张的说法。用以喻指人做事只要持之以恒、团结协作，则可为大事。

Duzmoed yien iq, ndaej buen bya hung.（蚂蚁虽小，能搬泰山。）这一句同样选用"蚂蚁"喻指弱小的个体，却可以"搬走泰山"，用夸张的手法说明团结和坚持可做大事。

泰语谚语如：

ตกน้ำไม่ไหล ตกไฟไม่ไหม้（遇水不被淹，遇火不被烧。）不论什么人，遇大水不被淹，遇大火不被烧的情况基本上不存在，是夸张的手法，意思是好人不论遇到什么危险都会化险为夷。这句谚语就告诫人们应该弃恶为善。

ทำนาบนหลังคน（在别人背上种田。）在人的身上种田是不可能的，实际上表示剥削劳动人民。这句谚语也用来比喻用狠狠压榨别人的手段来为自己获取利益，透露出对压榨别人的人的讽刺和厌恶之感。

ปั้นน้ำเป็นตัว（捏水成形。）水无论如何都不可能被捏成形，这句话用夸张的手法，意指空穴来风，胡说八道。

สาวไส้ให้กากิน（扯肠子给乌鸦吃。）把人的肠子扯出来给乌鸦吃是夸张的手法，指把丑事外扬。

综上所述，不少壮泰谚语使用了相同或相似的修辞手法，这是壮泰谚语得以广泛流传的原因之一，也是壮泰两个民族语言表达相似性的表现，说明两个民族具有相同或相似的思想认知。壮泰两个民族有着丰富的谚语，体现着人们的生产生活、社会状况、宗教信仰等各个方面，壮泰谚语的比较研究尚存在巨大空间，对增加民族间的互相了解，探求两个民族之间的渊源关系有深刻意义。

（原文载于《佳木斯职业学院学报》2016年第6期）

注：该文引用的壮族谚语来自周艳鲜教授编著《中国壮族谚语》（世界图书出版公司2015年版），谨此表达谢意。

认知隐喻视阈下壮泰谚语词语选用特点比较

阳亚妮

人类认识、描述某一事物时基本都遵循"近取诸身，远取诸物"的原则（许慎《说文解字·叙》），语言是人类活动的结果，是人类经验的产物，是认知机制的重要部分，人类依靠语言作为媒介，传播经验、传扬文化。谚语之所以能在群众中广泛流传，主要是因为它选取与大众实际生活、生产相关的事物以及对具体和抽象的事物的思考作为素材，颇具生活气息和民族风格；同时，它们通过颇具特色的遣词造句，活泼、生动、形象地表达出来。通过谚语的遣词造句可以反观壮泰两个民族的语言特色，便于进一步探析两个民族的思维方式、认知特点和影响两个民族谚语异同的原因。

一 口语词的选用

壮泰谚语口语词选用的相同之处体现在壮泰两个民族的人们对生产生活和客观世界的认识总结，都通过选用口语词来形成通俗易懂却含义深刻的谚语，不同之处在于壮语谚语无词的级别而泰语谚语有词的级别。

（一）壮泰谚语都选用口语词

壮泰谚语来源于两个民族对客观世界的观察和实践的总结，与人们的生产生活息息相关，是人们口传心授代代相传的经验，因此有明显的口语化特点，基于这个特点，谚语易读、易说、易理解，因此壮泰谚语就在两个民族中扎根流传，并不断发展。壮泰谚语不仅表达非常口语化，使用通俗易懂的语言，没有高深难解的字眼，甚至使用粗俗的语言表达真实、深刻的道理。壮语谚语如：Roq gyong roq cungqgyang, Ok haex ok bien doengj, Nep byaek nep naj da. 直译：打鼓打中间，屙屎屙桶边，夹菜夹眼前。意思是做事情要合乎情理。泰语谚语如：ไม้หลักปักขี้ควาย 直译：树干插在牛屎中。意思是不稳固，摇摆不定。

（二）泰语谚语选词要区别词的级别

壮泰谚语虽然大量采用口语词，但它们也有不同点，壮族是我国第一大少数民族，但历史上没有建立过本民族国家，虽然受到统治者的管束，但壮语没有明显的等级区分，因此壮语谚语的用词也就无等级之分。而泰国学者เพ็ญ วัจนสุนทร（1985：7）认为谚语应该尽量避免使用令人不舒服的词。此外，因泰语的词汇有级别，有普通用词、佛教用词、皇室用语。谚语的表达必须跟表达者的身份地位相符。

二 常见事物词的选用

不少壮泰谚语都选用常见事物词，这符合"近身取物"的原则，人们用自己熟悉的事物对不熟悉的、陌生的事物进行阐述、描述，体现人们对世界和各种事物的认识、思考和总结，同时运用这样的总结来表达思想和情感，这是两个民族认知的共同点。壮语谚语如：Max mboujmiz loengz mbouj ndaej gwih, Vaiz mbouj con ndaeng nanz ragcae. 直译：马无缰绳不能骑，牛不穿鼻难拖犁。马没有缰绳不受控制，如果骑就会有危险；牛如果没有穿鼻，前进后退也不听指挥，难以耕犁。也指人如果不受某些纪律或者法令的约束，就不好管理，开展各种活动。泰语谚语如：ตีวัวกระทบคราด 直译：打牛碰耙。意思是指桑骂槐。壮泰谚语中"牛""马"都是人们生活中常见动物，壮泰两个民族都以农业为主，生产生活与农业事物息息相关，而这些动物名词的选用，正说明壮泰民族利用熟知的事物来阐述和表达经验、思想和认知。

三 天气词的选用

壮泰谚语在天气词的选用方面有异同点。相同点在于壮泰谚语都选用与天气现象有关的词语，不同之处在于因地理和气候等因素的影响，壮语谚语中包含"冬"的季节词和天气词，而泰语谚语则无与"冬"有关的词汇。

（一）壮泰谚语都选用天气词

壮泰谚语选用不少的天气词，气象类的谚语是人们对大自然的观察和对气象的总结，这主要因为两个民族都以农业生产为主，与大自然和天气情况密切相关，对指导农业生产和日常生活有积极作用。壮语谚语如：Cin fouz sam ngoenz rengx, Hah fouz sam ngoenz fwn. 直译：春无三日晴，夏无三日雨。春天雨水多，夏天天晴多。这一句是人们对季节天气的认识。泰语谚语如：งูทางเดินมด ฝนมาเร็ว 直译：蚁走蛇路，风雨将临。意思是出现反常的现象表示会有大事发生。壮语谚语例句中的"晴""雨"和泰语谚语例句中的"雨"等都是跟天气有关的词汇。以农业为主的民族，对天气的依赖性比较大，万物生长靠阳光雨露，人们对气象的有效总结，便于进行生产生活。对大自然的认识反映在谚语上，这说明了两个民族认知的共性。

（二）泰语谚语不选用"冬季"的词语

壮族谚语中有四季，泰语谚语中没有关于"冬"的谚语，这与两个民族所处地理位置有关。我国壮族主要分布在广西、云南，部分在广东、湖南、贵州、四川，位于东经97°—117°20′，北纬20°12′—34°19′之间，属亚热带气候，全年经历春、夏、秋、冬四个季节。泰国在北纬5°30′—21°，东经7°30′—5°30′之间，气候是热带季风气候，全年只分热季、雨季和旱季，气温的年温差很小。壮语谚语如：Cin rumz doeng, fwn moengzmoengz, Yah rumzdoeng, raemx cimq doengh, Cou rumz doeng, miuz seng non, Doeng rumz doeng, mok moengzloengz.

直译：春东风，雨蒙蒙，夏东风，水浸垌，秋东风，禾生虫，冬东风，雾蒙蒙。

四 数字词的选用

在数字词选用方面的相同之处在于因数字与人们日常生活紧密相关，人们经常使用到数字，在谚语中也有体现，含有数字词的壮泰谚语也蕴含着丰富的含义。不同之处在于，就搜集到的语料而言，壮语谚语中有大量的表示月份的数字词，包含了对气象和生产生活经验的总结等内容。

（一）壮泰谚语都选用数字词

数字是人们日常生活中常用的，壮语和泰语中也有不少选用数字词的谚语。经研究，壮泰语数字词在发音和用法上有很大的相似性，一是因为壮泰同源的关系，二是因为都以受到汉语数词影响为主。同时，壮泰语数词也有不同点，一是因为两个语言都在不断地各自发展，二是因为受到其他语言的影响。壮语谚语如：①Gaen danq haj gaen fwnz, Naed haeux haj caek hanh. 直译：一斤炭五斤柴，一粒米五滴汗。意思是所有东西都是物物交换而来的，有付出才有收获，所以要珍惜。②Soengfwngz dwg gienhbauj, Seiq vunz yungh mbouj liux. 直译：双手是活宝，一世用不完。意思是要创造出属于自己的财富，就要通过自己的双手劳动。③Samcib ngeix ndaem ndoek, ngeix cauh rug, Hajcib loegcib ndaej yiengj fuk. 直译：三十思种竹，四十思建屋，五十六十得享福。意思是年轻的时候勤劳付出，老的时候就享受收获。泰语谚语如：①คนเดียวหัวหาย สองคนเพื่อนตาย直译：一个人易败，两人生死交。指团结就是力量。②จับปลาสองมือ直译：两手抓鱼。喻指三心二意。③สิบปากว่าไม่เท่าหนึ่งตาเห็น直译：十口说不比一眼见。意指久闻不如亲眼看见。④ชั่ว เจ็ดที ดีเจ็ดหน直译：好七次，坏七次。意指福祸相依，人生难以预测。⑤สิบพ่อค้า ไม่เท่าหนึ่งพระยา直译：十个商人不比一个帕拉雅。帕拉雅是一种官爵，十个商人比不过一个当官儿的，这表现出在泰国人心中从政比从商的权力、眼界、人脉等都要大要宽，这也是泰国人价值观的一种体现。⑥ลงเรือลำเดียวกัน直译：同坐一条船。意思是同舟共济，患难与共。从以上例子中可以看出，壮泰语中不乏含数字词的谚语，也可以看出壮泰数字词的语音很相似。壮语谚语中出现的数字词"deu（一，单独）""Soeng（二）""Sam（三）""Seiq（四）""Haj（五）""Loeg（六）""Cib（十）"与对应的泰语谚语中出现的数字词เดียว（di:au）、สอง（so:ng）、สาม（sa:m）、สี่（si:）、ห้า（ha:）、หก（hok）、สิบ（sip）发音有极大相似性。这不仅是因为壮泰语都属于汉藏语系壮侗语族壮傣语支的亲缘关系，还是壮泰民族有极大渊源关系的又一佐证。

（二）壮语谚语选用月份词

在收集到的语料中发现壮语谚语中有丰富的月份词，涉及人们对气象的观察，对生产生活的总结。而在泰语谚语中却暂未发现含有月份词。

如：Ndwencieng youh caemz youh gwnnoh, Ndwenngeih youh nanq youh gwncuk. 译为：正月又耍又吃肉，二月又累又喝粥。

五 形象词的选用

谚语具有隐喻性，它是人类一个认知域向另一个认知域的映射，而因为始源域和目标域都具有抽象和具体性，而隐喻本身就是为了描述、表达、阐述抽象或具体的事物，因此谚语应该要选择可以展现图像的词语。一些壮泰谚语通过选用形象词来生动、形象地展现某种状态，以此来表达深刻的含义。壮语谚语如：Guhfwen mbouj yungh ngaenz daeuj cawx, Diuz linx baen ndau couh okdaeuj. 直译：山歌不用钱来买，舌头一拐就出来。舌头一拐山歌就出来，说明山歌对于壮族人就是轻而易举的事情，非常形象、生动。这句谚语也用来说某件事情对于擅长的人来说不是什么难事。泰语谚语如：กุ้งแห้งเดินมาแล้ว 直译：虾干走来了。像虾子一样瘦的人扯长脖子吵架。描述的是吵架的样子，意指很疯狂而认真地吵架。

壮语谚语用了"舌头""一拐"就可以出山歌来形象生动地表现出唱山歌对壮族人而言是轻而易举的。泰语谚语用"虾干"喻指吵架的人的姿态。可见壮泰两个民族的人们很有智慧，善于使用可见、可摸的具体事物来活灵活现地展现状态，表达深刻的抽象的内涵。

六 固定搭配词的选用

壮泰谚语源于民间，语言表达颇具民族特色，除了选用已认知的、与本民族关系紧密的事物做隐喻始源，还在于他们的遣词造句也有其特点。谚语在两个民族中广泛流传，久而久之，形成了相对固定的表达，这些固定表达就有赖于选用一些组成固定句型的搭配词语。有不少壮泰谚语是复句形式，使用表从属、并列、联合、偏正等关系的句型，这些句型就通过同义词、反义词和固定句型搭配词的选用来联结。

（一）壮泰谚语都选用同义词

使用同义词的主要作用就是反复和强调，意思简明，对仗工整，读起来明快上口。壮语谚语如：Rawj raemx hai ruz, yawj gyaq gai cawx. 直译：看水行船，看价买卖。这句谚语中选用"看水"和"看价"两个词，对某种动作行为进行反复强调。意思是做什么事情都要懂得洞察事态，学会变通。泰语谚语如：ปลูกเรือนตามใจผู้อยู่ แขวนอู่ตามใจผู้นอน直译：建房子要遵随住的人的意愿，做摇篮要遵随睡觉的人的意愿。这一句谚语选用"建房子"和"做摇篮"这两个词表示要做某件事情。意思是做什么事情要满足需要者之所想。

（二）壮泰谚语都选用反义词

使用反义词的壮泰谚语，一般出现在使用反义对比修辞手法的复句中，主要作用就是通过反义对比，突出真正想表达的内容，辨别是非对错、善恶、真伪等。

壮语谚语如：Boux daihfueng gangj leix，Boux siujheiq doxceng. 直译：大度的人讲理，小气的人争吵。这一句谚语选用"大度的人"和"小气的人"这两个反义词。意思是气量大的人懂得处事，不会斤斤计较，小气的人会为了一件小事喋喋不休。泰语谚语如：ทำดีได้ดี ทำชั่วได้ชั่ว直译：做好事会得到好报，做坏事会得到恶报。这句谚语选用"做好事"和"做坏事"、"好报"和"恶报"这两组反义词。意思是善有善报，恶有恶报。

（三）壮泰谚语选用重复词

壮泰谚语有不少选用重复词，复句前后对仗，突出强调主旨意义，增强表达效果。壮语谚语如：1. 不……不……Duzmaet mbouj liz ma，Duzlingz mbouj liz mak. 直译：跳蚤不离狗，猴子不离果。意思是山水相依的关系，无法割舍开来。2. 莫……莫……Gaej youq laelaeuz cang dietgaep，Gaej youq bak dou lamh cangvang. 直译：莫在楼梯装铁锚，莫在门口装绳套。意思是不要逆事而行，否则将害了自己。泰语谚语如：1. ไม่……ไม่……（不……不……）ไม่เห็นโรงศพ ไม่หลั่งน้ำตา直译：不见棺材不掉泪。指某人顽固不化不听他人忠告必然导致失败和损失。2. อย่า……อย่า……（别……别……）อย่าไว้ใจทาง อย่าไว้ใจคน จะจนใจเอง 意思是不要轻信路，不要轻信人，否则会后悔。直译：意思不要轻信他人。

（四）壮语谚语选用条件词

复句类型的壮语谚语中选用不少条件关系的词，将前后两个分句连结起来，表偏正、因果、转折等关系，深刻地表达含义。如：1. 只有……没有……Ngamq miz fagfoujbak mbouj raeh, Mboujmiz faexlawz bag mbouj hai. 直译：只有不锋利的斧头，没有劈不开的硬柴。2. ……才……Raen lai cij gvai, guh lai cij rox. 直译：见多才乖，做多才会。意思是要多长见识多付出行动才会收获真知。3. 若……就……Yaek naemj fouq, Gaeq heuh sam baez couh liz sangz. 直译：若要富，鸡啼三遍就离床铺。意思是想要创造财富，不能贪睡，要早起辛勤劳动。4. 虽……Bwnyiengz yienz saeq san baenz danj, Naedhaeux yienz iq gyonj baenz rap. 直译：羊毛虽细织成毡，粒米虽小积成担。意思是积少成多。

（五）壮语谚语选用选择词

复句类型的壮语谚语有不少选用表选择关系的词，侧重强调应该选择正确的行为，强烈地表达主旨思想。如：1. 宁……不……Nyienh vei cienz vei haeux, mbouj nyienh saet mingzdaeuz. 直译：宁可亏钱亏米，不可失去信誉。2. 不如……Gwnz haenx gangj bak baez, Mboujyawz ndaw raemx youz hopndeu. 直译：岸上讲百遍，不如水里游一圈。

在固定搭配词的选用方面，复句式的壮泰谚语有相同点和不同点。相同点在于壮泰谚语都通过选用同义词来将前后两个分句的内容进行反复，旨在强调同样的含义；通过选用反义词，将前后两个分句的意思形成对立、对比，用以强烈表达是非曲直；通过选用表达否定的重复词，壮语谚语中的"不……不……""莫……莫……"和泰语谚语中的"ไม่……ไม่……（不……不……）" "อย่า……อย่า（别……别……）"，来强烈地劝诫人们不要做某些事情，具有强烈的警示、劝导作用。不同点在于壮语谚语通过选用条件词，如"只有……没有……""……才……""若……就……""虽……"和选择词"宁……不……""不如……"将前后两个分句联结起来，形成偏正、因果、转折等的逻辑关系，用以表达客观的道理和行为的选择。通过固定搭配词选用的异同，可看出壮泰两个民族的语言表达上，都借助一些词语，长久使用之后形成固定和习惯的表达句式，这些句式变成强烈表达对客观世界的认识和理解，变成浅显易懂的道理传授下来。而壮族人们的句型使用则相对泰语谚语的句型而言相对更丰富、复杂，这跟壮族人们深受博大精深的中国语言文化的影响有关，从甲骨文算起，汉字的发生时在距今3000多年前的商代，而汉语、法语和古希伯来语等被认为是世界上语法最复杂的语言。生长在中国大地上的壮族，语言表达因此也会更为丰富。

参考文献

［1］叶素芳：《壮泰语数词比较研究》，硕士学位论文，广西民族大学，2005年，第29页。

（原文载于《齐齐哈尔大学学报》（哲学社会科学版）2017年第1期）

注：本文引用的壮族谚语和泰语谚语主要来自周艳鲜教授编著的《中国壮族谚语》（世界图书出版公司2015年版）和广州外国语学院编写的《泰汉字典》（商务印书馆2001年版）等，谨以此表示感谢。

认知隐喻视阈下壮泰谚语的始源比较

阳亚妮

谚语是人们日常生产生活的百科全书,谚语是人类认知与客观环境相作用的产物,反映人们对客观世界的了解、认识和阐述。每一条谚语都有自己形成和发展的历史文化背景和继续流传下来的理由,正确解读谚语,必须弄清其始源,这对了解壮泰两个民族人们的生产生活、历史文化、人们的思想认知而言,是非常重要而必要的。隐喻是用熟悉的事物去比拟、描述、解释陌生事物,使得陌生事物易于理解,而熟悉的事物则一般指的是为人们日常所接触到的具体事物或已经被广为接受和认识的抽象事物,陌生事物则一般是人们不熟悉的具体事物或存在思想意识中的抽象事物。因此隐喻的实质就是隐喻的始源一般是表示具体或抽象事物的词语或者短语,目标则可以是表达具体事物或者抽象事物的词语。

一 具体始源比较

具体始源指的是以具体事物为源,是客观存在的。壮泰人们以客观存在的已知事物为源,创造了大量的谚语,用以阐述未知的事物。具体始源包括食物、身体器官、动物、大自然、日常生活、人的行为动作和民间体育等。

(一)壮泰谚语有相同的具体始源

壮泰谚语具体始源的相同点在于都以食物为源、以身体器官为源、以动物为源、以大自然为源、以日常生活为源、以人的行为动作为源。

1. 以食物为源

壮语谚语如:Gwn haeux gaej lumz boux guhnaz. Gwn bya gaej lumz

boux vanq muengx. 直译：吃饭莫忘种田人，吃鱼莫忘装网人。这个谚语的"吃饭""吃鱼"喻指受人恩惠之后可以过好的生活或做成某件事，而"种田人"和"装网人"就是给予恩惠的人。该谚语意思是对于给过自己帮助的人，不要忘记了他们的恩情。泰语谚语如：ข้าวใหม่ปลามัน直译：米新鱼肥。这个谚语以食物"米"和"鱼"为源，用"米新鱼肥"来喻指刚结婚不久的夫妻，他们在一起生活，米还是新的，鱼也还很肥厚，因此也作"新婚燕尔"来理解。可看出，壮泰谚语以"鱼""饭"等食物为源在不同的谚语中分别喻指不同的事物，表达深刻的内涵。

2. 以身体器官为源

壮语谚语如：Diuzlinx raez sam conq, nanhfuk youz de fonj. 直译：舌头长三寸，祸福由它生。意思是说话要注意分寸，注意场合。泰语谚语如：ปากยังไม่สิ้นกลิ่นน้ำนม直译：嘴巴还有奶味。意思是比喻还是孩子，做事不成熟。在以上例子中，壮泰谚语以"舌头""嘴"喻指不同的事物，这类谚语则有丰富多样的内容和深刻的含义。

3. 以动物为源

壮语谚语如：Duzmoed gamz namh dui baenz bya. 直译：蚂蚁叼泥堆成山。意思是个人力量虽然很小，但是团队持之以恒付出肯定能获得巨大成功。泰语谚语如：กระดี่ได้น้ำ直译：如鱼得水。意思是开心溢于言表。从例子可以看出壮泰谚语以"蚂蚁""鱼"为源，放在不同的谚语当中，具有不同的寓意，但都能借以表达深刻的道理。

4. 以大自然为源

壮语谚语如：Doenghgo lau mbwn rengx, Guhsaeh lau hengz manz. 直译：庄稼怕天旱，做事怕蛮干。意思是做事情要懂得观察，有计划，不能麻木盲做。泰语谚语如：น้ำขึ้นปลากินมด น้ำลดมดกินปลา直译：水涨鱼吃蚁，水落蚁吃鱼。这个谚语以自然界的"水"和"鱼"分别喻指"彼此制约的双方"。意思是各有得志之时。壮泰谚语有"天旱""水涨水落"等与大自然相关的始源，它们分别喻指不同的事物，用以阐述道理，引起思考，提醒世人等。

5. 以日常生活为源

壮语谚语如：Boux gaenxhong gwnz vax swi oemq, Boux vunzgik dingjranz hwnj nya. 直译：勤劳的人瓦板上冒烟，懒惰的人屋顶上长草。意思

是勤劳的人因勤劳耕作，有米可煮，有饭可食；懒惰的人懒于耕作，无米下锅，屋内不冒炊烟，屋顶长草。泰语谚语如：ก้นหม้อไม่ทัน ดำ直译：锅底都来不及变黑。用来煮饭的锅，要用很长时间，锅底才会变黑。古时候的泰国，夫妻共同生活必须用到"锅"这个餐具。有的夫妻在一起生活，用新锅来煮饭的时间很短，锅底都还没变黑就离婚了。用"锅底都还来不及变黑"来比喻夫妻很轻易就离婚。

以上例子可以看出壮泰谚语都有以日常生活为源的情况，如壮语谚语用"瓦板上冒烟"和"屋顶上长草"来分别展现"勤劳的人"和"懒惰的人"的生活差别，泰语谚语中用"锅底都来不及黑"来指生活在一起不久的夫妻轻易离婚。而这些都是与壮泰两族人们的日常生活分不开的。

6. 以人的动作、行为为源

壮语谚语如：Vunz lienh raemx mbanjranz, Roeg lienh rongz ndawndoeng. 直译：人恋家乡水，鸟恋林中巢。意思是即使你到了世界各地，最怀念的地方还是家乡。泰语谚语如：ชักใบให้เรือเสีย直译：拉船帆让船坏。意思是引入歧途。从例子中可看出壮泰谚语都有不少是以人的动作和行为为源的，比如壮语谚语中的"人恋家乡水"和泰语中的"拉船"，通过这些具体的行为动作，说明了人们的体验、经历和感受，蕴含着生活的道理。

（二）壮泰谚语有不同的具体始源

有不少泰语谚语以民间体育活动为源，而壮语谚语中尚未发现由此始源者。泰国民间体育活动种类繁多，形式多样，不同的活动始于不同的时代和地方，据记载最早的泰国民间体育活动始于素可泰王朝时期，这些丰富多彩的体育活动最开始是人们自娱自乐的活动，经过漫长岁月，它们的形式和举行的场地都不断变化和调整，仍旧为泰国人们所喜爱。泰国人以为人熟知的民间体育活动为源，以它们与某些事理、动作和状态的相似性为基础，创造出不少泰语谚语。换言之，以民间体育活动为源的泰语谚语，建立在泰国人们的真实体验之上，是人们思想意识的反映。

①ไก่ได้พลอย กิ้งก่าได้ทอง直译：鸡得到珠宝，变色龙得到金子。意思是小人得志，得意忘形。②ไก่รองบ่อน 直译：次要地位的鸡。意译：后补队员。两个例子源自泰国民间"斗鸡"游戏，这个游戏具体源自何时并没有得到考证，最早有关于这个游戏记载的是1932年沙敦府庆祝泰国国王诞辰

的活动当中。用在"次要地位的鸡"喻指替补人员。③ว่าวขาดลมลอย直译：线断了风筝飘走了。意思是永远地离去了。④สายป่านสั้น直译：风筝线短。意思是资金不足。④源自泰国民间"放风筝"比赛活动，始于素可泰王朝时期，一直为泰国人民所喜爱，在泰国中部和东北部尤为盛行。比赛比的是谁放的风筝越高则算谁赢，因此"线"又长又坚韧是取胜最重要的因素。⑤งูกินหาง直译：蛇吃尾巴。意思是事情某些部分总有扯不开的关系。这个谚语源自泰国民间"蛇吃尾"的游戏，这个游戏始于曼谷王朝6世王时期，是泰国中部为众人喜欢的游戏。

二 抽象始源比较

抽象始源指的是以抽象事物为源，这里的"抽象"可以是表示思想意识的词语，也包括字面上是具体客观事物但深层意思是对事物本质的一种抽象的词语。壮泰谚语不少以抽象为源，以喻具体或抽象。本节将从宗教信仰、风俗习惯和文学作品、历史典故等抽象事物来比较壮泰谚语的抽象始源。

（一）壮泰谚语有相同的抽象始源

壮泰谚语抽象始源的相同点在于都以宗教信仰为源、以风俗习惯为源。

1. 以宗教信仰为源

壮语谚语如：①Songq baed songq daengz miuh, Gaeuq vunz gaej vut ce buenq roen. 直译：送佛要送到庙，救人切忌半路抛。意思是做好事就要做到底，不要半途而废。②Haeuj miuh aeu baiq saenz, Haeuj ranz aeu cam vunz. 直译：入庙要拜神，入屋要问人。意思是无论在什么地方都要注意礼貌。③Monzsaenz mbouj gaeb fangz, Uengj maenj naj dou ranz. 直译：门神不捉鬼，枉在门前凶。意思是在工作上没有尽到自己的职责就会枉费了自己所得到的荣誉。④Haeuj bya baiq dojdeih, Haeuj ranz baiq bouxcawj. 直译：进山拜土地，进屋拜主人。意思是要遵循当地的风俗、习惯，要遵随主人的意愿。⑤Mehyah bouxgimq hix rox dai, Daxmaex bouxdauh hix bae naemh. 直译：巫师的妻子也会死，道士的老婆也会亡。意思是即使是巫师和道士这样有神机妙算的人也无法掌控自己的命运，因此无须太多在意命里，活在世上，一切努力后随缘。

泰语谚语如：①ทำบุญบูชาโทษ直译：做功德赎罪。意思是做功德赎罪。②ขนทรายเข้าวัด直译：运沙子进寺庙。用"运沙子"喻指"做功德"，把沙子运进寺庙，可以是拿具体的事物沙子运进寺庙，用于修建寺庙；也指的是捐献其他的东西，泛指"做功德"。③คว่ำ บาตร直译：把僧钵翻倒。意思是僧人拒绝化缘以表抵制，避免接触不想交往。④ทำบุญเอาหน้า直译：做善事要面子。意思是为了面子行善，不是出自真心。⑤สอนหนังสือสังฆราช直译：教僧王学文化。意思是比喻不自量力，班门弄斧。

  从以上的例子可以看出，一些壮泰谚语都以宗教信仰为源，如壮语谚语的"送佛送到庙""入庙要拜神""门神""鬼""拜土地""巫师""道士"等，分别与佛教、道教和民间信仰有关，而泰语谚语中"做功德""运沙子进寺庙""僧钵""僧王"等都是与佛教相关的始源，虽然壮泰谚语体现的具体宗教信仰不一样，但他们都属于信仰的范畴。而在第五章论述壮泰谚语异同的理据中，将区分壮泰谚语体现相同或不同的宗教信仰。

  2.以风俗习惯为源

  壮语谚语如：①Doengj ndei mbouj hwnj song goep, Mbwk ndei mbouj haq song gvan. 直译：好桶不上二箍，好女不嫁二夫。意思是"烈女不侍二夫"，反映了壮族人女性价值观，即女人对一个男人忠贞。②Byom hix dwg gaeq, Cit hix dwg laeuj, Haeuj ranz guh hek gaej doxgaemh. 直译：瘦也是鸡，淡也是酒，入屋做客莫强求。意思是去请求别人的帮助时不要强求别人。③Ok dou yawj mbwn, haeuj ranz yawj naj. 直译：出门看天，入家看脸。意思是为人处世要懂得察言观色。

  泰语谚语如：

  ①เข้าตามตรอกออกตามประตู直译：从巷子进，从门口出。意思是往来有巷子，进出有门，出入只能随着巷子的走向和门的位置来走，不可横穿，否则行不通。隐藏的意思是要按照规律和当地的风俗习惯来办事。②ช้างข้างหน้า ช้างเท้าหลัง直译：大象前腿，大象后腿。泰国是个农业大国，在农业社会里，因繁重的耕种劳动需要男女之间的配合，一般是男人赶牛犁田，女人随后撒种。久而久之就用这个"大象前腿"喻指男人，用"大象后腿"喻指女人，女人跟着男人走，一家以男人为主，而一只大象离不开前腿和后腿，因此同时也隐含了夫妻搭配家庭才能完整的意思。

  从以上例句中可看出，一些壮泰谚语都以风俗习惯习惯为源，如壮语谚语中所说的"好女不嫁二夫",不仅是女性价值观的体现,还反映了壮族人们约定俗成的习气,久而久之变成了一种烈女的习惯,即"不侍二夫"。再比如"瘦也是鸡,淡也是酒,入屋做客莫强求",说的是主人用瘦鸡淡酒来招待客人,客人应遵随主便,不要多做要求,这是为人应讲礼仪的体现,同时这样的礼仪就存在于壮族人们的日常生活中,变成了守礼之人的习惯之一。而"出门看天,入家看脸"是人们日常生活中应养成的习惯,变成一种智慧,即善于察言观色。泰语谚语里的"从巷子进,从门口出"实际上说的也是要按客观规律行事,要尊重当地风俗习惯。"大象前腿,大象后腿"则反映了家庭生活和劳动分工里,习惯性进行男人应该做领路人,女人应该跟随男人这样的配合。这些都是壮泰民俗日常生活和劳作中形成的风俗习惯。

(二)壮泰谚语有不同的抽象始源

有一些泰语谚语以文学作品、历史典故为源,但就收集到的语料中尚未发现有以此为源的壮语谚语。

①ไกลปืนเที่ยง 直译:离中午的枪声很远。1887年五世王时期,在泰国首都用打枪来表示中午12点整,让人们知道正午时间到了。在首都的人们可以听得到枪响,但是离首都远的人就听不到枪响,这个谚语的意思是"发生在首都的事情,外府的人根本不知情","อยู่ไกลปืนเที่ยง"现在多用来表示的是乡下人不懂外面的世界。②มาก่อนไก่ 直译:比鸡来得早。这个谚语来自文学作品《思同那柴》(ศรีธนนชัย),这是一本将历史上思同那柴这个很有智慧的人身上发生的故事编成的小说集成。有一天思同那柴要进宫朝圣,快要迟到了,想了个点子,在屁股和腰间栓了一只鸡,大臣们都批评思同那柴迟到的时候,他就借口说他比习惯起早的鸡还先到达殿上,以自己的聪明才智避免了受责罚。人们用这句谚语来诙谐幽默地为自己的迟到开脱。如果是对方打趣迟到者,就说เอาไก่ผูกตูดมาหรือเปล่า(是不是拿鸡绑在屁股上了?)③ปล่อย ม้า อุปการ 直译:放吴巴干马。这个谚语出自著名的《拉玛坚》(รามเกียรติ์),吴巴干是马的名字,是国王最喜爱的坐骑之一。他想抓一个与自己道不同的人,但是苦于没有理由抓他,就故意把自己钟爱的吴巴干这匹马放出去,此人则着道去要这匹马,结果国王就借口该人偷马将之捉拿。人们用这个谚语来表示故意放出诱饵,谋划着要算计某人。

从以上的例子可以看出，壮泰谚语始源来源多样，它们有相同或相似的来源。谚语始源的选择，都是为准确地表达人们的思想、感觉，这些始源都是存在世间已久的，因此壮泰谚语可以反映两个民族各个方面的文化特征。

（原文载于《昆明民族干部学院学报》2016年第6期）

注：本文引用的壮族谚语和泰语谚语主要来自周艳鲜教授编著的《中国壮族谚语》（世界图书出版公司2015年版）和广州外国语学院编写的《泰汉字典》（商务印书馆2001年版）等，谨以此表示感谢。

认知隐喻视阈下壮泰谚语隐喻形式特征比较

阳亚妮

每个民族的语言都是其独特的历史文化背景、传统风俗习惯、人们生产生活方式的体现，人们将这个外在因素通过独有的认知方式投射到语言上。谚语是人类智慧的结晶，是特殊的语言表达，壮泰两个民族的语言受到社会制度、历史发展、文化习俗等客观环境的影响，壮泰谚语的隐喻形式因此也具有个性。通过比较分析壮泰谚语的隐喻形式，可探究壮泰民族思维方式的特点。

一 喻体相同或相近，喻义相同或相近

同为百越民族的后代，壮泰两个民族的语言与文化仍然保留了许多共性，在谚语里，他们常常会选择相同的喻体来表达相似的思想和情感。

①树木和果实

壮谚：mak lai nye faex raek. 直译：果多树折枝。意思是孩子多父母辛劳。泰谚：ต้นไม้ตายเพราะลูก 直译：树木死于果。意思是父母因儿女操劳。壮泰这两句谚语虽然句子结构存在着差异，但它们都运用了相同的植物喻体"树木"和"果实"来表达相同的意思：树木可以为果实牺牲自我，比喻了父母可以为子女牺牲一切，其所表达的就是父母对子女的无私奉献。在这里，都用"树木"来比喻父母，"果实"来比喻子女。

②草

壮谚：vaiz laux gwn nywj. 直译：老牛吃嫩草。泰谚：วัวแก่เคี้ยวหญ้าอ่อน 直译：牛老嚼嫩草。意思是年纪很大的追求年纪很小的。这组谚语的句式和语法都相似。除此之外，所运用的喻体和所表达的意思也是一样的：都

运用了"老牛"和"嫩草"两种喻体来讽刺老头子娶小娘子。其中"老牛"所代表的就是老头子即年事已高的人,而植物喻体"嫩草"则比喻小娘子或年纪较小的姑娘。

③花

壮谚:va henz loh. 直译:路边花。泰谚:ดอกไม้ริมทาง直译:路边花。意思是外面的诱惑。这组谚语句式完全一样,意思也完全一样。谚语"路边花"的意思是外面的女人。花一直是美丽、漂亮的象征,但此处壮、泰谚语中的花却被赋予另一种意义:轻易失身、不洁身自好、不守妇道的女人。

④船

壮谚:Dieb song ruz. 直译:脚踏两只船。意思是对感情不忠心。泰谚:เหียบเรือสองแคม直译:脚踩两只船。意思是花心,三心二意。两句谚语都表示是对爱情的不忠,常用在爱情、交友等方面,想两边揩油或讨好两方。

⑤羽毛

壮谚:Roeg ndei ndij bwn, vunz ndei ndij buh. 直译:鸡好看在羽毛,人好看在服装。意思是人要注重自己的外在形象。泰谚:ไก่งามเพราะขน คนงามเพราะแต่ง直译:鸡漂亮是因为羽毛,人漂亮是因为打扮。意思是人靠衣装。两句谚语都是比喻三分长相七分打扮,一个人的美,打扮很重要。

⑥牛

壮谚:Boemhbij ci rwzvaiz. 直译:吹哨给牛听。意思是你给一个人说得再多他听不懂也是白说。泰谚:สีซอให้ควายฟัง直译:拉二胡给牛听。意思是对牛弹琴。这两句谚语都用牛来做喻体,与汉语的"对牛弹琴"相类似。比喻凡说话不看对象,或对不讲道理的人讲道理,都是白费力气。

⑦田

壮谚:Ndaw daemz miz bya, ndaw naz miz haeux. 直译:塘中有鱼,田里有米。意思是鱼米富足,生活幸福。泰谚:ในน้ำมีปลา ในนามีข้าว直译:水里有鱼,田里有米。意思是生活富庶。两句谚语都比喻丰衣足食,能过上饭稻羹鱼的日子,农民的心愿就满足了。这有崇尚农耕的思想。

二 喻体不同,喻义相同或相近

有一些壮语谚语和泰语谚语,他们选用不同的喻体,但是却有相同或相近的含义。

①癞蛤蟆（壮）和兔子（泰）

壮谚：Gungqsuo gwn daep yiuh. 直译：癞蛤蟆想吃老鹰肝。意思是成天做白日梦想做些不可能的事。泰谚：กระต่ายหมายจันทร์ 直译：兔子企图月亮。意译：不切实际的幻想。这两句谚语与汉语的"癞蛤蟆想吃天鹅肉"有异曲同工之处。地上爬的想吃天上飞的，两者对比反差太悬殊，纯属非分的痴心妄想。现常用在男女爱情不般配上。

②竹、笋（壮）和父、子（泰）

壮谚：Faexmaz ok rangzmaz. 直译：什么竹长什么笋。意思是什么样的家长教育出什么样的孩子。泰谚：พ่อเช่นไร ลูกเช่นนั้น 直译：父亲什么样，孩子就是什么样。意思是有其父必有其子。以上两句谚语中，壮语以竹和笋为喻体，表达什么样的母体就出什么样的子体，这一组壮泰谚语都用来表达有什么样的长辈就有什么样的孩子。

③虎、兽（壮）和乌鸦、凤凰（泰）

壮谚：Guk ra guk couh raen, nyaen ra nyaen couh heih. 直译：虎找虎就见，兽找兽就易。意思是习性相近的人容易走到一起成为朋友。泰谚：กาเข้าฝูงกา หงส์เข้าฝูงหงส์ 直译：乌鸦进群是乌鸦，凤凰进群是凤凰。意思是物以类聚。两句谚语中，壮语以虎和兽为喻体，泰语以乌鸦和凤凰为喻体，喻义都表达物以类聚，人以群分。

④找食物

壮谚：Donq gwn donq ndwi. 直译：一餐有一餐无。意思是生活状况不稳定。泰谚：หาเช้ากินค่ำ 直译：早上找东西晚上吃。意思是早出晚归，生活辛苦。两句谚语喻指有一餐，没一餐。意指生活贫困，吃了上顿没下顿，温饱都成问题。

⑤竹（壮）和木（泰）

壮谚：Rangzoiq heih goenq, ndoelaux nanz gungj. 直译：嫩笋易断，老竹难弯。意思是新鲜的事物还没有发展，容易夭折。泰谚：ไม้อ่อนดัดง่าย ไม้แก่ดัดยาก 直译：嫩木易砍，老木难砍。意思是年幼的时候容易纠正其错误，年老了就难以调教了。在这两句谚语中，泰语谚语用"嫩木"和"老木"来打比方，分别代表着"年幼的小孩"与"年老的老人"；壮语谚语中的"嫩笋""老竹"的引申义与泰语谚语相同，亦指"年幼的小孩"与"年老的老人"。这两句谚语借用不同的喻体"木"和"竹"，阐述了

"小时易教，老时难教"的道理。两组谚语的对应、句式结构及内容的表达都十分吻合，可以看出壮泰两个民族有相似的文化认同。

⑥瓜（壮）和槟榔（泰）

壮谚：Gveoiq mbouj liz gaeu. 直译：瓜仔不离秧。意思是年幼的孩子离不开母亲的哺乳。泰谚：รักหมากรักทั้งทะลาย直译：爱槟榔爱整串。意思是爱全部的子女。上述谚语在句式结构、语法和意思上都有差别，但包含的植物喻体的喻义是相同的，壮谚的"瓜""瓜仔"和泰谚的"槟榔"都是用来比喻子女，是子女的象征。

⑦茅草（壮）和香蒲草、荷叶（泰）

壮谚：dughaz ndeu saek mboujndaej rae. 直译：一颗茅草堵不住洪流。意思是一个人的力量太薄弱了，抵不住强势攻击。泰谚：เกี่ยวแฝกมุงป่า直译：割香蒲草盖树林。意思是做无用功。以及ช้างตายทั้งตัว เอาใบบัวมาปิด直译：拿荷叶遮盖死象全身。意思是掩盖事实真相，欲盖弥彰。这组谚语出现了"茅草""香蒲草"和"荷叶"三种不同的植物，它们对于汹涌的洪流、宽广的森林和巨大的死象来说都是很渺小、细微的。因此，在这组谚语中"茅草""香蒲草"和"荷叶"都是比喻渺小、力量薄弱或势单力薄的东西。

⑧辣椒（壮）和良姜（泰）

壮谚：haexien caeuq lwgmanh. 直译：烟垢与辣椒。意思是无法相容。泰谚：ขมิ้นกับปูน直译：良姜与石灰。意思是无法相容。辣椒是壮族人家菜肴里重要的一道辅料，味辣，时常被赋予刺激、红火，热情的象征。壮语谚语haexien caeuq lwgmanh（烟垢和辣椒）选择了"辣椒"结合"烟垢"，这两者都是呛鼻的东西，正如一山容不下二虎，即这两者互不相容，用于比喻针锋相对、无法相容的人。而泰语谚语"ขมิ้นกับปูน"（良姜和石灰）则选择不同的植物喻体"良姜"再结合"石灰"，这两种也是辛辣、刺激味道很呛的东西，也表达了同一个意思：针锋相对、无法相容。

根据对一和二的比较分析，我们不难发现在壮泰隐喻性谚语中，存在着喻体相同或相近，喻义也相同或相近，以及喻体不同，喻义相近或相同的现象，但它们所表达的喻义也相同和相近。这说明，由于人类生活在同一星球，处于同样的客观环境之中，人们相同的体验使得不同文化中的隐喻重合，不同民族有一些相同的文化积累，壮语谚语和泰语谚语在隐喻设喻方面有很多相同和相似之处，这是语言文化的普遍性，更是壮泰隐喻性谚语共享的普遍性。

三 喻体不同，喻义不同

壮泰两个民族有着相似的农耕背景，因而它们的谚语里有使用到同一植物形象，例如上文所提到的"草""树""竹""辣椒""香蕉"等常见的植物。但是也可以发现在壮、泰谚语还是有相当一部分植物喻体是没有对应含义的。有些壮语植物喻体在泰语中找不到对应关系，如：梧桐、茶树、葫芦、黄豆等；有些泰语植物喻体在壮语中也找不到对应关系，如：菩提树、叶荫瓜、木瓜、皮昆花、柠檬、椰子、糖棕、鹰爪兰等。

（一）壮语谚语独有的喻体

由于地域的限制、信仰的差异、文化风俗的不同，壮泰两个民族都有自己独有的植物喻体，有些壮语谚语中出现的植物喻体，很难在泰语谚语里找到对应。

①梧桐

ranz miz faex gogyaeuq, Gag miz duzfungh daeuj. 直译：家有梧桐树，自有凤凰来。梧桐树属落叶乔木，形态随四季明显变化，风情各有不同。古代，大户人家喜欢在庭院、天井及水井旁种植梧桐。此处的梧桐是条件优越的象征，有优越的条件，自然会把人才吸引过来。

②茶、桐

ndaem caz ndaem gyaeuq, lwglan mbouj gungz. 直译：种茶栽桐，子孙不穷。大部分壮族人都依山而居，因而茶树、油桐在壮家人里都是重要的经济作物栽种这些作物成了他们发家致富的一条途径，在他们心目中茶树和油桐也寓意着财富与富贵。

③葫芦 gorog miz rag, gangjvah miz gawq. 直译：葫芦有根，说话有据。中国最早将葫芦称为瓠、匏和壶，此谚语借用葫芦来表示说话有根有据，不凭空捏造、不空穴来风的事与人。

④黄豆 duhhenj siufoeg bouj dungxsaej, Haeuxcid bouj mamx gyaep liengzhaw. 直译：黄豆消肿补五脏，糯米补脾驱虚寒。黄豆被人们美誉为"豆中之王"。是理想的补益食疗品之一。黄豆在此并无特殊含义，只是养生品，这句谚语是要告诉人们，多吃黄豆与糯米，有利于身心健康。

（二）泰语独有的喻体

同样，有些泰语谚语中的植物喻体在壮语谚语中里也找不到对应。

①菩提树ร่มโพธิ์ร่มไทร直译：菩提树、榕树盖下。意思是有人庇佑。โพธิ์、ไทร（菩提树、榕树）都是泰国常见的树种，它们共同的特点是可以长得很大、很茂盛，能长出可以遮挡很大一片地的伞盖。在菩提树还有榕树的伞盖下，可以躲避日晒雨淋，得到诸多的保护。此处的菩提树和榕树用来比喻保护者、庇护者。

②叶荫瓜แตงร่มใบ直译：叶荫瓜。喻指皮肤好、长得可爱的女子。以前技术、条件不够成熟没有大棚种植蔬菜，瓜都是在露天的田野里生长，受到风吹雨大，瓜皮显得很粗糙，不美观，而长在树荫下的瓜，因为有树木的荫庇，瓜皮光滑水盈白皙，非常漂亮，因此泰国人们就用แตงร่มใบ来比喻皮肤柔嫩白皙、娇柔可爱的女孩子。

③木瓜เฒ่ามะละกอ直译：老木瓜。喻指大有用处的人。木瓜既可当作蔬菜亦可作为水果食用，在泰语谚语中木瓜被喻为有价值、有用处的人。

④柠檬มะนาวไม่มีน้ำ直译：柠檬没有水。意思是指说话干巴巴，不吸引人。泰国天气炎热，泰国人喜欢吃刺激的食物，柠檬是泰国菜中常见的配料。无水的柠檬，干巴巴的，没有生机。这句谚语中的柠檬形容一个人说话没有情感，干巴巴的，不动听。

⑤皮昆花ดอกพิกุลร่วง直译：皮昆花落。意思是沉默不语。这句谚语来自泰国故事《皮昆公主》。主人翁皮昆公主身带香气，说话的时候会从嘴里落下皮昆花，这使她都不愿意说话。后来人们就用皮昆花来讽刺沉默不爱说话或者不回答问题的人。

⑥椰子มะพร้าวตื่นตก直译：椰子吓掉。意思是兴奋过度。椰子是热带水果，泰国盛产椰子。椰子果实累累，会令人非常兴奋。但是因为人的过于兴奋椰子都吓得掉下来，用以比喻得意忘形、忘乎所以或兴奋过头的人。

⑦糖棕ตาลยอดด้วน直译：断顶糖棕。意思是无子之人或无前途之人。糖棕在泰国人的生活中随处可见，泰国人也很喜欢用糖棕来打比方，比喻没有子女的人或没有发展前途的人。

⑧鹰爪兰กระดังงาลนไฟ直译：烤过的鹰爪兰。喻指明理的女人。鹰爪兰是一种叶子稀薄、气味芳香的花，用蜡烛烤花气味会更香醇，此处泰语谚语中的鹰爪兰是指懂事明理、温婉可人、大器的已婚妇女。

四 喻体相同或相近，喻义不同

壮泰谚语中包含的喻体都是生活中常见的，与人们生活息息相关的，但有时候相同的喻体却被赋予了不一样的含义，这一差异与它们各自地区的风俗习惯、文化内涵有着密切关联。

①辣椒

壮谚：Lwgmanh yied iq yied manh. 直译：辣椒越小越辣。喻指有怜悯之心的平凡人。泰谚เล็กพริกขี้หนู直译：个小的小米椒。喻指弱小却坚强勇敢之人。辣椒是生活中常见的一种植物，是制菜的一道重要辅料。这两句谚语通过辣椒这一相同喻体来表达了不同的意思：壮语谚语Lwgmanh yied iq yied manh（辣椒越小越辣）用辣椒小但是辣味很足象征了平凡的人却拥有怜悯、菩萨般的心肠，来反衬封建社会财主虽很富有却十分吝啬与残暴；而泰语谚语เล็กพริกขี้หนู（个小的小米椒）则用小米椒象征了个子虽小而敢于斗争的人。

②菠萝

壮谚：Daih sawq bohloz. 直译：大暑熟菠萝。意思是大暑季节菠萝成熟。泰谚：ตาเป็นสับปะรด直译：菠萝之眼。意思是眼线众多。这组谚语都包含有"菠萝"这一相同的喻体。"菠萝"是凤梨科多年生常绿草本植物，是一种复合果，菠萝的果皮有众多的花器（俗称果眼或菠萝钉），坚硬棘手。于是，泰语谚语"ตาเป็นสับปะรด（菠萝之眼）"就借助了菠萝的果皮布满菠萝钉、凹凸不平、坑坑洼洼，来讽刺耳目众多、眼目密布。而壮语谚语"Daihsawq bohloz（大暑熟菠萝）"中的菠萝就是指菠萝并没有特别的含义，仅代表一种水果。这句谚语表达的意思是：大暑是菠萝成熟的季节，是一句气象谚语。

③芭蕉

壮谚：Gogyoij gungj hwet vih maknaek. 直译：芭蕉腰弯为果。泰谚：ง่ายเหมือนปอกกล้วยเข้าปาก直译：简单如剥芭蕉进嘴。意思是非常容易。这两个谚语都含有"芭蕉"这同一喻体，但所表达的意义不同。第一句壮语谚语中的芭蕉表示的是父母，"芭蕉腰弯为果重"字面意思是芭蕉为了果实把腰都弄弯，喻指父母为了子女任劳任怨、默默牺牲；泰语谚语中的"芭蕉"则被寓意为简简单单、不复杂、不难办的事情，"简单如剥芭蕉进嘴"比喻事情就如同剥香蕉一样简简单单、没有难度且很容易办好。

④树木

壮谚：Faex hung ciu rumz. 直译：树大招风。意思是爱出风头的人容易惹来麻烦。泰谚：ไม้ใกล้ฝั่ง 直译：岸边树。喻指垂暮之年的人。这组谚语都包含有"树"这一相同喻体，但"树"在这里却有着不同的含义。壮语谚语Faex hung ciu rumz（树大招风）中的树是指大的目标或有名气或腰缠万贯的人，"树大招风"的意思是目标大了或出名的人或腰缠万贯的人容易招惹是非，惹人注意，易引起麻烦；泰语谚语ไม้ใกล้ฝั่ง（岸边树）中的树则是指风烛残年、垂暮之年的人，"岸边树"的意思是没有生机、没有活力，生命体征渐降、濒临死亡的树。

（原文载于《昆明民族干部学院学报》2016年第7期）

注：本文引用的壮语谚语和泰语谚语主要来自周艳鲜教授编著的《中国壮族谚语》（世界图书出版公司2015年版）和广州外国语学院编写的《泰汉字典》（商务印书馆2001年版）等，谨以此表示感谢。

认知隐喻视阈下壮泰谚语隐喻异同的理据考究

阳亚妮

语言是文化的表现形式之一，人类创造语言，用之于社会的沟通和文化的传播。语言作为一种表达形式，它承载和记录着各个时代各种场合的客观事物和人们的思想、情绪、感受，语言因此成为人们意识文化和认知系统的表达。本文将详细分析影响壮泰谚语隐喻共性和特性的理据，主要从壮泰两个民族的宗教信仰、生产生活方式、哲学思想等方面进行探讨。

一 宗教信仰

信仰是对某人或某物的信奉和尊敬，并奉为自己的行为准则，既然是对人或物的信奉和尊敬，则信仰也是人类对客观环境的一种认知，与人们自日出至日落，从生到死的日常行为都息息相关。壮泰民族受着相同或不同的信仰影响，则会反映在谚语当中。

（一）壮泰谚语中体现的相同宗教信仰

壮泰谚语体现的相同宗教信仰包括鬼神信仰、佛教信仰两个方面。

1. 鬼神信仰。作为原始信仰的鬼神信仰，壮泰谚语里"鬼"其实是一种比喻，是一种恶劣、令人生惧的形象，用于警示世人。壮语谚语如：Mbouj lau fangz maez, couh lau guen haih. 直译：不怕鬼迷，就怕官害。这一句可以看出"鬼"是会害人的，并非善类。泰语谚语如：ผีบ้านไม่ดีผีป่าเข้า直译：家鬼不好野鬼进。意思是无家贼引不来外鬼。

2. 佛教信仰。古代社会人们努力寻找除了鬼神之外的心灵依靠，令人信服的教义出现，让人们的心灵得到抚慰，这些教义就深入人们的思想意志，人们的生活受到重要的影响。壮泰谚语都体现了佛教信仰。印度佛教于公立纪元前后由印度传入中国，壮族是个宽容的民族，他们对文化是包容的，壮族接受了佛教文化，谚语中也可找到佛教文化的影子。泰国的佛教在公元前3世纪之前就已经非常盛行，百分之九十以上的人口信奉佛教。佛教进入泰国社会之后，佛教信仰挤占了鬼神信仰在人们思想意识中的重要地位，人们的信仰受到佛教教义深刻影响。因此壮泰谚语都体现了佛教信仰。壮语谚语如：Songq baed songq daengz miuh, Gaeuq vunz gaejvut ce buenqroen. 直译：送佛要送到庙，救人切忌半路抛。意思是帮助别人就要帮助到底。泰语谚语如：เจ้าไม่มีศาล สมภารไม่มีวัด直译：神无寺，方丈无庙。意思是无庙之神，喻指流浪汉，没有安身之地。"庙""佛""神"都与佛教文化有关。

（二）壮泰谚语体现不同的信仰

壮泰谚语体现不同的信仰包括了泰语谚语中的"鬼神"不仅是令人生惧的形象，同时还有"守护之神"之意，以及壮语谚语体现道教信仰而泰语谚语没有，泰语谚语体现基督信仰而壮语谚语没有这三个方面。

1. 鬼神信仰。鬼神对于泰国人而言，不仅是令人生惧的形象而已，信仰佛教的泰国人民相信"鬼"是人死后的灵魂，它也有"守护之神"的含义，不会谋害人们，而是守候爱护着人们。如：ผีบ้านผีเรือน直译：守家之鬼。泰国人认为亲人死后就变成鬼，它的灵魂仍旧跟还活着的亲人们生活在同一个屋子里，只不过用肉眼看不见，但却时时刻刻守护着这个屋子里的每个人。

2. 道教信仰。道教是中国本土宗教，源自上古时代的黄老之道，在中国传统文化中占有重要地位。壮族是中国土地上的民族，也受到道教的影响，不少谚语也体现了道教信仰。但搜集到的泰语谚语中却没有发现体现道教信仰的。壮语谚语如：Yienzvuengz mbouj lau fangz buekmingh, Hakfap mbouj lau lwg bagbyaeuj. 直译：阎王不怕拼死鬼，法官不怕烂仔头。阎王管死鬼，法官可约束坏人，这个谚语指的是管理者或者在上层的人不惧怕在下层的人，应正义行事。在宗教文化中，"阎王"是佛教里的形象，"鬼"则与佛教文化、道教文化和民间信仰有关。

3. 基督信仰。在收集到的语料中并未发现体现基督信仰的壮语谚语，但却发现了反映基督信仰的泰语谚语。泰国还有少数人信奉基督教，基督教的教义也影响着泰国人，其中比较突出的是他们的金钱观念，比如：เงินคือพระเจ้า直译：钱是上帝。上帝这个概念是基督教里出现的，上帝是万事万物的主导，用"钱"比作上帝，可见金钱物质在泰国人心中也是极其重要的。

二 生活生产方式

泰国的地形分为四个自然区，北部是山区，中部是平原，东北部是高原，南部有众多岛屿和狭长的海岸线，国内有著名的湄南河、湄公河等多条河流纵横交错。壮族主要聚居于我国的南方，东起广东，西至云南，北达贵州，南至北部湾。南方地形西高东低，有平原，也有高山，河湖纵横。壮泰两个民族的自然环境异同，影响着人们生产生活的方方面面，人们对相同和不同的客观环境进行观察、思考和总结，影响着壮泰谚语的异同。

（一）壮泰谚语体现相同的生产生活方式

因受到气候因素、地形条件、地理特点、生活需求等方面的影响，壮泰谚语体现了壮泰民族相同的生产生活方式，主要表现在自然环境、居住方式、交通方式和所从事的行业几个方面。

1. 自然环境

（1）气象因素。壮族多聚居于中国南方，南方以热带和亚热带季风气候为主，泰国则以热带季风气候为主，这样的气候都与风、雨、云等天气状况相关，相同的天气因素，体现在壮泰谚语当中。壮语谚语如：Fwjcin coh baek fwn mbouj ndaej, Fwjcin coh namz fwn foedfoed. 直译：春云往北雨不得，春云往南雨凄凄。泰语谚语如：ฝนตกไม่มีเค้า直译：下雨没有预兆。以此来比喻某些事情发生毫无征兆或不可预见。

（2）地形条件。壮泰两个民族生活的环境都与山川、河流、海洋息息相关，山水海就是身边熟知的事物，用山水海喻其他，表达深刻的道理，因此壮泰谚语中不乏有"山""水""海"等相同的地形词汇。壮语谚语如：①Gaenh raemx cij rox naj bya, Gaenh bya cij rox sing roeg. 直译：近水知鱼性，近山知鸟音。意思是一定身处怎么样的环境就会获得怎么样的熏陶和知识。②Yaek gwn noh lungz, caenndang roengz haij. 直译：要吃龙肉，亲自下海。意思是要想得到某样东西必须亲自付出劳动。泰语谚语如：①ปล่อยเสือเข้าป่า直译：放虎归林意思是将敌人放走，可能之后反受其害。②น้ำเชี่ยวอย่าขวางเรือ直译：水涨勿挡船。意思是不要抵挡有权势的人，否则可能会招来麻烦。③อยู่กลางทะเลใหญ่ อย่าวางใจจอมเงียบ直译：身处海中央，勿轻心静风。意思是做大买卖，一定要小心身边的人，他们有可能会设下陷阱。

2.居住方式

壮族多分布于亚热带地区，泰国处于热带地区。干栏式房屋在热带和亚热带地区长期流行，主要是适应生存环境的地理特点。在广大农村和不发达地区，壮泰两族人们聚居于山区河谷之间，山势陡峭，森林资源丰富，雨水丰富，人们房屋建造就地取材，多以干栏式建筑为主，不仅可以节省用地，还起到通风排热、避免湿潮的作用。旧时山上匪盗和野兽猖獗，住在干栏房子里，便于观察四周环境。干栏式房屋在泰国、缅甸、老挝、越南等国也很普遍，也叫"高脚屋"。壮语谚语如：Ranzhaz mbouj doemq baengh saeumaenh，Byasuen ndwngaenj baengh diuz doengh. 直译：禾房牢固靠柱子，篱笆站稳靠木桩。壮语中的ranz就是房屋的意思，也可音译为"栏"，就是壮族人普遍居住的干栏式房屋。这两句壮语谚语中，反映了干栏式房子的建筑要求，即：要有木才能建，要有柱子才能稳。泰语谚语如：กินบน เรือน ขี้บนหลังคา直译：在屋里吃饭，在屋顶拉屎。เรือน是泰国的干栏式房子，楼下用于饲养家禽，楼梯直通楼上，是人们饮食起居的地方。泰语谚语原句说的是"在屋上吃饭"，"屋上"其实就是"屋里"的意思，对自己有恩的人在屋里给饭吃，却跑到人家屋顶上拉屎，用来比喻忘恩负义的行径。

3.交通方式

壮泰两个民族依水而居则需用船，不少壮语谚语和泰语谚语中都有"船"的字眼，可从谚语中看出"船"这个交通工具对沿水而居的人们的生产生活有重大作用。壮语谚语如：Ruz cang cien gaen，hai ruz boux ndeu. 直译：船装千斤，掌舵一人。意思是一个人管理一个队伍负有重要的责任。泰语谚语如：จอดเรือดูฝั่ง หันหลังดูข้าง直译：停船看岸，转身看边。意思是但凡出门则应小心谨慎，注意安全。

4.从事行业

（1）农业。农业是壮族和泰国主要的生产方式，以耕作为主要生产活动。在长年累月的劳作中，人们积累了大量的生产经验，总结了农业耕作规律，并形成了谚语，口传心授，代代相传。壮语谚语体现从事农业生产主要包括耕作的知识涉及及时处理病虫害，勤于犁田犁地、浇水施肥等方面。而关于农业生产技术的泰语谚语较少，主要通过含有"田""地"等与农业生产有关的词汇来体现泰国与农业生产的关系。壮语谚语如：
①Cae reih laeg youh caeux, Doenghgo bak bi ndei. 直译：耕地深又早，庄稼百年好。意思是耕田犁地要勤奋，这样土地才会肥沃，庄稼才能长得好。
②Ndaem naz fouz bwnh dwk, Yienvuengj vaiz ok rengz. 直译：种田无肥施，冤枉牛出力。意思是指肥料对农作物的重要性。泰语谚语如：เอาหูไปนา เอาตาไปไร่ 直译：拿耳朵到田里，拿眼睛到地里。意思是眼睛和耳朵都开小差到田地里了，用以比喻置若罔闻、置之不理、毫不关心。

（2）渔业。壮族依山傍水而居，泰国人民有湄公河、湄南河等众多河流的滋养，加上东部和南部有狭长海岸线，因此壮泰两族人民都借地理优势从事渔业。壮泰谚语可从"鱼""虾"等字眼透视两个民族也可捕鱼而生。壮语谚语如：Ndawdah raemxsaw fouz gungq bya, Singqgip banh saeh miz doxca. 直译：河里水清无鱼虾，性急办事有偏差。太清的河水没有鱼虾生长，性子太急做事会出错。这是壮族人生活经验的总结。泰语谚语如：ปลาข้องเดียวกัน 直译：一个鱼笼里的鱼。意思是住在一起的人或同一伙人。

（3）从商。《战国策·赵策三》："夫良商不与人争买卖之贾，而谨司时。"这是中国最早关于买进卖出的记载。在泰国，没有明确关于买卖起源的记载，但却有说在暹罗王朝之前民间就已经开始有了物物交换。可见两国内部的买卖也有悠久历史了。因此就有不少关于"买卖"的壮泰谚语。壮语谚语如：Cawx gaeq yawj nyauj, cawx bit yawj bak. 直译：买鸡看爪，买鸭看嘴。从鸡爪和鸭嘴上可以看得出鸡鸭的肉品是否好，这是人们的生活经验体现，同时，有买卖的观念在里面的，说明壮族人有商业、市场的概念。泰语谚语如：ซื้อวัวหน้านา ซื้อผ้าหน้าหนาว 直译：耕田季买牛，天冷季买布。耕田需要牛帮犁田，天气冷了要添加衣服，但是到了耕田繁忙之际才想起要买牛，到了天冷的时候才开始去买布，这时候的物价都是很贵的。这个谚语用来表达的是没有做好未雨绸缪的准备，就要花大代价才能取得同样的效果。

（4）从政。受着中国传统文化熏染的壮族人民，"学而优则仕"的意识根深蒂固，因此在壮语谚语中，不乏有"为官"的字眼。泰国自素可泰王朝开始实行君主制，从1932年政变确定君主立宪制至今，国王在泰国人心目中都是至高无上的，古代的泰国为官者可封疆握权，位高权重，"从政为官"在泰国人心目中是光荣的。因此在壮泰谚语中可看到从政、走仕途也是两个民族的职业选择之一。壮语谚语如：Danghak mbouj lau moq, Ngaemq lau mbouj hawsim. 直译：当官不怕新，只怕不虚心。意思是新上任的官员应该虚心向各方请教，才能了解当地实情，了解民情民意才能更好开展工作。泰语谚语如：กินเงินเดือน 直译：吃工资。指的是有固定收入的人，在泰国，吃工资的人一般指的是公务员。

（二）壮泰谚语体现不同的生产生活方式

壮泰谚语体现不同的生产生活方式主要体现在气候环境和交通方式上。

1. 气候环境

我国壮族聚居地南方一年有四个季节：春季、夏季、秋季、冬季。最低气温可到0℃左右，有寒冷的"雪"，壮语谚语中体现包含寒冷冬天的雨雪天气。泰国的气候是热带季风气候，一年分为三个季节：热季、雨季、凉季，年均气温高达24℃—30℃，因此较少有关于"霜""雪"的谚语。壮语谚语如：Doeng nit nit ndok, cin nit nit noh. 直译：冬冷冷骨，春冷冷肉。②Seizdoeng doek nae haeuxduh fag, Seizcin doek nae mbouj cungyungh. 直译：冬天下雪五谷丰，春天下雪不中用。③Seizdoeng sied haucan, Binaj haeux rim cang. 直译：冬天雪茫茫，来年谷满仓。这三句壮语谚语写出了冬天的寒冷，冬有大雪预示来年丰收，也反映了壮族人们居住环境冬季极为寒冷。

2. 交通方式

（1）壮族以"马"为交通工具。壮族聚居的地区以山区为主，山路崎岖，马是人们的重要交通工具。古代壮族地区也骑马打仗，现在壮族的纸马舞就源于杨三姐率领壮家姐妹做纸马智退袭兵。直至今天，马仍然为壮族人们所用，托运甘蔗、树木、竹子等重物。在壮语谚语中也能看到马的形象。如：Max yaez bae mbouj ndaej cien leix, Byai faex guh mbouj ndaej cingqliengz. 直译：劣马行不得千里，杉尾做不得正梁。意思是不好的马无法行远路，杉树尾不够坚硬不能做屋子的正梁。这句谚语体现了壮族人熟知马，只有经常用到马，才能熟知怎样的马是劣马，而劣马为何走不得远路。

（2）泰国以"大象"为交通工具。大象在泰国有着极高的地位。相传释迦牟尼的母亲在梦见白象之后生下他，信仰佛教的泰国人将白象视为瑞兽。此外，古时候大象是国王的战骑，著名的1592年泰缅之战，泰国大胜，随后的150年缅甸没有再进犯泰国，这次战役中泰王的战骑大象有赫赫战功。无论古代还是现代，在山区大象仍作为重要的交通工作为人们搬运重物。在旅游胜地，游客可骑着大象进山游玩。泰语的谚语也有一些跟大象有关。如：ช้างตายไว้งา คนตายไว้ชื่อ直译：象死留牙，人死留名。象牙是大象最珍贵的部分，名声是一个人最应在意的。意思是一个人生前身后名声很重要，因此平日行事应谨慎。

三 哲学思想

哲学是所有知识和事实的本源。哲学一词对应英语的Philosophy，实际上由两个词组成：Philos，是热爱的意思，Sophia，是智慧的意思。将两个词合在一起，实际上表达的是"知道自己不够有智慧，所以想要更有智慧"的含义。壮泰谚语都体现了相同和不同的哲学思想。以下主要探讨壮泰谚语体现出的政治哲学、伦理哲学和"中庸哲学"几个方面的异同。

（一）壮泰谚语体现相同的哲学思想

壮泰谚语体现相同的哲学思想主要包括壮泰谚语都体现国与家、国与民和为官之道的政治学思想，有血缘关系的家庭伦理和无血缘关系的夫妻和谐之伦，以及都体现了"中庸"的哲学思想三个方面。

1. 政治哲学

（1）壮泰谚语体现国与家、国与民的关系。壮泰谚语包含了相同或相似的政治学思想，包括了国和家、国和民是相互依存的关系。壮语谚语如：Gya mbouj huz hab gungz, Guek mbouj huz hab mued. 直译：家不和该穷，国不和该亡。这句话体现了壮族人"家和""国和"的思想。泰语谚语如：บ้านมีชื่อ เมืองมีแป直译：国有国法，家有家规。意思是不论家还是国都有该有的规矩。

（2）壮泰谚语体现为官之道的政治学思想。有一些壮泰谚语还体现了相同的为官之道思想，即官正则国昌。壮语谚语如：Saeu mboujcingq ranz caix, Hak mboujcingq guek baih. 直译：柱不正房歪，官不正国衰。意思是为官的清廉、正直，国家才能昌运亨通。泰语谚语如：เจ้าวัดไม่ดี หลวงชีสกปรก 直译：方丈不轨，僧尼龌龊。用以喻指上梁不正下梁歪或者上不正则下乱，即官不正则民乱。

2. 伦理哲学

（1）有血缘关系的家庭伦理。有不少壮泰谚语体现了家庭伦理道德，包括了父母与子女的传承与感恩伦理、兄弟姐妹和睦之伦理等，提倡有血缘关系的家庭成员之间应和睦相处。壮语谚语如：①Beixnuengx dangq ngaizgyoet, Imq mbouq gwn iek gwn. 直译：兄弟如冷饭，饱时不吃饿时吃。意思是兄弟情谊不可丢。②Bohlwg mbouj huz ranz bit baih, Beixnuengx mbouj huz ranz bit faen. 直译：父子不和家必败，兄弟不和家必分。这句话说的是父子、兄弟之伦。泰语谚语如：①ผัวเมียผิดกันอย่าพลอย พี่น้องผิดกันอย่าพลอย 直译：夫妻不和莫介入，兄弟不和别掺和。②ลูกแทนพ่อ หน่อแทนลำ 直译：儿子代替父亲，嫩芽代替老枝。意思是父传子，子传孙，子子孙孙无穷尽。

（2）壮泰谚语中的夫妻之伦。壮泰民族都主张夫妻之间的和谐关系，夫妻之间应该有福同享有难同当，彼此忠诚，互敬互爱。壮语谚语如：Bengz gaej vut youx, fouq gaej vut maez. 直译：贵莫丢友，富莫丢妻。意思是富贵也不能丢了结发妻，有福应同享。泰语谚语如：ของสิ่งใดใจรู้ว่าผัวรัก อย่าหาญหักตั้งจิตคิดล้างผลาญ 直译：心知老公爱，切勿故意毁。意思是明知是丈夫的心头之爱，不能想着毁灭，应爱屋及乌。

3. "中庸"哲学

壮族是中国第一大少数民族，但是没有建立过自己的国家，历来受到统治阶级的管理，为了避免与别的民族有冲突和统治阶级的迫害，壮族也讲孔子"中庸"，心态平和、退让隐忍。而泰国百分之九十以上的人口都信仰佛教，佛教强调人们心理和道德的进步以及觉悟，认为人有来生，相信因果轮回，主张弃恶扬善，与人为和，这与"中庸"哲学不谋而合。壮语谚语如：Nyienghvunz samyamq mboujdwgsaw, Ngienghvunz samfaen mboujdaivunz. 直译：让人三步不为输，让人三分不死人。讲的是礼让、不争、隐忍，与人为善的道理。泰语谚语如：ตัดกล้วยไว้หน่อ ตัดพ่อไว้ลูก 直译：砍蕉留芽，除父留根。意思是做什么事情都应该留有余地，不应赶尽杀绝。

（二）壮泰谚语体现不同的哲学思想

壮泰谚语体现出的不同哲学思想主要包括壮语谚语体现了民族精神而泰语谚语没有，壮语谚语体现婆媳之伦、公媳之伦、妯娌之伦，强调婆媳、公婆和妯娌的家庭伦理而泰语谚语没有以及部分泰语谚语不提倡"中庸"哲学三个方面。

1. 政治哲学。在中华大地上的壮族人民，与中国其他民族一起反抗帝国主义侵略，取得了民族解放斗争的伟大胜利，壮族人们爱国护国的凛然大义也蕴含在谚语中。壮语谚语体现民族精神。壮语谚语如：Ngienh doxeuq baenzfangz goengqgyaeuj, Mboujnyienh gaiguek mouz fatcaiz. 直译：宁做反抗断头鬼，不做叛国发财人。这句话体现壮族人的峥峥民族铁骨。而泰国处于英法两国殖民地的缓冲地带，暹罗王朝通过割让部分领土和属地，加上帝国主义集中力量瓜分中国转移了对暹罗的侵略压力，故近代的泰国并没有沦为殖民地。因此泰国所面临的战争侵袭相对而言稍微没有那么激烈，故泰语中也几乎找不到对抗帝国主义、体现民族精神的谚语。

2. 家庭伦理。壮语谚语还有一些体现婆媳之伦、公媳之伦、妯娌之伦，强调婆媳、公婆和妯娌这些没有血缘关系的亲人之间也应彼此尊重，和谐相处。而泰语谚语里却找不到反映此类家庭伦理的谚语。壮语谚语如：①Hwnq caeuz doiqmbougvaq daeggvanz, Hwnq gvaiq doiq mbouj gvaq buzranz. 直译：起早对不起老公，起晚对不起家婆。这句话说的是好女人对丈夫和婆婆都应尽心尽力。②Goeng guenj lwgbawx miz vah lai, Naz ceiz cuengq raemx haeuxrieng loenq. 直译：公管儿媳闲话多，田迟放水稻穗落。这句话说的是家公与儿媳之间，应该彼此尊重，不应有太多嫌隙。③Bajli-uz caemhsim, gimngaenz mbouj vuenh. 直译：妯娌齐心，金钱不换。意思是妯娌之间也应和睦相处。

3. "中庸"哲学。有一些泰语谚语，并不提倡"中庸"，而是强调做事一定要彻底解决。如：ผู้รักอยากให้อยู่ยืน ผู้ชังอยากให้ตายเสีย 直译：爱一个人希望他长寿，恨一个人希望他死掉。意译：爱之欲其生，恨之欲其死。

以上谚语都反映了壮泰民族的文化特点，了解一个民族要先了解它的语言。这一节主要探讨了宗教信仰、生产生活方式和哲学思想对壮泰谚语的影响，这些因素多少都有古代生活和观念的影子，其中一些很好的思想、观念和教义，对社会和人们有积极的意义。

　　语言是民族文化的体现，谚语作为一种特殊的语言，它包含了一个民族丰富的文化内涵，反映的是这个民族对自然环境、历史文化等客观存在的认知。隐喻就是建立在心理联想和民族文化基础之上。壮泰两个民族在宗教信仰、生产生活方式和经验以及哲学思想的异同，就体现在了壮泰谚语当中。

参考文献

（原文载于《齐齐哈尔大学学报》（哲学社会科学版）2016年第12期）

　　注：本文引用的壮族谚语和泰语谚语主要来自周艳鲜教授编著的《中国壮族谚语》（世界图书出版公司2015年版）和广州外国语学院编写的《泰汉字典》（商务印书馆2001年版）等，谨以此表示感谢。

壮泰隐喻性谚语的语义特征

石 岩[*]

一 引言

谚语是人类认知活动的一种特殊的语言产物。就不同的语义表达方式，其分为两类：一类是可以根据其语言义来理解的谚语，如："Aeu haexmou coq naz, haeux ndei gwn baenz duz gaiqmaz.（用猪粪种田，稻米香又甜）"；"ญาติไกลไม่เสมือนเพื่อนบ้านใกล้ตัว（远亲不如近邻。）"等。这类谚语语言义与言语义完全相同，可以从其字面意义进行解读而不产生歧义。另一类谚语则要从其言语义来理解，如："Gungqsuo gwn daep yiuh（癞蛤蟆想吃老鹰肝）"；"กระต่าย หมาย จันทร์（兔子企图月亮。）"在理解这类谚语时，我们经常忽略其字面意义，而自然而然地捕捉到了它的深层意义。究其原因是我们在其语言义和言语义之间实现了转移。这种根据两事物之间的相似性，搭起桥梁，用一种事物去解读另一种事物的方式就是隐喻认知模式。这种带有强烈体认色彩的隐喻性谚语兼具不同民族认知的共性与个性。因此，本文以认知隐喻为理论框架，以壮泰隐喻性谚语为切入点，分析壮泰隐喻性谚语的认知性、普遍性和民族性等特征，期许能在丰富和发展壮泰对比语言的研究，促进壮泰民族之间的文化交流方面做出些许贡献。

二 壮泰隐喻性谚语的语义特征分析

隐喻性谚语与可以从语言义上直接解读的谚语一样都是民众丰富智

---

[*] 作者：石岩，壮族，百色学院副教授，英语语言文学硕士。从事普通语言学及认知语言学研究。

慧和普遍经验的规律性总结，都是人类认知的结果。不同的是后者只涉及一个认知域，而前者涉及两个存在着某种联系的认知域，即始源域和目标域。对隐喻性谚语的解读实际上就是将始源域的体认特征投射到目标域上，从而实现识解其言语义的目的。隐喻性谚语是认识抽象概念的工具。在大多数壮泰谚语中，我们常遇到一些抽象的、难以捉摸的概念，事实上通过字面的表达我们很难解释和理解它们。通过对其语义特征的分析有助于我们把它们视为可比较的目标以方便地理解这些抽象概念。

（一）认知性

认知性指的是隐喻性谚语的语义源于认知体认，而旨在认知功能。首先，认知隐喻理论强调人类经验的重要性，人类身体的中心地位和人类特有的认知结构，摒弃了客观主义与主观主义的错误观点，汲取其中的合理成分，在两者之间探索出体验哲学的第三条路[1]。作为认知语言的哲学基础，体验哲学强调以身体经验和认知加工为出发点来研究范畴、概念、推理、语言等形成过程。人类的范畴、概念、推理和心智并不是外部现实客观的、镜像的反映，而是由人们的身体经验所形成，特别是由我们的感觉运动系统所形成。人类的祖先从认识自己开始认识世界，常把人的身体和经验作为衡量周围世界的标准，具有"体认"特征[2]。壮泰隐喻性谚语是壮泰民族社会生活实践的总结，源于人类身体体验和日常生活经验，具体的体验不仅制约了两种谚语隐喻投射的内容，同时掌握着投射的全过程。因两种隐喻性具有极强的体验哲学基础，其隐喻表述存在着诸多共同之处。其次，更重要的是隐喻化了的壮泰谚语具有告知真相、传授知识、劝诫教育等功能，指导人们再认知活动。如源于农业生产实践的，壮语有谚云：

（1）Seiqnyied haeuj laebhah, raemx gvap dah linzlinz.
　　　　四月　进　立夏　水　过　河　粼粼（四月进立夏，水过河粼粼。）

（2）Seiqnyied bet, raemx naz riuz letlet.
　　　　四月　　八　水　田　流　哗哗（四月八，田水流哗哗。）

这两句谚语是对自然现象总结性的描写，其真正的喻义是夏季壮族地区雨水充沛，催促人们抓紧耕种。类似地，泰语也有着这方面的谚语。

（3）ฝน ทั่ง ให้ เป็น เข็ม
　　　雨 钻 使 成 针（雨一直下，钻都变成了针。）

这与汉语中的"铁杆磨成针"类似，说明只要坚持不懈地努力，困难是会被克服的，比喻只要有决心、肯下功夫，再困难的事也能成功。

（4）ทำ นา ออม กล้า ทำ ปลา ออม เกลือ
　　　做 田 节约 苗 做 鱼 节约 盐（种田舍不得秧苗，煮鱼舍不得放盐。）

例（4）"一分耕耘，一分收获"之意源于泰民族对种田、做鱼体认性的总结。从概念隐喻上来说，就是始源域农业实践、烹饪经验和目标域做事之间共同点互相投射的结果。其认知功能在于规劝人们：太过节约成本或太少的付出很难获得成功。

（二）普遍性

在人类所共有的客观环境，共同的社会文化背景下，从某种程度上来说，不同民族的人们有着相同的生活经历、相同的认知结构和身心感受使其对外界的感知有类似之处，扎根于不同语言文化中的隐喻性谚语便有异曲同工之妙。正是由于有了这种"相同性"，才使理解不同语言文化中的隐喻成为可能。根据概念隐喻的理论，由于思维的共性导致人们在创造谚语过程中，会使用相同的或者是共同的始源域。另外，由于人类认知客体具有相通甚至重合之处，在不同语言隐喻性谚语中，始源域可以变化多端，但是目标域却有着惊人的相同或相似。众多壮泰语隐喻性谚语不谋而合，要么具有相同的始源域，要么具有相似的目标域，具有一定的普遍性。本文以壮泰谚语的始源域和目标域的关系来分析，进而说明壮泰隐喻性谚语语义的普遍性。

1.始源域相同或相近，目标域也相同或相近

（5）a. Dieb song ruz
　　　　踏　　两　　船
　　　b. เหียบ เรือ สอง แคม
　　　　踩 船　两　船边

脚踏两只船。这是典型的不忠。常用在爱情、交友等方面，想两边揩油或讨好。

（6）a. Roeg ndei ndij bwn, vunz ndei ndij buh
　　　鸟　好　与　毛　人　好　与　衣

　　b. ไก่　งาม　เพราะ　ขน　คน　งาม　เพราะ　แต่ง
　　　鸡　漂亮　因为　羽毛　人　漂亮　因为　打扮

鸟（鸡）好看在羽毛，人好看在服装。比喻三分身材七分打扮，一个人的美，打扮很重要。

（7）a. Boemhbij ci rwz vaiz
　　　禾哨　吹　耳　牛

　　b. สี　ซอ　ให้　ควาย　ฟัง
　　　拉二胡　给　牛　听

对牛吹禾哨（拉二胡）。这两句谚语与汉语的"对牛弹琴"相类似。比喻凡说话不看对象，或对不讲道理的人讲道理，都是白费力气。

（8）a. Ndaw daemz miz bya, ndaw naz miz haeux
　　　里　塘　有　鱼　里　田　有　粮

　　b. ใน　น้ำ　มี　ปลา　ใน　นา　มี　ข้าว
　　　里　水　有　鱼　里　田　有　米

塘（水）中有鱼，田里有粮（米）。比喻丰衣足食，能过上饭稻羹鱼的日子，农民的心愿就满足了。规劝人们崇尚农耕。

以上例子的隐喻意义是壮泰民族映射了相同或相似始源域部分特征到相同目标域的结果。它反映了壮泰民族在认识客观世界上的共识原则。随着时间的推移，这种具有普遍性的原则潜移默化地影响着壮泰民族对隐喻映射特征的取舍。

2. 始源域不同，目标域相同或相近

（9）a. Gungqsuo gwn daep yiuh
　　　癞蛤蟆　吃　肝　鹰

　　b. กระต่าย　หมาย　จันทร์
　　　兔子　企图　月亮

壮语谚语（9a）字面意思是"癞蛤蟆想吃老鹰肝"。指地上爬的想吃天上飞的，两者对比反差太悬殊，纯属非分的痴心妄想。现常用在男女爱情不般配上。而泰语却选用始源域"兔子企图月亮"的特征映射了相同的目标域。类似的例子还有很多，比如：

（10）a. Faex maz ok rangz maz
木　啥　出　笋　啥（什么竹长什么笋。）
b. พ่อ　เช่นไร　ลูก　เช่นนั้น
爸爸　什么样　孩子　那样（有其父，有其子。）

很显然，尽管始源域不同，但是这俩谚语的目标域却是一样的，它们都比喻"有什么样的长辈就有什么样的孩子"。又如比喻"物以类聚，人以群分"，壮谚和泰谚分别选用始源域"虎""兽"和"乌鸦""凤凰"为投射参照。

（11）a. Guk ra guk couh raen，nyaen ra nyaen couh heih.
虎　找　虎　就　见　兽　找　兽　就　易（虎找虎就见，兽找兽就易。）
b. กา　เข้า　ฝูง　กา　หงส์　เข้า　ฝูง　หงส์
乌鸦　进　群　乌鸦　凤凰　进　群　凤凰（乌鸦进群是乌鸦，凤凰进群是凤凰。）

再如，欲喻"有一餐，没一餐，意指生活贫困，吃了上顿没下顿，温饱都成问题"时，壮泰各有谚曰：

（12）a. Donq gwn donq ndwi
餐　吃　餐　无（一餐有一餐无。）
b. หา　เช้า　กิน　ค่ำ
找　早上　吃　晚上（早上找东西晚上吃。）

根据以上对比分析，我们不难发现在壮泰隐喻性谚语中，也存在始源域不同，目标域相近或相同的现象，即它们所表达的喻义也相同或相近。这进一步说明，由于人类生活在同一星球，处于同样的客观环境之中，人们相同的体验使得不同文化中的隐喻重合，不同民族有一些相同的文化积累，壮语谚语和泰语谚语在隐喻映射方面有很多相同和相似之处，这是语言文化的普遍性，更是壮泰隐喻性谚语共享的普遍性。

（三）民族性

根植于不同文化土壤里的隐喻是文化的组成部分，能够在很大程度上反映文化的内容，带有特定的文化烙印，这就形成了隐喻的民族性[3]。不同的民族从各自的具体环境出发去认识客观世界，所以在他们的认知里，自然有相似之处（共性的体现，即普遍性），但也不可避免地打上了民族的烙印（个性的体现，即民族性）。任何事物是共性和个性的统一体，隐喻也一样，隐喻是人类分享共存于相同的时间和空间中的，个性在于各民族所处的不同环境。由于受到不同民族的地理环境、历史文化、风俗习惯、价值观念等因素的影响，喻体又蕴涵了千姿百态的民族特征。

壮语谚语有着自己独到的民族特色，它们大多取材于壮乡的生活实际，反映壮家人的生活本色。壮族谚语根扎于壮族大地和壮族生活的土壤里，具有鲜明的民族性。如：

（13）Roeglaej doek ndoengj mba
　　　麻雀　　落　簸箕　粉

麻雀落到粉簸箕。麻雀落到晒米粉的簸箕里，当然是可以随便吃了。喻指姑娘嫁到了富裕的地方，不用烦扰衣食之事。此喻义来源于壮族村寨里一种常见的生活现象，即麻雀常常觅食于壮族各家各户的"ndoengj mba"旁边。这是他们对周遭环境认知的一种结果。

（14）Ndaeng moednding
　　　鼻子　　蚁红

红蚁鼻。壮家人认为红蚂蚁的嗅觉很灵敏，哪儿有食物，很快就会群集而来。比喻人的嗅觉灵敏。

（15）Haeux youq rieng duzvaiz, caiz youq rieng moumeh
　　　粮　　在　尾　只　牛　　财　在　尾　猪母

粮食在水牛尾巴后面，钱财在母猪尾巴后面。这是壮族自给自足的农耕社会经济的传统认识，牛壮肥足才能粮食丰收；喂养母猪有猪崽卖就能致富。

（16）Fwngz mbouj caeux gvej, mbouj lau byaj bag
　　　手　　不　　拿　蛙　　不　怕雷公　劈

手不拿青蛙，不怕雷公劈。比喻不做伤天害理的事情就不怕老天爷报应。这句体现了壮族地区"崇拜青蛙"的风俗特色。

以上例句都是地地道道的民族谚语，是本民族固有的，从语言材料到表达方式，都带有浓郁的壮族思想色彩。

（17）Baenz raemz cix dwk hanq, baenz danq cix dwk feiz
　　　成　　糠　　就　喂　鹅　　成　炭　就　放火

是糠就喂鹅，是碳就烧火。比喻对情人的忠贞不渝。

（18）Genj byaek genj baihgwnz，genj vunz genj aen sim
　　　拣　菜　拣　　边上　　拣　人　拣　个　心

选菜选上端，选人选好心。菜的顶端是嫩的好吃，用人要选人品好的，这样才能同舟共济。在婚姻大事上更是如此。

这两句谚语体现了壮家人的爱情婚姻价值观念。无论是人生大道理还是生活小常识，壮语谚语都分别从不同的角度体现了壮家人的心态以及文化意识，反映出本民族的传统观念。

如同壮语谚语一样，泰语谚语是泰国人民社会生活实践经验的总结，包含的内容广泛，比如反映宗教信仰的、反映价值取向的、反映传统习俗的、反映社会结构的等。谚语是泰语的精华所在，它从各个角度反映了泰语精美的韵味，折射出泰国人民思想文化的浓郁色彩。素以"黄袍佛国"著称于世的泰国，宗教渗透了泰国人生活、文化、政治等的许多方面。其文化影响自然也反映到语言之中，在不少泰语谚语中我们可以看到反映宗教思想的谚语俯拾皆是，比如：

（19）ปิด　ทอง　หลัง　พระ
　　　贴　黄金　后面　佛像

佛背贴金。比喻人后做好事，做好事不留名。

（20）แก่ วัด
　　　老 寺院

老寺院。指出家很久的和尚，比喻做事慢吞吞，拖拖拉拉。当我们提到"แก่วัด"这词的时候，指的是在寺院里出家很多年的和尚，还俗以后仍然遵循着寺庙里的行为规范，比如走路、说话等，无论做什么都要看很久，有时会让人觉得缓慢迟钝。

（21）ชั่ว　ช่าง　ชี　ดี　ช่าง　สงฆ์
　　　坏　不管 尼姑 好　不管　和尚

坏尼姑不要去管，好和尚也不要去管。尼姑和僧人是让人们尊敬的，当他们的言行犯了错误，就应该悔过，其他人都不得干预。在这里比喻别人是怎么样的都无所谓；不是自己的事情，就不要去干涉。

（22）ชาย　สาม　โบสถ์　หญิง　สาม　ผัว
　　　男子　三　佛堂　女子　三　老公

男子出家还俗三次，女子嫁三家。喻指必定有其自身缺点，形容不值得结交的人。

（23）ชัก แม่น้ำ ทั้ง ห้า
　　　引　江河　全　五

搬出五条江河。该谚语来自佛教善施王子的故事，贪心的老婆罗门为了得到两个儿子，搬出印度洋的五条江河用甜言蜜语来称赞善施王子。比喻嘴巴很甜，搬出各种理由以达到自己目的。

（24）ตักบาตร อย่า ถาม พระ
　　　斋僧　不要　问　和尚

斋僧不要问和尚。比喻决心施舍东西给别人的时候，就不应该再问别人想不想要，直接给就可以了。

以上所列举的谚语，都可以从不同的角度看出宗教，特别是作为国教的佛教对泰国文化和社会产生巨大的影响，佛教文化已深深地渗入了国家的民族性格之中。因此反映宗教信仰的泰语隐喻性谚语具有自身的民族特点、具有鲜明的民族性。

（25）ฆ่า ควาย เสียดาย พริก
　　　杀　水牛　可惜　辣椒

杀水牛，却吝啬放辣椒。泰国农村有盛大宴会时将会杀牛进行宴请，并在牛肉汤汁中放入辣椒以入味的习俗，该谚语形容想做大事却心疼钱怕浪费，最后什么都没有得到，因小失大。

（26）ตาบอด คลำ ช้าง
　　　瞎子　摸　大象

瞎子摸象，比喻只知道片面。

（27）ชุบ มือ เปิบ
　　　浸　手　水

手浸水，用手抓饭吃。古时吃饭，泰国人会用手浸水以便手不会被饭粒沾手，而有些人不帮忙做饭就等着饭做好了就过来用水浸手吃饭，喻坐享其成。

（28）ผักชี โรยหน้า
　　　香菜　撒在上面

香菜装饰表面。泰国人喜欢在饭菜上用香菜做装饰以引人食欲，喻做表面功夫让他人觉得好。

由以上谚语可知，泰国人民将他们独特的生活习俗体认充分地转化到谚语上，由此喻彼，淋漓尽致地展示了这些谚语的民族特色。

三 结束语

壮泰谚语是壮泰人民认知活动的产物，是各自民族文化的精髓。通过对壮泰隐喻性谚语的对比分析，可以看出壮泰谚语语义具有的认知性源于两个民族对各自生活生产活动的体认，更为重要的是，这些体认经过凝练到谚语中后对他们进行再认知活动具有重要的指导意义。其次壮族和泰族同属壮侗语族，根据概念隐喻的理论，由于思维的共性导致他们在创造谚语的过程中，会使用相同的或者是共同的始源域。所以在谚语的始源域和目标域的选择上具有一定的相同点，突出了它们的普遍性。再者世界上的事物都是普遍性与特殊性的统一体。壮族和泰族由于各自特殊的历史背景、经济生活、宗教信仰、心理状态等文化因素，他们对同一领域的事物会有不同的认知方式，从而就会催生各自民族谚语在语义上鲜明的民族性。

参考文献

[1] 石岩：《从概念隐喻角度管窥壮英思维之共性——以壮英谚语为例》，《前沿》2012年第15期。

[2] 王寅：《认知语言学的哲学基础：体验哲学》，《外语教学与研究》2002年第2期。

[3] 孙毅：《认知隐喻学多维跨域研究》，北京大学出版社2013年版，第114页。

（原文载于《语文学刊》2016年第12期）

传神达意:壮族谚语壮语英译策略研究

周艳鲜

近十年来,我国民族典籍翻译理论与实践研究正逐渐由边缘走向中心,其研究力量不断增强,研究内容不断丰富,研究地区不断扩大,正显示出日益兴盛、欣欣向荣的势头,中国本土的民族典籍翻译思想体系呼之欲出。汪榕培先生提出的"传神达意"翻译标准,逐渐成为引领中国典籍英译理论体系构建的重要思想。正确理解"传神达意"的思想内涵,并以此来指导壮族谚语的源语英译实践,是提高译文质量和壮族谚语文化对外传播有效性的重要途径。

一 "传神达意"翻译思想的解读

汪榕培先生是"我国古典诗歌翻译领域新格律派的践行者"。[1] 1994年,他在《传神达意译〈诗经〉》一文中首次提出了"传神达意"译诗标准。他说,"如能做到'传神达意'就可以算是上好的译作了"。[2] 在文中,他提出了"以诗译诗"的主张,并进一步阐释了"传神达意"的思想。他说,"传神"的译作应该给人生动逼真的印象,实现"形似"与"神似"的结合。形似,就是译诗尽可能保持原诗的风貌,在诗节的行数、诗行的长短、节奏和韵律都能相同或相似。神似,就是译诗在精神实质上的相似,译者只有把握了原诗的精神实质才有可能把它"生动逼真"地再现出来。此后,汪榕培先生多次对"传神达意"加以阐释与说明。2009年,他在《中国典籍英译》一书中提出,首先,"达意"是典籍英译的基本要求,译者需要准确地理解原文的思想并在译文中再现原文的经典之美。其次,单纯"达意"还不够,要做到"传神地达意"。[3] 2013

年，他在《中国典籍英译的几点认识》一文中回答了"中国典籍英译的标准究竟是什么"的问题。他说，"在中国典籍英译的时候，既要照顾中国人思维的特征，又要照顾西方人的语言表达习惯，在中间取得平衡，用我的说法就是'传神达意'，更准确地说就是'传神地达意'。"[4]

近年来，"传神达意"得到了越来越多学者的接受和译学界的认可。李瑞凌对"传神达意"翻译标准进行考辨，他认为"传神达意"的理论渊源是中国传统画论和译论中的"传神"说，立论基础是忠实原作。"传神"是要求忠实于原作的形式、风格，而"达意"是忠实于原作的思想内容。"形神不离"是"传神达意"翻译标准之理论精髓，强调诗歌翻译"形"与"神"矛盾的兼容性与统一性，发展了傅雷先生的"神似"论。[5]黄中习认为汪榕培的《庄子》英译以"传神达意"为翻译原则，"以流畅的当代英语表达原作的精神实质，再现原作的艺术风采。"[6]蔡华认为，汪榕培先生运"起承转合"之译笔，使陶渊明之"神""意"历久弥新，体现着传神地"达意"和达意地"传神"两种翻译效力。[7]张玲将汪榕培先生英译《枫桥夜泊》称为"以诗译诗"的典范，它保持了原诗清丽自然、节奏分明、韵律和谐的形式和风格，再现了原诗的意境和神韵。[8]付瑛瑛的《传神达意——中国典籍英译理论体系的尝试性建构》是目前较为系统研究汪榕培"传神达意"翻译思想的著作，其目的在于建构一个适用于中国典籍英译的理论体系，赋予这种有价值的翻译思想以固定的形式，从而更好地指导将来的典籍英译实践。[9]

"传神达意"是汪榕培先生翻译《诗经》时总结出来的，又在他后来的翻译实践中不断得到应用与验证。正因为它来源于丰富的翻译实践，又在实践中不断丰富与充实，因而具有强大的生命力。在中华民族文化"走出去"的时代背景下，构建中国本土的典籍英译理论体系具有现实意义与时代意义，汪榕培"传神达意"的翻译思想值得深入研究，并在实践应用中走向理论体系化。壮族谚语是壮族口头传统的重要组成，是历经沧桑而又生生不息的壮民族文化活态生命的体现。丰富的主题与内容赋予了壮族谚语深厚的思想内涵，以壮话代代相传、口传心授的传播方式保留了其原生的语言特征，特殊的区域性与独特的民族性使其烙印着浓郁的本土文化特色。"传神达意"对民族典籍翻译具有理论上的指导意义，在翻译实践中也有很强的操作性，是壮族谚语壮语英译的标准与指导原则。

二 壮族谚语壮语英译的"传神"

"谚语是民间集体创作、广为口传、言简意赅并较为定型的艺术语句,是民众丰富智慧和普遍经验的规律性总结","是带有讽喻性、训诫性、经验性和哲理性特征的语言结晶。"[10]在形式方面,壮族谚语句子短小,句型较为固定,结构对偶工整;在韵律方面,它多运用并列句式和排比、对仗等修辞手法,不仅形式整齐,而且音调和谐、节奏协调,具有壮语韵文独特的音乐感;在内容方面,它主题丰富、种类众多,具有显著的经验性、教育性与传统性等特征[11]。"传神达意"翻译标准强调,"传神"既包括传递外在的形式,也包括传递内在的意蕴。壮族谚语壮语英译的"传神",是译文在结构、韵律、思想内容等方面与原文相似,既在形式上、韵律上和内容上保持壮族谚语的原貌,也在精神实质上相似,产生与原文相似或者相同的美感,保留、传达、再现壮族谚语的形式美、韵律美与内容美,达到"神似"与"形似"的完美结合。

(一)形式美

与其他民族的谚语相似,壮族谚语有固定的句子结构和多种多样的句式,呈现出形式上的稳定性与丰富性,展现了壮族谚语的形式美。

1. 句子结构

壮族谚语的句子结构主要有单句、复句与排比句。单句大多为短句,以五言、七言为多,如:Da mengz bak mbouj mengz.(眼瞎嘴不瞎)、Ciengqgo yungzheih heij gyaeuj nanz.(唱歌容易起头难)等。复句居多,其中并列句最为常见,有三、四、五、六、七言并列句,如:Caeg buh vunz, mbouj gamj daenj.(偷人衣,不敢披)、Aenq haeux haeuj cang, aenq ndang caiz buh.(计谷进仓,量体裁衣)、Cawj ngaiz aeu coq haeux, naeuz vunz aeu dauhleix.(煮饭要放米,劝人要道理)、Bya vih huq yaeuh ndwnj set, roeg vih haeuxbeb doek muengx.(鱼为诱饵吞钩,鸟为谷秕落网)、Conq baengz ndeu nyib mbouj baenz buh, gonj cien dog guh mbouj baenz ranz.(一寸布缝不成衣,单块砖砌不成屋)等。排比句不多见,但它们形式规整、内容风趣、节律感强,读起来朗朗上口,如:Gik rap raemx, haq gwnz ruz, gik cawj ngaiz, haq dajcawj, gik guh fong, haq canghcaiz, gig aeu fwnz, haq canghfaex, gik roi gyaeuj, haq hozsiengh.(懒挑

水，嫁船上；懒煮饭，嫁厨子；懒补衣，嫁裁缝；懒要柴，嫁木匠；懒梳头，嫁和尚。）还有一种类似三字经的并列句，如，Iq mbouj son, mbouj baenz vunz, faex mbouj guenj, mbouj baenz ndoeng.（儿不教，不成人；树不管，不成林。）

为了在译文中再现原文结构上的形式美感，一般采取字对字（word to word）直译方法，保持原文句子的结构类型，并注意与原文字数、长短基本一致。例如：

例1：Ngwz ngoemx haeb dai vunz. 哑蛇咬死人。（单句）

A silent snake kills people.

例2：Cawj ngaiz aeu coq haeux, naeuz vunz aeu dauhleix. 煮饭要放米，劝人要道理。（复句）

Cook a meal with rice, persuade a person with reason.

例3：Bya ndoj van laeg, baeu youq danz boengz, gungq youz mieng iq, sae byaij sadan. 鱼藏深湾，蟹在泥潭，虾游小沟，螺行沙滩。（排比句）

Fish live in deep river bends, crabs in mud puddle, shrimp in small trenches, and conchs on the beach.

2. 句式

壮族谚语复句中的分句大多是关联句式，两个分句使用关联词语连接起来，表示因果、条件、假设、并列、递进、转折或选择等关系，构成工整对仗的平行结构。如，Gvanbaz sim mbouj caez, vuengzgim bienq baenz naez.（夫妻心不齐，黄金变成泥）、Mboujmiz cib cingz gyaj, nanz ndaej cib cingz haeux.（没有十成秧，难得十成收）表示假设关系的，Nyienh daenj congh, mbouj daenj loek.（宁穿破，不穿错）表示选择关系，而Souh yied cawj yied lanh, vunz yied gik yied ngah.（粥越煮越烂，人越懒越馋）表示递进关系，等等。壮族谚语这些句式特点，与英语谚语极为相似。英文谚语"No pain, no gain"用"no...no"句式表示假设关系，"Better late than never"用"better...than"句式表示选择关系等。在翻译中，译者要了解原文句式，正确理解关联句的关系，选择目的语中与原文相对应的句式和表示相应关系的关联词语。为了传达原文的内容，保持原文的结构，直译是最好的方法。例如：

例4：Mbouj siengj ok hanh, gaej siengj gwn ngaiz. 不想出汗，莫想吃饭。（假设）

No sweat, no rice.

例5：Nyienh haeux mbouj miz, mbouj nyienh saetlaex. 宁可无米，不可无耻。（选择）

Better to have no rice than shame.

例6：Mwngz noix goeng duh reih, reih noix haeux duh mwngz. 你少地的工，地少你的粮。（假设）

If you do less in the fields, the fields will give less rice to you.

在例4中，如果仅仅为了传达原文的意思，也可译为：There is no rice without sweating，但这就会失去原文的平行结构，此译文使用"no...no..."句式保留了关联句的假设关系，也完好地传递了原文简洁、规整的审美视觉。当然，原文形式美的再现并非要求译文与原文结构绝对一致。有时候，为了更好地表现原文意图，译者会根据英语习惯改变原文的句子结构，例5译文就是使用了表示选择关系的"better...than"句式将原文并列句合成一个简单句型，而例6译文则将原文并列句变成一个带着状语从句的复合句，用"if"句式表示前句Mwngz noix goeng duh reih（你少地的工）与后句reih noix haeux duh mwngz（地少你的粮）的假设关系。以上译文追求在精神实质上的相似，在内容上忠实原文，在结构上再现原文对仗工整的形式美。

（二）韵律美

一种语言的韵律美与其形式美是分不开的。壮族谚语的韵律美主要表现为两个特点。首先，它使用大量的排比、对偶、递进等修辞手法将两个或者两个以上意义相关、层次相同、句法功能相同的分句成串排列，用以表达同类的行为、思想、概念等，从而构成一种平行结构序列。这种结构，不仅具有整齐划一的形式美感，而且从修辞效果来看，它以简洁明快的特点增强了自身的语言表现力，读起来音调协调，音韵和谐，前后呼应，富有韵律美感。为了传递壮族谚语的声音美，译文运用异化策略，保留了原文的并列结构。例如：

例7：Ndaw riengh mbouj miz mou, ndaw caengx mbouj miz haeux. 栏里没有猪，囤里没有谷。

No pigs in the home, no rice in the barn.

以上译文中，两个并列分句意义相关、字数相同、长短基本一致，且语法、语序、语态保持一致，采用人们熟悉的英语句式"no A, no B"，念起来极具音乐感。

壮族谚语的韵律美也体现于壮语本身独具的音韵特点。壮语音节是声韵结构，词的信息由音节的声韵结构和附带于音节的声调来传达，[12]从语音来看，壮语以单音节为主，语音系统简单，使得壮语特别适合押韵，而且壮语有声调的起伏，念起来更富有音乐性。[13]壮语的这些发音特点体现了其语言的简洁性、所表达内容的丰富性以及声调的表现力。从押韵方式来看，壮族谚语中常常使用壮语韵文惯用的腰脚韵，例如，"Cim ndeu mbouj nyib, cib cim nanz fong.（一针不补，十针难缝）"，"Aenq haeux haeuj cang, aenq ndang caiz buh.（计谷进仓，量体裁衣）"，前句结尾词和后句任何一个词构成腰脚韵。这种独特的韵律特征，使壮语谚语读起来音调协调、节奏感强、朗朗上口、韵味十足。押韵方式的处理，是壮族谚语英译中不可回避的问题。为了符合英语的韵律特点和读者的阅读习惯，译文通常使用归化策略，采用英语常用的押韵手段—尾韵。例如：

例8：Beixnuengx caemh sim, miz cienz miz gim. 兄弟同心，有金有银。

When brothers work together, they make gold and silver.

（三）内容美

壮族谚语的内容美在于其具有显著的经验性、教育性与传统性。

1. 经验性

谚语的经验性指的是它记录人们对自然与世界形成的一般观念，介绍、传播经验性的知识，总结事物产生、变化、发展的一般规律。很多壮族谚语介绍壮族先民对一般事物的认知，记录、总结、传播壮族传统社会生活与生产劳动的常识、经验与规律。以壮族气象谚语为例，它是壮族人民关于天气的经验与智慧，记录了壮族地区各种气象特点与规律，总结了壮族先民在漫长的农业生产中根据气象规律适时安排农事的经验。为了在译文中介绍壮族谚语的这些经验性知识，译者大多使用异化翻译策略，采取直译方法或加注的办法。例如：

例9：Langh bya ndawnaz mbouj sin hoj, haeuxgok demzsou it cingz ngox （ngux）.稻田养鱼不辛苦，稻谷增收一成五。

Raise fish in the paddy fields and increase production by fifteen percent.

例10：Duzbya daj gyaeuj haeu. 鱼从头上臭。

Fish rot from the head.

Note：Fish is the most favorite food to eat with rice. Zhuang people have a long history of fish farming. There are many proverbs about fish that speak to Zhuang people's experience of fish farming. These proverbs carry wisdom about where fish should live, how to raise fish, how to cook fish and how to keep fish.

例9总结稻田养鱼助于粮食增产的生产规律，例11介绍壮族人们对死鱼特征的认知。使用"异化"翻译策略可以传递原文的异域文化特色，捕捉原文意思并保存其文化因素，采用"直译"翻译方法是对原文的忠实，可以传达原文意思，且保留其内容与风格。例9译文通过异化策略真实记录了壮族历史悠久的稻田养鱼之俗，而例10译文刻意求真，忠实于原文的内容和语言表达风格，保留了原文的形式结构，在语法、句法、甚至字数都与原文保持了高度的一致，并通过注释加深了读者对壮族以鱼类养殖为主的农业传统生产方式的认识与了解。

2. 教育性

谚语的教育性是指它具有丰富的哲理性与教育意义。这类壮族谚语很多，它们总结人生真理，赞颂真、善、美，讽喻不良品德，劝诫不善之举，提供意见或建议，鼓励勤劳勇敢、团结和谐，积极向上，使人变得有道德、有善心、有良知，成为品行高尚的人。这类谚语大多具有隐喻性，反映人类隐喻思维的共性。经过直译的译文一般可以唤起人们共同的认知与情感的共鸣，有助于读者的理解与接受。例如：

例11：Bouxgik youq bien mboq hix hoz hawq dai. 懒汉住泉边也会渴死。

A lazy man dies of thirst even when he lives near a spring.

例12：Rom naed baenz loz, rom caek baenz dah. 积粒成箩，积滴成河。

Grains of rice become a basket, drops of water make a river.

Note：Encourage people to be frugal, hard working but not to be greedy or lazy.

3. 传统性

美国著名谚学家、佛蒙特大学教授Wolfgang Mieder认为，"Proverb definitions often include the term 'traditional'...（proverbs）have been registered numerous times over time which helps a proverb to gain its proverbial status of 'being traditional'."[14] 具体来讲，壮族谚语的传统性主要表现为：

（1）它反映了壮族的传统观念、价值观念、宗教信仰等。例如：

例13：Caihnyuenh meh dai, mbouj nyuenh meh caiq haq. 宁愿娘死，不愿娘嫁。（壮族传统的贞操观。）

Prefer to see mother die than to see her remarry.

Note：a traditional view of the Zhuang that the woman's remarriage brings shame on the family.

例14：Gwnz mbwn goengbyaj, laj dieg goengnax. 天上雷公，地上舅公。（壮族雷神崇拜的民间信仰和壮族社会以舅父为尊的传统观念。）

The Thunder God tops all the gods in heaven, the mother's brother tops other aged people on the earth.

Note：the Thunder God, reflects the religious belief of worship of the thunder. The mother's brother played a very important role in ancient Zhuang's matriarchal society and was given utmost respect, which is still practiced today.

（2）它记载民间习俗、节日习俗、禁忌与宗教仪式等。例如：

例15：Daemj baengz aeu hoj, okhaq aeu daej. 织布要苦，出嫁要哭。（壮族哭嫁习俗。）

Work hard at cloth weaving, cry hard at the wedding.

Note：Traditionally, the bride must cry at her wedding in Zhuang culture.

例16：Caen youz daicaeux aeu soengq liengj, boux gvan gvaqseiq aeu yienq yiengz. 亲友短命要送伞，丈人去世要献羊。（壮族丧礼习俗。）

Send to your friend's funeral an umbrella, and a goat to your father-in-law's.

Note：Indicates customary practices for a Zhuang funeral.

（3）它记录历史事件、典故、民间传说等。例如：

德国学者Walter Benjamin曾提出，"A proverb, one might say, is a ruin which stands on the site of an old story."[15] 这种观点强调了谚语的历

史感与故事性。一些壮族谚语记录了壮族古代社会历史事件与典故，讲述了世代流传于壮族民间的古老故事与传说，充满了壮族传统文化的个性魅力。

例17：Miz fuk mbouj yungh nyaengq, ngaenzceij ringx hwnj congz. 有福不用忙，银子滚上床。（来源于蛤蟆变成银子的民间故事。）

A man with good luck does not need to work, the silver ingots roll up to his bed.

Note: This proverb is from a Zhuang folktale about a frog that turns into a silver ingot and rolls up to the bed of the man who was so kind to save its life.

例18：Bak mou guh nazreih, rieng ma cienz naedceh. 猪嘴做田地，狗尾传种子。（来源于猪和狗古时候劳动分工的民间传说。）

A pig does farm work with its mouth, a dog carries seeds with its tail.

Note: This proverb is from a Zhuang tale about a pig that uses its mouth to plow the fields and a dog that carries rice seeds from Heaven to people.

以上例5至例9中的谚语蕴含着丰富的壮族传统文化内涵，表现了壮族特有的"传统性"。译文使用异化翻译策略，采取直译的方法，保留了原文中出现的意象，传达了原文的字面意思，并通过加注对其背后的文化含义进行说明，介绍壮族传统的妇女守贞观念、自然崇拜、婚礼与丧礼习俗，蛤蟆、猪、狗等动物相关传说故事，在译文中保留了壮族谚语的"传统性"特征。

三 壮族谚语壮语英译的"达意"

汪榕培先生提出，要实现"传神地达意"，译者应通过各种翻译手段，使译文在话语、形象和意蕴等层面中能够准确地传递原文的神韵和味道。关于"达意"，他提出了字词达意和比喻达意的概念。他说，"字词句章各个层次都存在达意的问题"，"字词字面意义的理解对于译诗的达意起着决定性作用。与此同时，修辞格的合理使用，对于达意也有着重要的作用。"[2]

"达意"是壮族谚语壮语英译的主要原则。"达意"得以实现在于译者对原文的解构。从壮语译为英语，译者需要对原作进行精准的解读，[12]一是解读字词的真正意义，二是解读语言修辞特色，三是解读文化含义。笔者认为，民族典籍源语英译要实现"达意"，不仅要讲究字词达意和比喻达意，还要做到文化达意。壮族谚语壮语英译的"达意"，就是在译文中实现字词达意、修辞达意和文化达意，从而更好地保留壮族谚语的思想内涵、语言特征与本土文化特色。

1. 字词达意

译者对原文字词的准确解读是决定译文质量的基础工作。字词达意，就是要理解原文中关键字词的字面意思及其引申含义，并巧妙运用翻译策略，在译文中将其准确地表达出来。例如：

例19：Cim ndeu mbouj nyib, cib cim nanz fong. 一针不补，十针难缝。
A stitch in time saves nine.

从字面上看，上句谚语说的是针线活中总结出来的现象，却道出了日常生活中的普遍真理，常常用来比喻那些一开始忽视了问题而导致严重后果的行为，于是出现了"亡羊补牢，为时不晚"，用以劝告人们出了问题要及时补救，以免事态恶化。译文保留了原文中"针脚"（stitch）这个意象，但巧妙地将原文的字面意思变成了"一针及时省九针"，从而准确地传达了原文的引申意义。再看下例：

例20：Riengh mbouj mou, raep mbouj gaeq. 栏无猪，舍无鸡。
No pigs in the home, no hens in the house.

据考究，猪是我国迄今发现年代较为久远的一种家禽，壮族先民养猪历史悠久。猪、鸡、牛、羊等作为壮族传统养殖动物，也是众所周知的家畜家禽类动物，读者对于猪栏、鸡舍等动物养殖场所并不陌生。译者采用直译方法，保留了"猪""鸡""栏""舍"等意象，在译文中，原文字词的字面意思得到了传达，原文所记录的壮族传统动物养殖相关信息也得到了传递。

2. 修辞达意

壮族谚语富有口语性特征，广用辞格，常常运用对偶、排比、比喻等修辞手法，具有强烈的感染力和良好的修辞效果。修辞达意，要求译者在分析、把握原文的修辞手段及其功能，准确解读其背后象征意义和隐喻意义的基础上，巧妙运用各种翻译策略，保留原文的修辞手法，传达其引申意义，在译文中实现与原文相同或相似的修辞效果。

（1）对偶

例21：Vunz gvaq aeu louz mingz, nyanh gvaq aeu louz sing. 人过要留名，雁过要留声。

A man dies and leaves his fame, a wild goose passes and leaves its sound.

译文保持了原文的对偶句式，前后分句字数基本相等、结构相同、句法一致，且意义对称、意思关联，读起来音律协调、韵味十足。

（2）排比

例22：Vunz lau vaih mingz, laz lau vaih sing, ruz lau louh daej, laeuj lau bingz dek.（人怕坏名，锣怕破声，船怕漏底，酒怕裂瓶。）

A man fears a bad name, a gong fears a broken sound, a boat fears a leaking bottom, the wine fears a cracked bottle.

原文运用排比修辞手法，四个排比句意思密切相关，句型结构、句法、语法相同，成串排列，显示出一种形式之美，也达到了一种加强语势的效果。译文同样运用四个排比句子，整齐划一，富有节奏，韵律感强，增强了原文用于说理的效果和气势。

（3）比喻

比喻是谚语最为常用的修辞手法。壮族谚语语言生动活泼，广泛采用隐喻修辞，用精炼简洁的语言来总结经验、揭示真理、传播智慧，具有强烈的修辞效果，反映了壮族独特的隐喻思维特征。壮族谚语中有丰富的隐喻意象，并赋予其独特或深刻的文化含义。食物隐喻意象有大米、粥、饭、糯米、糍粑等，动物隐喻意象有牛、马、羊、鸡、猪、狗、鱼、鼠等，植物隐喻意象有秧苗、树木、花草等，自然隐喻意象有太阳、月亮、星星、风、雨、雷电等。例如：

例23：Bya vih huq yaeuh ndwnj set, roeg vih haeuxbeb doek muengx.（鱼为诱饵吞钩，鸟为谷秕落网。）

Fish bite the hook for food, birds are trapped in the net for rice.

Note：It implies a greedy man.

例24：Ma gaij mbouj ndaej gwn haex. 狗改不了吃屎。

A dog cannot change its habit of eating shit.

Note：The same as the proverb "A leopard cannot change its spots" which implies a man's nature is hard to change.

例25以"鱼"和"鸟"为喻体，将贪婪者比作贪吃诱饵的鱼和贪吃谷秕的鸟，形象生动地揭示了贪婪者的本质及其下场。例24以狗为喻体，将恶性不改者比作习性不改的狗，并在注释中引用了英语中具有相同隐喻义的谚语加以说明。两则谚语的译文采用异化策略，通过直译保留了原文的隐喻意象及其象征意义，深刻揭示、批评了贪婪成性与恶性不改的不良品行，产生了预期的修辞效果。

3. 文化达意

壮族谚语的"传统性"反映了丰富的壮族传统文化信息。一般而言，这类谚语所传达的文化含义对于他族文化背景的读者来讲比较难于理解与接受，其语言结构、表达习惯、修辞手法等与他族也有较大差异。如何在译文与原文之间搭建一座有效的跨文化交际的桥梁？

有学者提出，文化翻译是民族志翻译观的核心，它将口头艺术文本作为主要对象，提出将文化作为文本，将文化作为翻译的观点。[16]文化翻译对译者有着较高的要求。译者应该学习具体的跨文化交际策略和方法，提高自身作为文化调停人的意识和能力。在翻译实践中，译者要结合原文语言材料来分析文化的意蕴，对原文口头语言形式进行细致分析，将其与译文语言对照分析，从语言的结构形式和语义中发现源语文化的独特性，从跨语言层面上的研究上升到跨文化层面上的研究。文化翻译观建议，译者在翻译中注意调适他族文化与本族文化的亲疏距离，并通过语言翻译层面上的直译或意译之间的选择来实现。

谚语以口传心授的方式代代相传于民间，是一种典型的口头艺术文本。壮族谚语壮语英译应采纳民族志翻译观，以文化作为文本，以文化翻译为核心，以文化达意为目标。要做到文化达意，译者要发挥文化调停人的作用，分析原文的文化意蕴，准确理解原文的"传统性"，领会原文反映的文化信息、文化含义以及隐喻意义，以跨文化交流为目的和手段，巧妙运用文化翻译策略，在译文中传达原文的文化信息、保留原文的文化特色，让译文与原文在思想内涵、文化含义等精神实质上相似，实现"传神地达意"。

例25：Fwngz ndi gaem gvej mbouj lau byaj bag. 不抓青蛙不怕雷劈。
Do not fear a lightning strike if you do not catch frogs.
Note：Refers to a nature worship of Frog God for the Zhuang ethnic group.
上例译文采用异化翻译策略，保留了青蛙和雷两种意象，通过直译真实传达了原文的内容，通过加注对壮族民间信仰中的雷神崇拜进行说明，介绍了原文传达的文化信息。有时候，译文也使用归化翻译策略，将目的语文化背景与源语文化背景联系起来，帮助英语读者更好地理解原文的文化内涵，实现了译文与原文之间有效的跨文化交际。例如：

例26：Seizhah fouz fwn，seiz hwngq ndat dai. 夏季无雨，三伏热死。
No rains，Dog Days bring death to people.

原文中的"三伏"是"三伏天"的简称，比喻酷暑天气。在中国传统文化中，"三伏"是节气名称。壮族自古以来使用农历，在壮族谚语出现这个节气名称，显然是受到了中原文化的影响。农历"三伏天"是初伏、中伏和末伏的统称，是一年中最热的季节，一般是一年中的7月到8月。这和英语中"god days"的意思极为相似。英语"dog days"表示一年里最热的时候，通常是一年里7月24日到8月24日。为了向目的语读者靠拢，译者要像目的语作者那样说话，要使用读者熟知的语言来表达。译文采用异化策略，将中国传统文化中的"三伏天"译为英语"dog days"，有助于目的语读者理解原文的意思，增强译文的可读性。

四 结语

"传神达意"是汪榕培先生构建中国本土典籍翻译理论体系的重要思想，是典籍英译的标准与指导原则，不仅具有理论的指导意义，而且具有重要的应用价值。基于"传神达意"的壮族谚语壮语英译，力求在译文中再现壮族谚语的内容美、形式美与韵律美，达到译文与原文的形似与神似，并通过字词达意、修辞达意和文化达意，保留与传递壮语谚语丰富的思想内涵、原生态的语言特征和本土文化特色。

参考文献

［1］ 蔡华：《译逝水而任幽兰——汪榕培诗歌翻译纵横谈》，北京师范大学出版社2010年版。

［2］ 汪榕培：《传神达意译〈诗经〉》，《外语与外语教学》（大连外国语学院学报）1994年第4期。

［3］ 汪榕培、王宏：《中国典籍英译》，上海外语教育出版社2009年版。

［4］ 汪榕培：《中国典籍英译的几点认识》，《燕山大学学报》（哲学社会科学版）2013年第9期。

［5］ 李瑞凌：《汪榕培"传神达意"翻译标准考辨》，《天津外国语大学学报》2012年第5期。

［6］ 黄中习：《〈庄子〉英译的历史特点及当代发展》，《内蒙古农业大学学报》（社会科学版）2010年第5期。

［7］ 蔡华：《"起承转合"译，"传神达意"宜》，《大连大学学报》2012年第8期。

［8］ 张玲：《传神达意"译"味隽永——汪榕培英译"枫桥夜泊"的艺术》，《中国外语》2010年第1期。

［9］ 付瑛瑛：《传神达意——中国典籍英译的理论体系的尝试性建构》，吉林人民出版社2017年版，第4页。

［10］ 中国民族文学集成编辑委员会：《中国谚语集成（广西卷）》，中国民族文学集成广西卷编辑委员会，中国ISBN中心2008年版，第8页。

［11］ Zhou Yanxian, *Two Thousand Zhuang Proverbs with Annotations and Chinese and English Translation*. New York：Peter Lang Publishing, 2017, p. Introduction.

［12］ 周艳鲜：《广西壮族嘹歌壮语英译策略研究》，《广西民族大学学报》2012年第3期。

［13］ 周艳鲜：《壮族嘹歌韵律英译策略研究》，《百色学院学报》2012年第2期。

［14］ Wolfgang Mieder. *Proverbs*：*A Handbook*. Westport, Connecticut and London：Greenwood Press, 2004, p. 5.

［15］ Walter Benjamin, *Selected Writings*, *Volume 3*, *1935—1938*. Cambridge, Massachusetts, and London, England：The Belknap Press of Harvard University Press. 2002.

［16］ 段峰：《文化翻译与作为翻译的文化——凯特斯特奇民族志翻译观评析》，《当代文坛》2013年第5期。

（原文载于《百色学院学报》2018年第5期）

泰语动物谚语汉译策略研究

阳亚妮

一 引言

谚语是语言和文化的重要组成部分，泰语谚语在人们的生活中被广泛地使用和流传，它生动形象地表现了人民群众的实际生活经验或感受。近年来，中泰两国文化交流日益频繁和深入，研究泰语动物谚语汉译策略，有助于译者在进行翻译活动时采用正确的方法，使中国读者了解泰语谚语及其文化。

二 泰语谚语汉译常出现的问题

中泰两国在历史文化、传统风俗习惯和宗教信仰等方面的差异，给谚语的翻译带来很大的困难，容易出现望文生义，没有联系其背景就胡乱翻译的情况。泰语句子没有标点符号，因断句错误而导致意思面目全非也是翻译容易出现的问题。

（一）望文生义

如 sɯ:ǎ-pʰù-jǐŋ，有的译者在翻译的时候就会想当然地把这句译为"母老虎"，因为 sɯ:ǎ 译为"老虎"，-pʰù- jǐŋ 是"女性"的意思。然而，这句谚语正确的翻译应该是"色狼"。再如 má:-tèʔ，有的译者也会根据字面意思翻译为"马踢"（má: 译为"马"，-tèʔ 译为"踹、踢"），但正确译法应译为"失足"，赌徒们用这个谚语来形容赌马输掉。

（二）断句错误导致意思面目全非

由于泰语是符号文字，词与词、句与句之间没有标点符号，这就给译者带来了翻译上的困难，若断句错误，就会导致意思面目全非，让人摸不着头脑，不明白是什么意思。如：sɯ:ǎ-sɔ̃:ŋ-tu:a/-jù:-tʰâm-di:aw-kan-mâj-dâ:j，有的人会这么来断句：sɯ:ǎ-sɔ̃:ŋ/-tu:a/-jù:-tʰâm-di:aw-kan-mâj-dâ:j错译为了"二虎不可以自己住在一个洞穴里"，而其正确的翻译应是"一山不能容二虎"。ná:m-ta:n/-klâj-mót/-kʰaj-tɕà?-ʔòd-dâ:j正确的翻译是"蚂蚁近糖水，谁可以忍住"，如果断句成ná:m/-ta:n/-klâj/-mót/-kʰaj-tɕà?-ʔòd-dâ:j，译出来就变成了"水、树近蚂蚁，谁可以忍住"，让人不知所云。

三 泰语动物谚语汉译策略

翻译是用另一种语言来表达一种语言所表达的思维内容的语言活动，包含了对原文理解的逐渐深入和对原文含义表达逐步完善的一个过程。翻译要忠实于原文，要通顺流畅，要给人以美的感受。即严复提倡的翻译三字标准"信、达、雅"。语言是文化发展的产物，又是文化传承的工具与手段；文化是人类一定群体的智慧结晶，是语言的精髓和内涵，文化需要语言来承载，因此，语言和文化的关系实际上是一种现象和本质的关系。它们之间相互依存，但与此同时，语言也受到文化的制约。要理解和翻译一种语言，译者首先必须得理解译出语和译入语的相关文化知识，减少文化知识对语言翻译的阻碍，了解两种不同语言在联想意义上的差异，有助于译者更好地进行翻译。因此，泰汉动物谚语的翻译必须根据一定的历史背景与民族文化，把动物谚语融入泰汉语特定的文化并结合特定的语境，在翻译实践中针对不同的情况采用相应的翻译策略。

（一）直译法

直译法，指用译出语中"对应"词语译出源语中的文化信息。这种译法能够尽可能多地保留源语文化特征，开阔读者的文化视野。不过，在翻译的过程中，不能生搬硬套，应做到以不引起译出语读者误读、误解为前提，译文中尽量保留原文的内容和形式，把具有异国风情的文化、风俗习惯等原汁原味地展现给目的语读者。如：

pla: -jàj -kin - pla:-nɔ́:j
　鱼　大　吃　鱼　小
（译为：大鱼吃小鱼）

Klâj -ná:m -rú: -pla: klâj-pà: - rú:-nók
　近　水　知道　鱼，近 森林 知道 鸟
（译为：近水知鱼，近林知鸟）

hǔŋ -kʰâ:w -pràʔ-tɕʰot -mǎ: pîŋ -pla:- pràʔ-tɕʰót -mɛ:w
　煮 饭　引诱　　狗，烤 鱼　引诱　　猫
（译为：煮饭诱狗，烤鱼惑猫）

li:áŋ -mǎ: -di: -kwà: -li:áŋ -kʰon -tɕʰu:â
　养　狗　好 比　养　 人　 坏
（译为：养狗比养坏人好）

直译在实现跟原文意似的前提下，同时追求形似，表现在语形对应，即原文的结构、语序、修辞手段、形象都能在译文中保留下来。谚语能集中反映该国的民族文化、传统等特点，民族色彩很浓，直译就有了它的特殊重要性。在泰语动物谚语翻译中，直译法又可分为绝对对应模式和相对对应模式。我们采用后者的翻译策略居多。

1. 绝对对应模式

绝对对应，即逐字译或套译，是指译文跟原文在各级语言单位上一一对应，结构一致，语序相同。泰语动物谚语中就有相当一部分是可以用绝对对应的模式来进行翻译的，如：

ka: -kʰɯ̌- ka: hǒŋ -kʰɯ̌- hǒŋ
乌鸦 配 乌鸦，天鹅 配 天鹅
（译为：乌鸦配乌鸦，天鹅配天鹅）

ta: -bɔ̀:t -kʰam -tɕʰá:ŋ
眼睛 瞎 摸 大象
（译为：盲人摸象）

plɔ̀:j -sɯ̌:ă -kʰâ:w -pà:
　放 虎 进 树林
（译为：放虎归林）

Kàj -râk -sǎ:- kʰoˇn kʰoˇn -râk -sǎ:-tɕûː

鸡　爱护　　羽毛，人　　　爱护　名声

（译为：鸡爱护羽毛，人爱护名声）

2.相对对应模式

相对对应是指译文跟原文总体对应，但语序稍有不同。有些谚语无法一一对应翻译，这时就可以稍微地调整一下语序，使之表达更顺畅。如：

kɔ̀:n -tɕaʔ -ti: -sùʔ-nák -hâ j-mɔːŋ-hǎ :-jâ:w-kʰɔ̌:ŋ -kɔ:n

前　　将　打　狗　让　　　找　　主人　　先

（译为：打狗前要看主人）

ka: -míʔ-ʔà:t -tʰi:âp -hoⅤŋ　hìŋ-hô:j -míʔ-ʔà:t -tʰi:âp -jan

乌鸦 不可能　比　　天鹅，萤火虫　不可能　　比　月亮

（译为：乌鸦不如天鹅，萤火虫不比月亮）

mǎ: -kàt -jà: -kàt -tɔ̀:p

狗　　咬 不要 咬　回

（译为：被狗咬了，莫咬回）

（二）意译法

意译法，是指能传达原文意义而不拘泥于形式的一种翻译策略。有些泰语谚语的表达方式在直译过来之后，会给目的语读者带来理解上的困难，而且由于语言结构和文化背景相异的缘故，有一部分谚语无法进行直译，这部分谚语一般没有很强的比喻甚至是没有比喻，这类谚语有着一个明显的特点，那就是用浅显的文字来表达深远的意义，带有浓厚的民族色彩，且多来源于历史典故，当我们翻译这类谚语时，就没有必要去追求原文的形式了，而应是选用意译法来进行翻译。意译法从意义出发，脱离原文形象和语法结构，但又对原文的意义没有损坏，因此，译者在翻译时抓住内容和意义这一重要方面，结合上下文灵活传达原意，能帮助译文读者更好地理解原文。

1.增减模式

增减模式是意译法的一种模式，所谓增减模式，就是增加或减少原文的语言单位，争取准确表达出原文的语义，完整展示出它的含义。如：

mǎ: -hàw -mâj -kàt

狗　　吠　 不　咬

（译为：会吠的狗不咬人）

kʰì:-la:-di:-kwà:má:tî: -pʰàʔ-jót
骑　驴　好　过　马　的野性未驯
（译为：骑驴比骑野马好）

kʰì:ăn-sɯ:ă-hâj-wu:a-klu:a
写　　老　虎　让　黄牛　害怕
（译为：画虎吓牛）

Jiŋ -pɯ:n -nát -di:aw -dâ:j -nók -sɔ∨:ŋ -tu:a
开　枪　一　　次　　得到　鸟　两　　只
（译为：一石二鸟）

2. 完全意译法

每个民族的语言都有它自己的词汇、句法结构和表达方法。当原文思想和译文表达形式有矛盾，不适合用直译或意译的增减模式进行翻译时，就应采用完全意译法。这样既可以正确表达原文的内容又可以不拘泥于原文的形式。如：

kràʔ-tàj -mă:j -jan
兔子　　盼望　月亮
（译为：癞蛤蟆想吃天鹅肉）

jà: -hă: -hăw -sàj -hu:ă
不要　找　虱子　放　头
（译为：不要自找麻烦）

ŋu: -ŋu: -pla: -pla:
蛇　蛇　鱼　鱼
（译为：一知半解）

（三）注释法

注释法，是指在译文的后面对其进行介绍，加以解释说明。有些泰语动物谚语蕴含历史文化背景，或富有浓厚的民间色彩和地方特色，这时候我们只有采用注释法才能完整、正确表达其意，便于读者理解。如：

tɕîŋ-tɕòk -tʰák
　壁虎　叫
（译为：壁虎叫，表示将有不好的事情发生）

壁虎喜居木质房子的缝隙里，在傍晚或夜间出来找东西吃，平时人们并不常听到壁虎的叫声。泰国人自古以来就认为：如果出门前听到壁虎的声音，则预示出门会发生不好的事情。他们还"总结"出如果壁虎在人身后或头顶叫，则不要出门，或是变更出门的时间；如果声音是从身前或左右两边传出来的，就可以照常出门，不会有什么不好的事情发生。

tʰɔ̌:n-kʰǒn-hà:n

tʰoⱽ:n-kʰoⱽn-hà:n

拔　毛　鹅

（译为：拔鹅毛；指收税）

这句谚语最初是来自欧洲国家的，带有浓重的西方文化色彩。以前，西方人是用鹅毛来做枕头的枕芯和棉被的被芯，然而做枕芯和被芯需要大量的鹅绒，但鹅毛有一定的生长周期，供不应求，商家就会想尽办法收购鹅毛，就像收税一样带有一定的强制性。早期的泰国税收人员都是从欧洲国家留学归来的，由于受到欧洲文化的影响，因此常借鉴一些带有西方文化色彩的谚语来使用，并一直延续到今天。

tɕʰá:ŋ -ji:àp -na:　 pʰráʔ-ja:　 -ji:àp　 -mɯ:aŋ

大象　践踏　水田，官员职位的一种　踏入　城市

（译为：大象踩田，官员进城，指给别人制造麻烦）

在泰国，大象是人们所熟知的大型动物，以前，每当即将到丰收的季节时，野生的大象出来觅食，进到田里，践踏了农民的稻谷，给农民带来了灾难。而泰国的官员，喜欢到各个地方去视察工作，每到一个地方，当地就会兴师动众，让人们去道路两边列队，等候和欢迎领导的到来，其中老师和学生深受影响。导致教学无法正常进行。因此，泰国就用"大象踩田，官员进城"来形容那些给别人制造麻烦的人。

ti: -hu:ǎ -mǎ: -dà: -mɛ̃:-jek

打　头　狗，责骂　阿姐（旧时泰国对中国女性的称呼）

（译为：打狗头，骂阿姐）

这条谚语有个说法，原本泰国人喜欢狗是众所周知的，在泰国人的家里，都会把狗当做宠物来养，在寺庙里也有许多的流浪狗。虽然泰国人爱狗是不假，但也有例外的，也有的人就不喜欢，当他听到狗吠的时候，觉得心烦，想让狗安静下来，就随手抓起木棍打到狗的头上，可是越打狗，狗吠得就越厉害。打狗的人的心就越烦躁，于是就想把狗给杀了。至于把

"打狗头"和"骂阿姐"这两个看似毫不相干的短语放到一起说,是因为中国人平时说话的音调与泰国的比起来要显得高一些,而且说到兴奋的时候就更大声了,泰国人听了之后就以为中国人在吵架。他们就无法理解为什么中国人不能好好交流,看起来像是一直在吵架,就和拿木棍打狗的人一样,喜欢把小事大化。

以上的例子,只有通过注释,把与之相关的文化背景、故事解释清楚,才能充分表达原文的意义。

(四)直译和意译相结合

不同的语言各有其特点和形式,有的时候在进行泰汉谚语互译时,纯粹的直译法或是意译都无法准确、有效地表达出原来谚语的含义,此时应当采取直译和意译相结合的方法来进行翻译,以此来弥补直译的词不达意,而意译难以形象生动表达的缺陷。通过直译和意译相结合的方式,可以起到画龙点睛的作用。如:

kʰwa:m-wu:a-mâj-tʰan-hǎ:j kʰwa:m-kʰwa:j-kɔ́:-kʰâ:w-ma:-sɛ̌:k

 事情 黄牛 来不及 消失,事情 水牛 就 过来 妨碍

(译为:黄牛的事情还没有消失,水牛的事就又来了。相当于汉语"一波未平一波又起")

pla：-nâw -tu：a-di：aw měn-tʰáŋ-kʰɔ́：ŋ

 鱼 烂 一只 臭 整个 鱼篓

(译为:一只鱼烂了,整个鱼篓都臭完,相当于汉语"一粒老鼠屎坏了整锅汤")

Kòp -naj   -kàʔ-la：

青蛙 在……里面 半椰壳

(译为:椰壳里的青蛙;井底之蛙)

wu：a -hǎ：j -lɔ́ m -kʰɔ́：k

黄牛 消失 围 栏

(译为:牛不见了才围牛栏;亡羊补牢)

sǐ：-sɔ：-hâj-kʰwa：j -faŋ

弹 琴 给 水牛 听

(译为:弹琴给牛听,相当于汉语的"对牛弹琴")

四　泰语动物谚语汉译时应注意的问题

（一）理解是泰语动物谚语汉译的基础

有些泰语动物谚语在字面意义、形象意义和汉语的谚语是相同或相类似的，可以互译。如：

plɔ̀ː j -nók - plɔ̀ː j -plaː

放　　鸟　　放　　鱼

（译为：放生）

但是有些泰语动物谚语却涉及当地的生活习惯、文化传统、寓言故事等，这些谚语的含义往往较隐晦，让人难以理解。这就要求我们译者突破理解的难关，弄清楚它的正确意思，绝对不能望文生义、胡乱翻译，必要的时候，还需注明解释。不然翻译出来的东西就会让人不知道是什么意思。如上文所举的例子tɕîŋ-tɕòk -thák（译为：壁虎叫），thoˇ:n-khoˇn-hàːn（译为：拔鹅毛），tɕháːŋ-jiːàp -na: phráʔ-jaː-jiːàp -mɯːaŋ（译为：大象踩田，官员进城）等。

（二）不要用充满本民族色彩的谚语去套译原文

每一种语言都有它自己独有的民族特色，泰语和汉语也一样。在翻译的时候，为了能更好地体现原文特有的民族文化，如果可以直接译，就不用为了符合中国人的习惯而去用充满汉语特色的谚语去套译原文，这样的译文才更加原汁原味具有异国情调。如：

kaː-khâːw -fũːŋ -hŏŋ -kɔ̄ː-pen -hŏŋ 　kaː-khâːw-fũːŋ- kaː--kɔ̄ː-pen- kaː

乌鸦进　群　天鹅 就是　天鹅，乌鸦进　群　乌鸦 就是 乌鸦

应译为"乌鸦进了天鹅群就是天鹅，进了乌鸦群就是乌鸦"，若直接译成"近朱者赤近墨者黑"则丢失了原文特色。

plaː-khɔ́ːŋ -diːaw-kan

鱼　鱼篓　同一个

（译为："同一鱼篓里的鱼"，而不要译成"同一条船上的蚂蚱"。）

Pìt -pràʔ-tu: -tiː-mɛw

关　门　　打猫

（译为："关门打猫"，而非"关门打狗"。）

râk-wu:a-hâj-pʰù:k　râk-lū:k-hâj-kʰi:ân
爱　黄牛　让绑，爱　孩子 让　鞭笞

（译为："爱牛要绑，爱孩子要教"，而不用"棍棒下出孝子"表达。）

五　结论

本文从直译法、意译法、注释法以及直译和意译相结合四种翻译方法对动物谚语汉译进行分析。谚语是人民智慧的结晶，谚语是语言的一个重要组成部分，也是文化的一个重要组成部分，经常以口语的形式，在人们的生活中被广泛地使用和流传，它生动形象地表现了人民群众的实际生活经验或感受。翻译是运用一种语言把另一种语言所表达的思想内容准确而完整地重新表达出来的语言活动。因此，谚语的翻译没有固定的方法，不管是直译、意译、注释、或是直译与意译相结合，都要结合实际情况来选择合适的译法。泰语动物谚语的翻译如何才能翻译得更符合原文，让中国读者能感受到地道的泰民族文化，使中国读者透过它对泰国有更进一步的了解，这是一项艰巨的任务，需要更多的译者去研究和探讨。

（原文载于《百色学院学报》2015年第1期）

第二部分

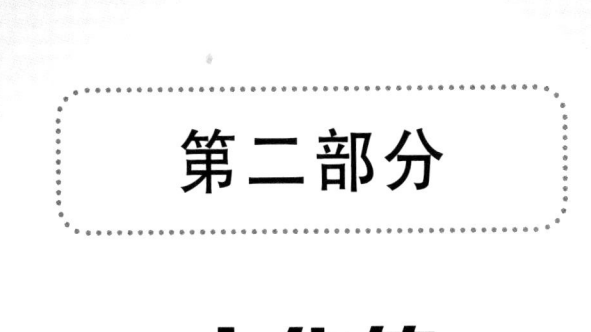

文化篇

从农业谚语看壮泰民族的传统农耕文化

周艳鲜

一 前言

谚语是口头传统的一种主要类型，是人类珍贵的文化遗产。"Proverbs are short, generally known sentences of folk that contains wisdom, truths, morals, and traditional views in a metaphorical, fixed, and memorable form and that are handed down from generation to generation.（谚语是运用隐喻手法，采用固定、便于记忆的结构来反映智慧、真理、道德与传统观念，被代代相传下来的短小精炼而众所周知的语句。）"[1]在浩如烟海的谚语宝库中，农业谚语是最为丰富的。我国农业历史悠久，古代农书中记载有大量的农业谚语，北魏的《齐民要术》中有"耕而不劳，不如作暴"，汉代的《田家五行》有"六月不热，五谷不结"，明末的《沈氏农书》有"秧好半年稻"，《天工开物》有"寸麦不怕尺水，尺麦但怕寸水"，等等。人类的先民在长年累月的农业生产劳作中不断交流、传授生产、生活心得，经过反复实践验证，获取了大量的宝贵经验与知识，摸索出了农业生产的种种规律，然后把这些都浓缩到形象、生动、简短的语句中去，由此创造了丰富的农业谚语。壮、泰民族是古老的农业民族，在漫长的生产实践中也产生了大量的农业谚语，有的农谚流传年代久远，它们不仅记录了丰富的传统农业知识和劳动经验，也凝练了两个民族的传统农业智慧。

作为传统的农业民族，壮、泰民族在漫长的农耕历史中形成了以稻作文化为主体的传统农耕文明。覃圣敏提出，壮泰民族传统文化的代表是稻作文化，这是由壮泰民族的悠久历史及其文化的独特性决定的，也是壮泰民族传统文化的最大共同点[2]。梁庭望从比较文化学的角度，探讨了包括壮族在内的8个中国壮侗语诸族与泰国泰族稻作文化上的共性[3]。黄凤祥、徐杰舜指出，壮族先民创造的稻作文化对泰国泰族和东南亚其他一些民族产生了深远影响，壮泰族群数千百年来保持了共同的稻作文化形态，成为其他各种文化现象同质化的根源[4]。学者们从不同视角，用不同的学科方法，以丰富的资料反映壮泰民族传统农耕文明和稻作文化的亲缘性、同源性和本质上的差异性。那么，农业谚语能否折射壮、泰民族的传统农耕文明，能否反映两个民族传统农耕文化的渊源关系？

韦达论述了壮族农业谚语蕴含的人生经验，将农业谚语称为"壮族农业发展的教科书"[5]；蒙元耀的《壮语熟语》收录了很多农事、气象、时令谚语，介绍了壮族农业生产知识和劳动经验，他认为壮族熟语"取材于壮乡的生活实际，反映壮家人的生活本色。"[6]泰国学者ออมพร อมรธรรม 主编的สำนวนไทยฉบับจัดหมวดหมู่（2013）阐述了农业谚语的来源及文化背景；จำเนียร ทรงฤกษ์编著的คำภาษิต คำพังเพย สารคดีพจน์ บทคำกลอน（2011）和ศิวพร ไพลิน编著的สุภาษิต-คำพังเพยเล่ม（2008）收录了很多农业谚语，对农业谚语进行了归类解释。文献阅览显示，目前，针对壮、泰语农业谚语及其文化含义的专题研究非常有限，关于两者的比较研究几乎没有。作为壮、泰民族传统农耕文明研究的重要语料，壮、泰语农业谚语并未得到足够的重视和深入研究。本研究解读壮、泰语农业谚语中壮、泰民族的传统农耕文化，并对其异同进行对比分析，进一步探究两个民族传统文化的渊源关系。

二 农业谚语中壮、泰民族的传统农耕文化特征

梁庭望认为，"水稻人工栽培法发明以后，逐渐主宰了越人先人及其后裔的整个生活，在生产技术和耕作方法、饮食结构、语言文学、人生礼仪、宗教信仰、风俗习惯、思想观念、民族性格等方面形成了浓郁的稻作文化，绵延至今。"[7]

为了较为全面地反映壮、泰民族传统农耕社会的总体面貌与基本特征，从农业生活、农业结构、农耕技术与农耕习俗等四个方面进行论述。

（一）农业生活

壮、泰民族是古老的稻作民族。覃乃昌提出，在"那"文化圈生活

的主要是操壮侗语族族群，包括中国壮族和泰国泰族，其主要文化特征是以稻作为主以及在此基础上形成的以"那"（稻作）为本的传统生活模式[8]。以下两组谚语记录、描写了壮、泰民族以农耕为主的农业生活形态，反映了两个民族生产习俗共同的主要特征。

1. 壮族的传统农业生活

［1］Bak saeh hong guh bonj, maenz aeu gwn guh mbwn. 百业农为主，民以食为天。

［2］Fouz hong mbouj onj, fouz haeux mbouj an, fouz buenq mbouj fouq. 无农不稳，无粮不安，无商不富。

［3］Guhhong mbouj liz gyaeuj naz, canghbuenq mbouj liz hangzdaeuz. 农夫不离田头，商人不离行头。

［4］Mbouj ndaem naz, mbouj ndaem reih, youq lawz miz haeux hau gwn. 不种田，不种地，哪有米饭吃。

［5］Hong naz beij mingh raez. 农活比命长。

［6］Gaj mou hwnj hangz, ndaem naz nab liengz. 杀猪上行，种田纳粮。

壮族是一个传统的农业民族。自古以来，壮族"据'那'（田）而作，随'那'（田）而居，依'那'（田）而食"，他们日出而作、日暮而息，世世代代过着自耕自食、自给自足、勤劳节俭的农耕生活。壮语谚语Laeng mbanj miz dah, naj ranz miz naz（村后有河，屋前有田）是壮族农家人居环境的生动写照。［1］、［2］、［3］和［4］反映了壮族以农为主、以农田为生的传统农业社会形态；［5］将农活比作生命，这是壮族传统农业生活形态的生动写照；［6］"种官田""纳官粮"反映了历史上封建中央王朝在壮族地区推行"土司制度"的赋税政策。

2. 泰族的传统农业生活

［7］กระดูกสันหลังของชาติ 国家的脊梁

［8］หลังสู้ฟ้า หน้าสู้ดิน 面朝黄土　背朝天

［9］หลัง ตาก แดด 背晒太阳

［10］นอนกับดิน กินกับหญ้า 和土睡　和草吃

［11］ทำ นา บน หลัง คน （在）人背上做田

［12］เอาหูไปนา เอาตาไปไร่ 耳朵去水田　眼睛去旱地

农业自古以来就是泰族的传统产业。[7]将农业比作国家的脊梁，说明其在国家经济中举足轻重的地位；[8]、[9]描写农民在田地里辛勤劳作的场景；[10]描写了泰人以土地为生的农业生活；[11]揭露了泰国封建王朝统治下剥削、压制贫穷劳动者的社会共性，而[12]源自一个泰语古代故事，一个勤劳的老农民为了在短时间内把所有的土地都种上庄稼，想出了这个分派耳朵和眼睛的"分身术"，这两句谚语都反映了泰人以农田耕作为主的传统农业形态。

（二）农业结构

农业产业结构指的是农业中各生产种类所占的比重及其相互关系。作为传统的农业民族，壮、泰族大多依靠水稻种植为生，兼有旱地作物种植，由此衍生了鱼类养殖、家畜养殖等多种生产活动。以下几组农谚反映了壮、泰民族长期以来形成的以水稻为主、以旱作物为辅的种植业，以鱼类为主的水产养殖和以耕牛为主的家畜养殖业等多种生产种类相结合的农业结构，体现了传统农产结构的相似性。

1. 水稻种植与鱼类养殖

[13] Caet cib ngeih hangz, ndaem naz guh vuengz. 七十二行，种田为王。

[14] Bauh faex muengh faex ngaeuz, ndaem haeux muengh haeux henj. 刨木望刨光，种田盼谷黄。

[15] Langh bya ndaw naz mbouj sin hoj, haeuxgok dem sou it cingz haj. 稻田养鱼不辛苦，稻谷增收一成五。

[16] Aeugwn haeux couh ndaem gyaj, aeu siengj gwn bya couh vat daemz. 要想吃米就插秧，要想吃鱼就挖塘。

[17] Ciengx bya it moux daemz, miz bya youh miz haeux. 养鱼一亩塘，有鱼又有粮。

[18] Daemz miz bya, naz miz haeux. 塘里有鱼，田里有米。

[19] หว่านพืชจักเอาผล 撒谷子望收成

[20] ทำนาออมกล้า ทำปลาออมเกลือ 种田节省秧苗　做干鱼节省盐

[21] ข้าวใหม่ปลามัน 米新鱼肥

[22] ในน้ำมีปลาในนามีข้าว 田里有米　水里有鱼

根据《新华字典》的释义，"田"是种植农作物的土地，"种田"，广义上指以务农为生，[13]反映了壮族祖祖辈辈以水稻种植为主的农业结构。[14]和[19]分别表达了壮、泰族人播种之后企盼丰收的愿望，[15]、[16]和[17]反映了壮族水稻种植和鱼类养殖两种生产方式，[20]介绍泰族种田插秧和制作干鱼两种生产活动，[18]和[21]、[22]分别描写壮泰民族"鱼米之乡"的丰收时节。

据《淮南子·原道训》记载，南方越人曾"陆事寡而水事众"，他们发明了水田和水塘养鱼，这种生产方式在古越人后人（壮族）生活的地区沿用至今，壮语谚语Miz naz fouz daemz, miz lwg fouz nangz（有田无塘，有子无娘）反映了"水田"和"鱼塘"的依存关系。泰人也有水田、水塘养鱼之俗。稻田养鱼是古老农业民族的农业文化遗产，壮泰民族先民早就认识"稻鱼共生"的好处。以上谚语主要介绍"种田"和"养鱼"两种生产活动，反映了壮泰民族在生产结构的共同之处。在壮语（南部）和泰语中，"田"发音为na^{21}和na^{33}，"水"发音为nam^{32}和nam^{55}，"米（谷）"发音为$khau^{24}$和$khaw^{41}$，"鱼"发音为pja^{33}和pla^{33}，非常相似。这些证据进一步说明了壮泰民族传统农耕文化的相似性。

2. 旱地作物种植

除了水稻，壮泰民族也栽培旱地作物，但由于两地气候不同，播种品种与季节有所不同。对大多农作物的称谓，壮、泰语大多相同[9]。黄兴球通过植物命名研究提出，蕹菜、芥菜、芋头、稻、甘蔗等植物的同名佐证了壮泰民族是"同根生的民族"[10]。在壮泰谚语中共同出现的旱地作物有：（1）薯芋类。Biek doxlawh guh faen, maenz doxlawh guh ceh（芋的种子是芋，薯的种子是薯）和เผือกตามพันธุ์ มันตามเถา（芋按照种类 薯按照族系）；（2）豆类。Cingmingz gyaj, goekhawx duh（清明秧，谷雨豆）和คั่วถั่วเอากิ่งถั่วมาเป็นฟืนเป็นไฟ（煮豆燃豆萁）；（3）瓜类。Goekhawx ndaem gva, muengzcungq ndaem lwgraz（谷雨种瓜，芒种芝麻）和ให้เย็นอย่างฟัก ให้หนักอย่างหิน（使凉像冬瓜 使重像石头）；（4）甘蔗。Oij ndwed cib, van daengz byai（十月蔗，甜到尾）和อ้อย เข้า ปาก ช้าง（甘蔗进了大象嘴）。在粮食作物方面，除了水稻，壮泰民族也种植玉米、小麦等，相关谚语有：Loeg nyied haeuxyangz henj daengz ganj（六月玉米黄到兜）、Gomeg mbouj gvaq laebcou（荞麦不过立秋）和ซังกะตาย（去掉玉米粒心剩下壳）等。在蔬菜方面，壮泰民族都重视蔬菜种植。壮族谚语有：Guenj ndei aen suen byaek, mbouj you ngaenz gyu lauz（管好一园菜，不愁油盐钱），而泰族先民很早以前就开始种植蔬菜、水果与其他作物，在素可泰时期（佛历1800—1892年，公元1257—1349年）甚至有"种山种园"之说，《拉鲁巴纪事》也说阿瑜陀耶时代（佛历1893—2310年，公元1350—1767年）种植了多种蔬菜、水果与花卉。[9] 空心菜是壮泰民族种植的主要蔬菜之一，有谚语Ceh byaekmbungj seng byaekmbungj, cungj cijboiq seng cijboiq（空心菜籽生空心菜，紫背种生紫背菜）、น้ำผักบุ้งไป น้ำสายบัวมา（空心菜汤去 莲茎汤来）等。在水果方面，泰语谚语中出现较多的是香蕉，例如，โค่นกล้วยอย่าไว้หน่ออ่อน（砍香蕉不要留嫩芽）和ดื่นเป็นกล้วยน้ำว้า（到处是香蕉粉蕉），说明泰国具有香蕉种植的漫长历史。

壮语谚语中出现最多的作物是薯芋类。研究表明，从新石器时晚期开始，壮族先民一直以来栽培薯芋类作物，因此薯芋类作物可能是壮族先民最早驯化栽培的作物[9]。从中国太平洋沿岸地区考古发现表明，该地区早期先民种植水稻，可能也种植芋头、薯蓣等根块作物[11]。芋头在壮语（南部）发音为phurk[55]，泰语发音为phiak[55]，薯在壮语（南部）发音为man[21]，泰语称为man[22]。壮泰族群对芋头称呼一样，对薯类作物也有相同的总称"man"，说明壮泰族群对于芋头与薯类的认知是一致的，这是他们的文化共性的具体表现之一。[10]

3. 动物养殖

［23］Cib max doengz ruq, mbouj lau rum geq. 十马共槽，不怕草老。

［24］Ciengx yiengz roengz lwg lai, song bi rim gwnz bya. 养羊繁殖多，两年满山坡。

［25］Ciengx ma vih goeng, ciengx gaeq vih sei. 养狗为公，养鸡为私。

［26］Ndaw naz langh bit, non gip ndonqndiq. 稻田放鸭，害虫全光。

［27］ม้าดีดกะโหลก - มีกิริยากระโดกกระเดกลุกลนหรือไม่เรียบร้อย马踢椰壳

［28］บแพะชนแกะ - ทำอย่างขอไปที ไม่ได้อย่างนี้ก็เอาอย่างนั้นเข้าแทน เพื่อให้ลุล่วงไป 捉绵羊斗山羊

［29］เป็ดขันประชันไก่ 鸭鸣竞鸡

［30］หมาหยอกไก่ 狗耍鸡

动物养殖是壮、泰民族重要的农业生产，以上谚语反映了壮、泰民族养殖动物的种类、技术或经验，说明壮泰民族在养殖业的相似之处。《管子·牧民》曰："藏于不竭之府，养桑麻，育六畜也"，意指社会繁荣。六畜，指的是牛、马、羊、猪、鸡、狗。在《三字经·训诂》中，对"此六畜，人所饲"做了精辟的评述，"牛能耕田，马能负重致远，羊能供备祭器"，"鸡能司晨报晓，犬能守夜防患，猪能宴飨速宾"。壮语谚语Loegcuk hwngvuengh, daengx ranz gwn rang（六畜兴旺，全家吃香）、Loegcuk vuengh, fouz cainanh（六畜旺，无灾殃）反映了动物养殖对农业民族的重要意义。壮族远祖的家禽饲养起源于新石器时代早期，猪、牛、羊、马是壮族畜牧业的主体，鸡、鸭是壮族养殖的主要家禽，而泰国养殖的牲畜主要有水牛、黄牛、猪和鸡鸭。[9]

在壮族养殖的动物中，猪有其特殊的意义。Ndaw ranz loeg seng mou guh daeuz（家庭六畜猪为首）说明猪在壮家动物养殖中的地位。壮族先民养猪历史悠久，考古发现，猪是我国迄今发现的年代较为久远的一种家畜。根据桂林甑皮岩人遗址考古发现，距今7500—9000年的甑皮岩人已经开始人工饲养猪，开创了瓯越故地家畜饲养业的先河[12]。Caet cib ngeih hangz, mbouj beij ciengx mou cuengqlangh（七十二行，不如养猪放羊）、Ciengx mou baengh raemz, ndaem naz baengh gyaj（养猪靠糠，种田靠秧）等介绍壮族养猪的生产经验。养猪是壮族地区普遍的生产活动，Ndaw riengh mbouj miz mou, ndaw caengx mbouj miz haeux（栏里若没有猪，囤里就没有谷）、Cab liengz baenz cang, mou biz rim ranz（杂粮成仓，肥猪满栏）是壮家丰收年景的写照，"宰年猪过大年"是壮族重要的春节习俗之一。猪也是泰族养殖的主要家畜之一，泰语中有不少谚语以猪为隐喻意象，不仅生动形象地反映了猪的本性，而且赋予其丰富的隐喻含义，例如，ต้อนหมูเข้าเล้า（赶猪进圈）比喻为了利益而摆布柔弱的人，ดิน พอก หาง หมู（泥土裹住猪尾巴）比喻懒惰之人，等等。

（三）农耕技术

壮族先民真正进入犁耕农业阶段大概是从汉代开始的。在岭南地区出土的陶车、陶牛和陶俑等考古材料，是壮族先民牛耕劳作的生动反映。广西出土的陶制耙田模型表明，南朝时壮族先民已经掌握了筑埂保水、漏斗排水、梨后加耙、平田播种、碎土深耕等一整套耕作技术[9]。

1. 耕牛

耕牛是耕种的主要工具。壮语谚语Baengh fwngz gwn ngaiz, baengh vaiz cae reih（靠手吃饭，靠牛耕田）、Laj riengh miz vaizcae, gwnngaiz mbouj yungh you（栏下有耕牛，吃饭不用愁）等反映了耕牛对稻作民族的重要意义。我国牛耕技术始于春秋战国时期，是人类社会进入一定文明时代的一个标志，它标志着当时生产力的进步，说明农耕社会达到了新的高度。壮泰民族以水稻为生，用牛拉犁耕作有着较为久远的历史。"牛"是壮、泰语谚语中出现最频繁的一种动物，充分说明了耕牛在农业生产中不可或缺的地位。壮族地区一般使用水牛耕作，以下谚语介绍壮族饲养牛的经验和以绳驯牛的耕作技术。

〔31〕Cawj byaek mbouj noix lauz mou, ndaem naz mbouj noix vaiz hung. 煮菜不少猪油，种田不缺水牛。

〔32〕Cawx vaiz gaej genj daez fag geuz. 买牛莫选剪刀蹄。

〔33〕Duzvaiz raeuj youh imq, cae cib bi mbouj laux. 耕牛温又饱，耕十年不老。

〔34〕Riengh dwg ranz duzvaiz, doeng raeuj hah aeu liengz. 栏是牛的房，冬暖夏要凉。

〔35〕Gaeb duznou baengh meuz, son vaiz baengh cag ceux. 捉老鼠靠猫，驯牛靠牛绳。

〔36〕Max mbouj miz loengz mbouj ndaej gwih, vaiz mbouj con ndaeng nanz rag cae. 马无缰绳不能骑，牛不穿鼻难拖犁。

泰语谚语พ่อตาเลี้ยงควาย แม่ยายเลี้ยงลูก（岳父养牛，岳母养女）说明泰族饲养牛的普遍性，泰人耕田使用黄牛与水牛，谚语หัวหายตะพายขาด（丢了牛头断了牛鼻绳）介绍泰族牛鼻拴绳的方法，说明壮、泰族有相同的驯牛习惯。泰国高棉人普遍使用牛为畜力，以下谚语来自与牛相关的历史典故，记录了泰国高棉人与牛为伴，共同生活、共同劳动的经验与情感体验。

〔37〕จูง วัว ตัว เมีย ไป สบาย วัว ตัว ผู้ 牵母牛去找公牛
——高棉人把母牛牵去找公牛配种，意思是媒人的义务是为新郎新娘牵线。

〔38〕วัวเขาไม่อวดอวดแต่วัวตัวเอง 牛角不夸耀 只夸耀牛自己
——高棉人的生活与牛息息相关，他们在闲聊时常常会夸赞自己的

牛，引申义为人们总是认为自己的东西比别人好。

［39］คอกเดียวกันทะเลาะกันเอง 住在一个牛棚的牛吵架

——高棉人一般建棚养牛，牛群住在一起经常会互相打架，引申义为人们一起合作共事时会发生争吵，不团结友爱。

［40］โกรธวัวไปตีเกวียน 生牛的气而打牛车

——高棉人因牛而生气时常常拍打比较靠近自己的牛车以警示牛，引申义为生某事物的气却迁怒于其他事物。

总之，牛是壮泰民族驯养的主要动物，是农耕社会缺一不可的耕作工具。壮语（南部）和泰语中，"牛"的发音极为相近，"水牛"发音为va:i21和khwaj33，"黄牛"发音为mo^{21}和kho^{33}；ko^{33}，这是壮泰民族传统农耕文化相似性的一个重要证据。

2. 传统农具

壮泰民族使用的农耕劳动工具多种多样。壮族地区常见的传统农具主要有耕地工具——轭、犁、耙、牛绳，灌溉工具和设施—筒车、戽斗与水沟、水渠、水坝等设施，田间管理工具——耘具、秧耙、耙锄、刀等，收割与运输工具——镰刀、打谷桶、箩筐等，加工工具——风车、礱、石磨、臼、簸箕等，储藏工具——高脚囤、谷仓等。泰族传统的工具主要分为收割和耕作工具（牛轭、犁、耙、锄、铲、镰刀等）、灌溉工具（篷、戽斗、水车等）、民间脱粒工具（木臼、木柞、石磨或磨臼）、储藏工具（米桶等）。以下谚语反映了壮泰民族农耕工具的相似性。

［41］Diuz soh guh gaenz, saenj goz guh ek. 直木做锄把，弯木做牛轭。

［42］Raeq naz miz fagcae, doegsaw miz ci bit. 耕田一把犁，读书一支笔。

［43］Gvaq giuz gaej lumz dwngx, gvaq dwngj gaej lumz so. 过桥别忘拐，过田别忘锹。

［44］Fungbeiz ci haeuxgok, dwg fag dwg beb gag faenmingz. 风车吹稻谷，是胀是瘪自分明。

［45］Doiq ndi naeng daem ok haeux, ma ndi raeuq rox haeb vunz. 碓不响舂出米，狗不叫但咬人。

［46］Miz haeux gyawz lau fouz rum daem. 有米哪怕没臼捣。

［47］Aenq haeux haeuj cang, aenq ndang caiz buh. 计谷进仓，量体裁衣。

［48］เข้าป่าอย่าลืมพร้า ไปนาอย่าลืมไถ 进林不忘记刀 去田不忘记犁

［49］ตีวัวกระทบคราดพ打黄牛怨恨耙

［50］กจากแอกเข้าไถ牛脱离了轭又进去耕地

［51］เคียวอยู่ในท้อง 镰刀在肚子里面

［52］เข็นครกขึ้นภูเขา推石臼上山

［53］มือถือสากปากถือศีล 手拿舂杵，嘴拿品德

［54］ปูนอย่าให้ขาดเต้า ข้าวอย่าให้ขาดโอ่ง石灰不能缺水罐 米不能缺米缸

3. 耕作过程

壮泰民族的耕作过程从犁田、耙田、灌溉、撒种、育秧、拔秧、插秧、耘田、割稻、打谷、晒谷，直到收藏、加工等程序基本相同，生产工具也基本相同，但是种植的季节和田间管理有所不同[9]。关于稻作过程的壮、泰语基本词汇中，有不少读音相似相近，例如，犁田，南部壮语（简称南壮）为$thai^{33}na^{21}$，泰语为$thaj^{24}na^{55}$；耙田，南壮为$da:i^{22}na^{21}$，泰语为$daj^{21}na^{33}$；引灌，南壮为$tho:i^{55}nam^{32}$，泰语为$to:j^{33}na:m^{55}$；插秧，南壮为$dam^{33}na^{21}$，泰语为$dam^{33}na^{33}$；收谷，南壮为$kip^{55}khau^{42}$，泰语为$ki:p^{35}haw^{41}ka^{24}$；磨米，南壮为$muk^{11}hau^{24}$，泰语为$mɔk^{33}haw^{41}$。这至少从语言学的角度，反映了壮泰民族在水稻栽培过程一些环节的相似性。记录水稻种植过程的壮语谚语很多，但是相关的泰语谚语比较少见。

（1）施肥。土地的质量影响稻谷的生长与收成，Cien rap bwnh roengz reih, fanh gaen haeux haeuj cang（千担肥下地，万斤粮入仓），Byaek noix gyu fouz feih, reih noix bwnh fouz haeux（菜缺盐没味，地缺肥没米），所有的农民都知道肥料的价值，所有的农作物都喜欢肥料，虽然不同的农作物对于肥料的需求并非一样。Bwnh vaiz rum hoengzva, nungzgya song aen bauj（牛粪红花草，农家两个宝）视农家粪为宝，Dangguen baengh inq, guh hong baengh bwnh（当官靠印，做农靠粪）将农粪比作"官印"，Daeuhbeiz coq naz, haeux genq baenz gijmaz（地皮灰放田，稻谷胀又坚）介绍壮族先民越人采用的"火耕水耨"的施肥方式。

（2）犁耙。壮语谚语Naed haeux gok geij baez cae（一粒谷子几道犁）说明农田犁耕的必要性。耕地是一门技术，Rauq naz yawj gyaeuj vaiz, cae reih yawj bak cae（耙田看牛头，耕地看犁头），而Genj gwiz yawj cae naz, genj yah yawj daemjrok（择婿看犁田，择妻看纺纱）将犁田的本领当

做壮家娶媳妇的条件。Cae naz gvaq doeng, non noix namh mboeng（犁田过冬，虫少土松）、Cien gvak baenz ngaenz, fanh gvak baenz gim（千锄生银，万锄生金）、Cae ndaej laeg, rauq ndaej nuenz, it vanj namh boengz it vanj haeux（耕得深，耙得烂，一碗泥巴一碗饭）介绍了犁耙的时间、次数与深度。总之，犁田耙地需要深入、细致，不可匆匆忙忙、漫不经心。

（3）灌溉。水是生命之源。为了满足农作物对水分的要求，提高产量，必须人为地进行灌溉，以补天然降雨之不足。壮语谚语Luegbya miz suijgu, naz lae haeux henj gim（坡岭有水库，梯田出金谷）、Miengraemx langh mbouj coih, naz ndei hix vut ndwi（水利若不修，良田也得丢）等说明蓄水对农业生产的重要意义。我国是世界上兴修水利最早的国家，早在5000年前大禹时代就有"尽力乎沟洫""陂障九泽、丰殖九薮"等关于农田水利的内容，《诗经》中记载有"泥池北流，浸彼稻田"，意思是引渭河支流泥水灌溉稻田，Miengraemx coih ndei, souhaeuj miz baengh（水利修好，收成有保）说明壮族先民早就认识到兴修水利的作用。到了明代，广西灵渠经过多次维修、疏浚，使两岸的万顷田地得到了灌溉，这是壮族先民大量兴修与利用水利的证据。Lauxyieng gaenx fouzbeij, hai mieng hai rij ciengx reihnaz（老乡总不闲，开渠引水灌良田）、Henz naz hai diuz mieng raemx lae, reih rengx hix miz bet cingz sou（田边开条流水沟，旱地也有八成收）、Coih hamq vat daemz ciengx ndei naz, mbouj aeu rengx daeuj gouz mehmbwn（修坝挖塘养好田，不要旱来求老天）等谚语介绍了壮族地区挖塘筑坝蓄水、开沟挖渠漫灌的灌溉方式。

（4）种植。水稻栽培的主要环节是选种、播种、育秧与插秧。壮族视谷种如同生命，他们Hoh miuz lumj hoh mingh, louz ceh lumj louz gim（保苗如保命，留种如留金）、Lwg ndei baengh nangz ndei, ceh ndei ok haeux ndei（好崽靠好娘，好种出好粮）、นาดีตามหาข้าวปลูก ลูกดีตามหาพ่อแม่（田好问稻种 子好问爹娘）、หว่านพืชดีรับผลดี หว่านพืชชั่วรับผลชั่ว（播良种得好果 播恶种得坏果）反映了壮、泰民族"善恶因果"观念。Bibi genj ceh, bibi fungsou（年年选种，岁岁丰收）、Haeuxceh naednaed fag, gomiuz gogo cangq（种子粒粒圆，禾苗根根壮）、Cin daeuj mbouj doek faen, hah daengz yienghyiengh hoengq（春来不落种，夏收样样空）、Ndaem naz ndaem ndaej cingq, dangq ei ndingq caengz bwnh（插秧插得正，等于下层粪）等谚语总结了水稻选种、播种、插秧等生产经验。

（5）田间管理。壮语谚语Cib faen soucingz caet faen guenj（十分收成七分管）说明田间管理对于稻谷丰收至关重要。Cou gvak it go nya, cin noix cib ngoenz nyaengq（秋锄一棵草，春少十日忙）、Dawz baez namh cae laeg, ak gvaq sam faen fwn（深翻一遍土，胜过三分雨）、Gyaj ndai sam baez haeux rimcang, duh gvak sam baez naednaed fag（禾耘三次谷满仓，豆锄三次粒粒黄）等谚语总结了壮族在除草、翻田、耘田等田间管理方面的经验。

（6）收割、晒谷与加工。Caet nyied haeux henj youq ndaw naz, gyagya hohhoh sou ma dak（七月田里一片黄，家家户户收割忙），七月份是稻谷成熟季节，要及时收割，因为Bet cingz cug, cib cingz sou, cib cingz cug, laeuq song cingz（八成熟，十成收；十成熟，二成丢），而Ban haet mok baenz benq, mbwn rengx ndei dak haeux（早上一片雾，晴天好晒谷）总结了晒谷的天气特点。壮、泰民族稻谷脱粒加工方法相同，主要用磨臼（石磨、泥磨）去掉谷皮或用木杵舂捣。"舂堂舞"便是来自舂米的灵感，"晨暮时候，妇女们将晒干的稻禾放在长方形的大木槽中，用木杵舂去谷壳，称为舂堂。木杵舂击木槽发出有节拍的声响，宛如动听的曲子，被发掘成为了现今的舂堂舞。"[13]"舂堂"壮语称为"打砻"，打砻舞是壮族古老的民间舞蹈艺术，"打砻"原本是一种打斋祈福活动，现在成为了壮族喜闻乐见的节庆习俗舞蹈，广为流传于广西平果县、天等县、马山县等地。

（四）农耕习俗

壮、泰民族有丰富多彩的传统节日，这些节日承载着两个民族的道德观念、宗教信仰和风俗习惯，蕴含着深刻的文化内涵，经过上千百年的承袭，深深烙上了民族的印记，形成了独具特色的节日习俗。农耕习俗是传统农耕社会最具民族性的文化现象，农业谚语记录了壮、泰民族传统节日中的一些农事习俗，是人们了解不同民族各具特色的与农业生产相关的民俗活动的重要语言资料。

1. 春耕习俗

［55］Dojdeih lingz mbouj lingz, bibi cungj aeu gingq. 土地灵不灵，年年都得敬。

［56］Gwn le laeuj cinsix, cae rauq mbouj liz fwngz. 吃了春社酒，犁耙

不离手。

［57］ข้าว คอย ฝน 禾苗等雨　稻等雨

［58］กระดี่ ได้ น้ำ丝足鱼得水。

壮族于每年农历二月初二"春社节"举行土地神祭祀仪式，目的是让土地神保佑全村老少、保佑六畜兴旺、保佑农业丰收。仪式在土地庙举行，由主持人念诵歌谣，人们摆上供品，按顺序烧香、祭拜土地神像。"春社节"也叫"开耕节"，为了庆祝开耕顺利，人们饮酒作乐，举行隆重的庆典活动，之后便开始了繁忙的春耕季节。泰族于每年佛历六月举行"春耕节"，这是泰国宫廷大典之一，由国王亲自主持，祭祀天神，保佑风调雨顺、五谷丰登。这时候正是泰国干旱季节，禾苗生长需要足够的水分，特别是雨水的浇灌，要举行求雨仪式，当大雨来临，人们欢呼雀跃，就像丝足鱼获得了久逢的甘露。

2. "尝新"习俗

壮族农历六月初六举行"尝新节"。六月稻谷成熟，人们在开镰收割之际品尝新谷，行香祭天，以庆祝五谷丰收。在举行秋粮入仓仪式时非常讲究话语的忌讳，以免遭到神灵惩罚致使入仓的粮食受损。泰国佛历3月举行"尝新节"，这时候稻谷开始成熟，新打的稻米新鲜而味道香甜，人们将其制作成竹筒饭，在礼佛日拿去斋僧，这个节日因而得名"竹筒饭功德"。

［59］Loeg nyied loeg, gwn haeux moq. 六月六，吃新谷。

［60］Haeux duh ndaej daengz cang, vahlangx gaej luenh gangj. 五谷得入仓，闲话莫乱讲。

［61］ข้าว ผอก กระบอก น้ำ竹筒饭功德

3. 祭牛习俗

［62］Seiq nyied raen vaiz baenz duzciengh, caet nyied raen maez baenz yahvuengz. 四月见牯牛如大象，七月看老婆如皇后。

［63］Seiq nyied co bet dienheiq rongh, duzcwz duzvaiz ceiq cingsaenz. 四月初八天气晴，水牛黄牛最精神。

［64］ฆ่าควายเสียดายเกลือ杀牛可惜盐

［65］ฆ่า ความ อย่า เสีย ดาย พริก杀牛不要可惜辣椒

壮族非常敬仰"牛神"，每年农历四月初八举行"牛魂节"（脱轭节、敬牛节），要给牛招魂、脱轭，有些地区将这天当作牛王的生日，以美食供奉牛神。［62］、［63］描述了"牛魂节"的情景。泰族每年佛历一月"庆丰节"也举行为牛求魂的仪式，但是祭祀活动并不像壮族那样隆重，因为泰人认为牛只是有功德的动物，他们对牛的辛苦耕作仅是怀有愧疚心理。一些壮族地区禁食牛肉，但在泰语谚语中有食用牛肉的记录，［64］记载了古时候泰人杀牛后以吃剩的肉制作干肉，却因节省盐巴而使牛肉腐坏的典故，而［65］劝诫人们吃牛肉时不要节省辣椒，不要因小利益而让大利益受损。

综上所述，壮、泰民族传统节日蕴含着丰富的农事习俗，其中，很多农事习俗的性质、内容和形式有一定的相似性。

三 结论

壮、泰族先民在长年累月的农业生产实践中创造了丰富的农业谚语。这些谚语不仅记录了丰富的农业生产知识和劳动经验，也凝练了两个民族劳动人民的农业智慧，是壮、泰民族传统农耕文明研究的重要语料。壮、泰语农业谚语折射了两个古老农业民族的农耕文明，反映了两个民族在传统农业生活、农业结构、农耕技术和农耕习俗等四个方面的相似性与差异性，说明壮泰民族传统农耕文化有很多共性，其中最为显著的就是共同的稻作文化特征。

参考文献

［1］ Wolfgang Mieder, *Proverbs*: *A Handbook*. Connecticut: Greemwood Press, 2004. p. 4.

［2］ 覃圣敏：《壮泰文化基本特征的比较》，《广西民族研究》2000年第1期。

［3］ 梁庭望：《中国壮侗语诸族与泰国泰族文化共性初探》，《中央民族大学学报》1996年第4期。

［4］ 黄凤祥、徐杰舜：《壮族文化及其对东南亚文化的影响》，《右江民族师专学报》1998年第1期。

［5］ 韦达：《壮族谚语与人生经验》，《广西社会科学》2003年第9期。

［6］ 蒙元耀：《壮语熟语》，民族研究出版社2004年版，第9页。

［7］ 梁庭望：《水稻人工栽培的发明与稻作文化》，《广西民族研究》2004年第4期。

［8］ 覃乃昌：《"那"文化圈论》，《广西民族研究》1999年第4期。

［9］ 覃圣敏：《壮泰民族传统文化研究》，广西民族出版社2003年版，第1369页。

［10］ 黄兴球：《植物栽培：壮泰族群同源与分化的佐证》，《东南亚纵横》2010年第12期。

［11］ 张光直：《中国沿海地区的农业起源》，《农业考古》1984年第2期。

［12］ 黄兴球、范宏贵：《老挝佬族与中国壮族文化比较研究》，民族出版社2010年版。

［13］ 范宏贵、顾有识：《壮族历史与文化》，广西人民出版社1997年版。

（原文载于《广西民族研究》2016年第6期）

从谚语看壮泰民族的稻米文化

周艳鲜　阳亚妮

一　前言

壮泰民族都是传统的农业民族，具有悠久的稻作历史。学者们大致认为，壮泰民族在漫长的农耕历史中，形成了以稻作文化为主体的传统农耕文明，这是两个民族传统文化的共同特征。覃圣敏提出，壮泰民族传统文化的发生型式应属原发型，其突出的代表是稻作文化和壮泰民族语言，这是由壮泰民族的悠久历史及其文化的独特性决定的，也是壮泰民族传统文化的最大共同点[1]。游汝杰认为，中国广西和泰国是亚洲栽培稻的起源地之一，他采用语言地理学和历史语言学的方法，论述了这个栽培稻起源地就是壮侗语族未分化之前壮侗语族原始居民的家园[2]。梁庭望从比较文化学的角度，探讨了包括壮族在内的8个中国壮侗语诸族与泰国泰族稻作文化上的共性[3]。黄凤祥、徐杰舜指出，壮族先民创造的稻作文化对泰国泰族和东南亚其他一些民族产生了深远影响，壮泰族群数千百年来保持了共同的稻作文化形态，成为其他各种文化现象同质化的根源[4]。覃乃昌（1999）提出"那"文化圈论，他认为，在"那"文化圈生活的主要是操壮侗语族族群，包括中国壮族和泰国泰族，其主要文化特征是以稻作为主以及在此基础上形成的以"那"（稻作）为本的传统生活模式[5]。"水稻人工栽培法发明以后，逐渐主宰了越人先人及其后裔的整个生活，在生产技术和耕作方法、饮食结构、语言文学、人生礼仪、宗教信仰、风俗习惯、思想观念、民族性格等方面形成了浓郁的稻作文化，绵延至今。"[6]这是对稻作文化一个宽泛的释义，简单地说，稻作文化其实就是围绕稻谷的生产、以大米为主食的饮食结构、稻谷相关的宗教信仰及其载体（节日习俗或宗教仪式）而形成的壮族农耕社会的传统生活模式，也就是说，"稻米"是稻作文化的关键词，稻米文化是稻作文化的根基和核心。

本研究以谚语为语料，从稻米生长的自然地理环境、大米的饮食习俗、稻谷相关的宗教仪式等三个方面来讨论壮、泰民族稻作文化的根基和核心部分，进一步探究壮泰民族传统农耕文化的渊源。

二 稻米生长的自然环境

自然环境是影响人类生存的重要因素，也是决定人类生产活动的主要原因之一。稻米生长的自然环境主要由土壤（稻田）、水（河流）、气候（季节及天气）等组成，是稻米赖以生长的综合的自然条件的总称。从整体上来看，壮、泰民族所居住的地区在自然环境方面有一些共同特征，比如地形多样、水系丰富、气候炎热等，但这些特征的具体分布不同，各地的自然条件存在差异性，这些因素对两个民族的农业形态和农耕活动造成了较大影响。以下壮、泰谚语反映了两个民族的稻米生态环境的异同之处。

（一）壮语谚语中稻米的生态环境

［1］Dingj bya hai naz, cauxfuk fanh bi. 岭顶开田，造福万年。

［2］Go foed ndaem baenz byoz, namhboengz boq ok youz. 绿肥种一丘，泥巴滚出油。

［3］Dah raemxhoengz lae mbouj liux, bwnh ndaw doengh rom mbouj caenh. 流不完的红水河，积不完的自然肥。

［4］Fwn cin cuk, haeux rim rug. 春雨足，谷满屋。

［5］Laebcin doek fwn daengz cingmingz. 立春落雨到清明。

［6］Doengceiq ok daengngoenz, haeuxgoek ndaej fungsou. 冬至出日头，谷米得丰收。

［7］Seizdoeng sied haucan, bi naj haeux rim cang. 冬天雪茫茫，来年谷满仓。

［8］Cib it mwi lai, bi moq go haeux rengx. 十一月霜多，来年五谷旱。

［9］Mbiengj mbwn hoengz doengdoeng, lwgrit couh daeuj daengz. 天

边红通通，冰雹就要来。

　　［10］Fwj coh sae fwn soegsoeg, fwj coh baek ndei dak gaeux. 云往西雨凄凄，云往北好晒谷。

　　［11］Cou mok mbwn rengx daih, doeng mok siet mbin lai. 秋雾大旱天，冬雾雪花飞。

　　［12］Loeg nyied ci rumzsae, ganjhaeux heih ok non. 六月起西风，稻秆易生虫。

　　［13］Cin raez yiengj byai ndwen, naz raihraih miz raemx. 春雷响月尾，块块田有水。

　　壮族大部分地区属于山地丘陵性盆地地貌，水系丰富，濒临海岸，素有"八山一水一分田一片海"之称。境内山峦起伏、丘陵分布广、河流众多，盆地地势平坦、土地肥沃，光照充足，水热条件好，是水稻种植的重要基地，在谚语［1］—［4］得到了一定的反映。壮族地区范围广、地势复杂，各地气候大不一样，影响稻作农业的气候因素因地而异，［5］—［13］描写了降雨、日光、雪、霜、冰雹、云、雾、风、雷鸣等自然现象。

（二）泰语谚语中稻米的生态环境

　　［14］ประเทศไทยฝนตกสม่ำเสมอ泰国下雨均匀

　　［15］คลุ้ม ฟ้า คลุ้ม ฝน阴暗天 阴暗雨

　　［16］ฝน ตก แดด ออก雨后天晴

　　［17］ฝนตกไม่มีเค้า雨下没有预兆（比喻突如其来）

　　［18］ฝนตกไม่ทั่วฟ้า雨下没有遍及天空（比喻厚此薄彼）

　　［19］ฝนตกก็แช่ง ฝนแล้งก็ด่า雨下也诅咒　干旱也咒骂（比喻怨天尤人）

　　［20］พลอยฟ้าพลอยฝน连带天连带雨（比喻受到牵连）

　　［21］น้ำ สั่ง ฟ้า ปลา สั่ง ฝน水告别天　鱼告别雨（比喻惜惜相别）

　　［22］ฝนตกอย่าเชื่อดาว雨落不要相信星星（告诫人们不要轻易相信别人）

　　［23］น้ำท่วมทุ่ง ผักบุ้งโหรงเหรง水淹没原野　空心菜稀少

　　［24］น้ำลดตอผุด水下降　树墩露

　　［25］น้ำขึ้นให้รีบตัก水涨赶快舀

　　［26］ตีท้ายน้ำ打尾水（退洪水后在下游打鱼收获大）

　　泰国具有水稻种植的优越地理条件。众多的河流来自北部的高山和峡谷、东北部的高原地区与西部的山峦，在中部的平原地区形成纵横交错的水系，土地肥沃，在湄南河岸形成了富饶的大平原，适宜水稻种植，泰语熟语"อู่ข้าวอู่น้ำ（船米船水）""หญิงงาม น้ำใส ควายอยู่（美女 清水 牛）"反映了"天府之国""鱼米之乡"的丰收景象。泰国全年大致分为热季、雨季和寒季，热季长，雨量多，典型的热带气候带来了潮湿多雨的天气，为农田灌溉、稻谷生长提供了保障，泰语中有许多描写雨的谚语，"雨"意象在谚语中也被赋予了丰富的隐喻义，说明"雨水"与泰族日常生活息息相关。[14]—[16]是对泰国多雨天气的总结，[17]—[22]将"雨"作为隐喻意象，反映了现实生活的一些普遍真理。泰国河流众多，加上雨季长，洪水泛滥比较常见，[23]—[26]描写河流涨水的情景，谚语ให้ข้าวให้เกลือ ให้เรือให้พาย（给米给盐 给船给桨）中用"给船给桨"来比喻倾囊相助，说明人们对"船"的重要作用有着深刻的体验。

（三）壮泰谚语中的"鱼米共生系统"

大米和鱼肉是壮、泰民族最为喜爱的主要食物。在壮、泰语中，有不少"米"和"鱼"共存的谚语，反映了壮、泰民族的水稻种植和鱼类养殖是两种"共生"的生产活动。古越人很早就发明了水田养鱼和水塘养鱼，这种生产方式由古越人后人沿用至今。司马迁在《史记》中记载，"江南之地，地广人稀，饭稻羹鱼，或火耕而水耨"，其中，"火耕水耨"总结了当时江南地区粗放的稻作技术，"饭稻羹鱼"概括了古越人的生活方式，至今仍普遍存在于壮族地区。以下谚语反映了壮、泰民族相似的"鱼米共生系统"，稻米的种植不仅依靠农田，也与鱼的养殖共存。可以说，"鱼米共生系统"是壮、泰两个古老农业民族的农业文化遗产，谚语为此提供了有力的证据。

[27] Ciengx bya it moux daemz, miz bya youh miz haeux（养鱼一亩塘，有鱼又有粮）

[28] Daemz miz bya, naz miz haeux（塘里有鱼，田里有米）

[29] ในน้ำมีปลาในนามีข้าว（田里有米 水里有鱼）

三 以稻米为中心的饮食习惯

每个民族的生活习俗往往与他们的自然环境、生产方式、思想观念密切相关。壮族居住的地区地广物博，各地风俗也不一样，在谚语"Baez gaeuz baez ut, it dieg it sug（一弯一曲，一乡一俗）"中可见一斑。饮食习俗是壮泰民族生活习俗的共性中表现较为显著的。由于深受稻作生产的影响，壮泰民族的饮食结构和饮食习惯均以大米为核心，形成了较具各自特色的稻米文化，既有相似之处也存在一定差异。"Vunz baengh go haeux ciengx, gogyaj baengh bwnh maj（人靠稻谷养，禾靠粪土长）"说明了米（饭）养人的道理，反映了稻米的重要地位。泰语谚语"กิน ข้าว ร้อน นอน ตื่น สาย（吃热饭 睡醒晚）"描写人们吃着热腾腾的米饭、睡得香甜的舒适生活。在壮、泰语中，关于稻谷（大米）的谚语非常丰富，说明稻米与人们生活息息相关，这些谚语不仅反映了壮泰民族以大米为主食的饮食习惯，也记录了稻米的各种加工食物，以及这些特色食物在社会特定环境中的特殊用途。

（一）以大米为主体的饮食体系

1. 米饭、米粥系列。以生米煮熟为干饭、稀饭（粥）、糯饭、豆夹饭、玉米夹饭、南瓜夹饭等，这是人们日常食用大米的烹饪方法。其中，稀饭（粥）一向被视为"最养人"的食物，它将食用与药用高度融合，具有容易消化、补充水分、益脾养胃等功能，［30］和［31］分别反映了壮、泰民族对于煮食稀饭（粥）的认识。糯饭是壮、泰民族最为喜爱的食物，糯米是一种温和的滋补品，有补虚、补血、健脾驱寒作用，它不仅具有丰富的营养成分，而且具有较高的药用价值，［32］介绍了糯米的药用效果。

［30］Souh yied cawj yied lanh, vunz yied gik yied coengh. 粥越煮越烂，人越懒越馋。

［31］กิน ข้าว ต้ม กระโจม กลาง 吃稀饭 从中间吃起（比喻急于求成）

［32］Duhhenj siu foeg bouj dungxsaej, haeuxcid bouj mamx gyaep liengzhaw. 黄豆消肿补五脏，糯米补脾驱虚寒。

2. 加工食物系列。稻米的加工方法不同，其加工食物也有不同的分类，比如用粽叶、竹叶等植物包起来的粽子；用经过碾碎的米粉做成的米粉、糍粑、年糕、汤圆（元宵）、油团等；经炒爆的米花、米花糖等。泰族喜欢食用石磨米粉和糯米粉、小米、薏米等制成的甜食。糍粑是壮族最喜爱的糯米转换物，以下谚语不仅反映了糍粑煮食情况，而且具有丰富的隐喻含义。

［33］Miz byoem couh rox hot gyaeuj, mizhaeux couh rox guh ceiz. 有

发会绾发髻，有米会做糍粑。

［34］Cijmiz ceizmba nem ngaiz，mbouj miz ngaiz nem ceizmba. 只有糍粑粘饭，没有饭粘糍粑。

［35］Vaiq daz faiq mboujok sei ndei，feiz hung cien mbouj ndei lwgfaengx. 快纺纺不出好纱，火大煨不好粽粑。

［36］Bongz baenz ceiz saz. 像火煨糍粑一样胀。

3. 米酒、醋等饮料系列。大米酿制的米酒、米醋香醇，具有较高的营养价值。以下壮语谚语介绍壮家自酿米酒用于祭祀、宴请或迎接宾客，反映了壮家唱歌敬酒的习俗，但是泰人并不嗜酒，相关泰语谚语并不多见。

［37］Caet nyied cibseiq gungq gyasien，labceij yieng ien gonj bienh caez. 七月十四祭祖先，备足酒茶和香烟。

［38］Fouz laeuj mbouj baenz laexngeih. 无酒不成礼仪。

［39］Ndaw ranz fouzlaeuj mbouj louz hek. 家中无酒不留客。

［40］Hek daeuj fwen bae coux，gwnz daiz fwen gingq hek. 客来歌相迎，席上歌敬客。

（二）米饭是传统节日的主要食物和宗教活动的主要祭品

糯米和其加工的食品具有黏性、柔软，是壮、泰民族非常喜爱的食物，也是传统节日和民间宗教仪式里最为常见的食物和祭品。古时，由于糯米生长条件较为严格，产量不如普通稻米高，所以显得物以稀为贵，农民只有在过年过节或圩日上才能吃得到，以下谚语反映了壮人对糯米及其转化物的珍视与喜爱。

［41］Ranz lawz miz ceizngaih，caih imq yax goj gwn. 只要有艾粑，再饱想吃它。

［42］Haemhndaep gwn ceizcen. 年夜吃煮粑。

［43］Goujgouj mbouj cuk ceiz，vunz yawj raeuz bamz veiz. 重阳不打粑，世人看贬他。

［44］Ndaw ranz miz ngaiznaengj，youh siengj faengx gwnzhaw. 家有糯米饭，还想圩上粽。

泰族宗教仪式大多以"米饭"作为重要的祭品，泰语里有很多关于"米饭"的祭祀词语，例如，"ข้าว ผอก กระบอก น้ำ（竹筒饭功德）"是用来斋僧的米饭，"ข้าว แจก（饭分）"是指祭奠死者用的祭饭，"ข้าว เปรต

（饭鬼）"是祭鬼的供品，"ข้าวพระ（饭佛）"是指奉献给僧人的斋饭，"ข้าว กู（饭簇拥）"是供饭，即节日祭鬼神用的饭菜。泰人也有用米饭为内容的游戏活动，"ขว้าง ข้าว เม่า（扔饭米）"介绍民间一种互赠习俗，当一方在舂米糕时，另一方将椰子扔给对方换取米糕，舂好米糕的一方就会取出若干包挂在对方的篱笆上，所以称之为"扔米糕"。

四 与稻谷相关的宗教仪式

壮、泰民族传统节日承载着两个民族的道德观念、宗教信仰和风俗习惯，蕴含着深刻的文化内涵，经过上千年的承袭，深深烙上了民族的印记，形成了独具特色的节日习俗。在壮、泰民族的节日体系中，与稻作相关的内容最为丰富。

壮族在稻作过程每一个阶段要举行节日传统活动，目的是祈求每一个耕作环节顺顺利利，确保最终的稻谷丰收，人们在"青蛙节（蚂拐）"祭蛙神，"春社节"拜土地神，"六月六"祭秧神，"牛魂节"为牛求魂，"娅王节"祭拜鸟神，"尝新节"驱赶"田鬼"、召回"稻魂"等等。在泰族传统节日习俗中，最能体现稻作文化的是"米"节日体系。泰国学者Suriya Smutkupt和Pattana Kitiarsa以泰国东北部地区为例，对泰国的"米"节日进行了深入细致的研究。他们发现，每一年泰国人在稻米生长的不同阶段举行不同的米节日活动，从佛历3月的"尝新节"（"竹筒饭功德"）与"施肥节"，到下一年3月"守仓神"节日，期间经历了4月的"求雨"节日（宋干节、火箭节），6月的"开耕节"（"第一犁""第一次插秧""第一次收割"仪式），9月的"庆祝秧苗"节日，10月的"庆祝谷神怀孕"节日，下一年1月的"庆丰节"（为谷神和耕牛求魂仪式），一共举行了7个重要的"米"节日[7]。

壮、泰语谚语中反映了很多与稻作农业相关的节日习俗，描写、记录了与稻谷相关的仪式活动。雨水、土地和稻谷是壮泰民族稻作农业的主要元素，解读壮泰谚语中天神、土地神和谷神的祭祀仪式活动，通过求雨仪式、开耕仪式和召稻魂仪式等分析壮、泰民族民间宗教信仰以及相关宗教活动的异同之处，可以从另一个角度了解两个民族稻作文化的相似性与差异性。

1. 求雨仪式

［45］Dajndaem baengh fwn raemx, gaicawx baengh aen bak. 耕种靠雨水，买卖靠把嘴。

［46］Yungh vaiz baengh bien, naz rengx baengh mbwn. 用牛靠鞭，旱田靠天。

［47］ข้าว คอย ฝน 禾苗等雨 稻等雨

水稻种植需要充足的水分，以上谚语反映了雨水对稻作民族的特殊意义。范宏贵教授经田野调查发现，宁明、凭祥一带的壮族和泰国泰族都信仰和崇拜"天"神，"天"神祭祀仪式的目的一致，都是为了祈求"天"神带来充足降雨，保佑来年五谷丰登、人丁兴旺，但是仪式的内容和形式不尽相同。壮族信仰"天"神，农历正月初一到十五举行祭祀"天"的仪式，也叫"做天"，举行仪式的房间设有神台、神位、神像、香筒，神台上摆放大米和酒等祭品[8]。泰族每年佛历六月份祭祀"天"，举行隆重的求雨仪式。六月正是泰国干旱季节，犁过的田地开裂，禾苗生长需要足够的水分，特别是雨水的浇灌，［47］反映了干旱季节里禾苗生长对雨水的迫切需要。泰国东北部主要为高原，热季时常常发生旱灾，每年举行的求雨仪式比其他地方频繁。

2. 开耕仪式

［48］Dojdeih lingz mbouj lingz, bibi cungj aeu gingq. 土地灵不灵，年年都得敬。

［49］ทรัพย์ในดิน สินในน้ำ. 土里有财产　水里有钱财。

土地是稻谷生长的基本条件，作为稻作民族，壮泰民族十分信仰土地神。壮族每年农历二月初二举行"春社节"，这一天是土地公的诞辰，也称为土地节，人们要举行开耕仪式，仪式在土地庙举行，主要内容是祭拜土地神，由主持人念诵歌谣，人们摆放供品，按顺序烧香、跪拜土地神像，目的是保佑开耕顺利，确保粮食丰收。泰族也崇拜土地，他们认为只要人们辛勤劳作，土地一定会带来财富。泰族没有"春社节"，但也有"开犁祭典"，也设置土地庙以供祭。他们认为土地神就是守护村落的鬼神，每个村庄建有全村的土地庙，每年举行一次大型的集体祭拜仪式，村民家里也设有土地龛，平日按照各自的习惯来祭拜。

3. 召稻魂仪式

［50］Caet nyied ngeihcib daiz yaihvangz, bouxlawz guh bangz boux de sied. 七月二十抬娅王，哪家削木哪家亏。

壮族一些地区在稻穗孕育结实之时也祭祀稻神，据考古资料表明，隆安县被认为是我国稻作的重要起源地，广西隆安县沿用壮族先民古代的稻神祭祀仪式每年举行六月六稻神祭民俗活动，Aeu ngeg gomq guh naj（用木面具作脸皮）介绍带着傩面的法师在田中巡游意在驱赶"田鬼"、召回"稻魂"，祈求稻神保护稻谷丰收。广西马山、平果、都安一带的壮族每年农历七月二十举行娅王节。根据《娅王节的传说》，娅王是鸟雀大王，她对人类稻作生产做出了杰出贡献，受到壮族人民的崇拜，被奉为壮族的稻神。当地流传一则民谣"Cib caet yahvangz gyet, cib bet yahvangz dai, cib gouj faenz maex gangq, ngeih cib daiz yah vangz, ngeih it fangz dauq doengh（十七娅王病，十八娅王死，十九做棺材，二十抬娅王，二十一魂归来）"，据此，七月二十是娅王入葬的日期，这时候才削木制作棺材就没有意义了。［50］告诫人们办事要适时，否则就会吃大亏，遭受损失。泰族也有谷神信仰，他们认为稻谷是有生命的东西，要为谷神求魂，才能获得稻谷丰收，每年佛历十月份举行谷物女神求魂的仪式，祭品主要是女性怀孕时喜爱的酸食和梳子、香粉等小物件，意在祈求庄稼生长茂盛、多抽穗，但是在泰语谚语中我们找不到相关记录。

最后，谈谈稻米在壮、泰谚语中的隐喻意义。稻米与人们日常生活息息相关，密不可分，在壮泰谚语中，常常被赋予丰富的隐喻意义。壮、泰民族善于从"米（米饭、稻谷、稻穗）"联想到丰富的人生哲理，说明他们善于观察并抓住事物内在特征的思维特点。谚语Bak yiengh haeux ciengx bak yiengh vunz（百样米养百样人）以大米的多样性象征人的多元性格。壮泰民族常常将"米"与人的地位、性格、品德与行为产生丰富的联想，在以下隐喻性谚语中，"米"意象常常被映射到目标语义域"人"身上，具有丰富的隐喻含义。壮语谚语［51］将晒干的米比作精明的老人，［52］将"米"被比作道理；泰语谚语［52］认为稻田外的秧苗比作出身不寻常的人，［54］比喻给予别人帮助。

［51］Haeux yied dak yied sauj, vunz yied laux yied gvai. 谷越晒越干，人越老越精。

［52］Cawjcaeuz aeu roengz haeux, gangjvah aeu miz leix. 煮饭要放

米，讲话要有理。

［53］ข้าว นอก นา 稻田外的秧苗

［54］ให้ ข้าว ให้ เกลือ 给米给盐

总之，稻米是壮泰民族生活中不可或缺的食物，它不仅是一种食物，更是一种文化，是壮泰民族饮食文化中最富有文化含义的内容，体现了壮泰民族稻作文化中最为显著的共性。

五 结论

壮、泰语谚语承载着一定的民族历史与文化，凝练了丰富的知识、经验、真理与智慧，反映了壮泰传统农耕社会现实和生产生活经验。壮泰民族稻作农业对人们的生产、生活和社会活动产生深刻持久的影响，形成了覆盖社会方方面面的稻作文化，占据了壮泰民族传统农耕文明的核心地位。壮泰民族具有相似的稻谷生长的自然环境，他们以大米为主食的饮食结构与习惯，在稻谷生长过程中举行求雨仪式、开耕仪式和召稻魂仪式等相似的宗教活动来保佑来年稻谷丰收，反映了两个民族稻米文化的相似性与差异性。

参考文献

［1］ 覃圣敏：《壮泰文化基本特征的比较》，《广西民族研究》2000年第1期。

［2］ 游汝杰：《从语言地理学和历史语言学试论亚洲栽培稻的起源和传布》，《中央民族大学学报》1980年第3期。

［3］ 梁庭望：《中国壮侗语诸族与泰国泰族文化共性初探》，《中央民族大学学报》1996年第4期。

［4］ 黄凤祥、徐杰舜：《壮族文化及其对东南亚文化的影响》，《右江民族师专学报》1998年第1期。

［5］ 覃乃昌：《"那"文化圈论》，《广西民族研究》1999年第4期。

［6］ 梁庭望：《水稻人工栽培的发明与稻作文化》，《广西民族研究》2004年第4期。

［7］ Suriya Smutkupt and Pattana Kitiarsa, Rice Festival in Northeast Thailand, *The Art of Rice*: *Spirit and Sustenance in Asia*, by Hamilton.

UCLA Fowler Museum, Regents of the University of California. 2003, pp. 63-76.

[8] 范宏贵：《壮泰各族对"天"的信仰与崇拜》，《广西民族研究》1996年第3期。

（原文载于《齐齐哈尔大学学报》2016年第7期）

壮泰植物谚语文化内涵比较研究

覃 丹[*]

1934年，黄渠先生在《复兴》月刊2卷12期上发表的《暹罗[**]人种源出中国的考证》在对我国壮族语言与泰国泰族语言比较的基础上，提出"暹罗人种发源于中国滇桂两省"的论说。[***]20世纪80年代末以来，壮泰两个民族的渊源关系受到越来越多中外学者的关注，从语言学、民族学、考古学和人类学等多个角度论证了壮泰民族都是古代百越人的后裔。虽然壮泰民族同一起源已为许多学者所证实，但他们今天的关系诚如范宏贵教授所言：虽然仍然积淀着若干共同的文化，但毕竟经过长期的历史发展，已经形成生活在不同国度的不同民族，在文化上已有很大差异。[1]谚语一向被语言学家称为"民族之明镜""语言的活化石""小型百科全书"。壮泰两族的植物谚语无疑也真切地反映了壮泰这两个"同根异枝"民族的文化异同，主要体现于四个方面：生产经验、饮食习俗、宗教信仰、价值取向。

一 生产经验

壮泰两族在长期的生产劳作中，摸索出了农业生产规律，总结出了许多种植经验，并以谚语的方式代代相传，成为民族农业生产的基本知识，也成为民族文化不可或缺的一部分。

壮族是稻作民族，有些学者甚至认为壮泰族群的祖先——百越人是

---

[*] 作者：覃丹，壮族，百色学院副教授。从事比较文学与比较文化研究。
[**] 暹罗为泰国的旧称。
[***] 黄渠先生引言转引自范宏贵《同根异枝的壮泰族群》，广西民族出版社2013年版，第4页。

中国栽培稻的最早培育驯化者。[2]因此，壮族有许多关于稻谷种植的植物谚语。首先，播种插秧要注意时节，适时，就能增产，误时，就要减产。这类谚语如：Gingcig nit dot caeux vanq gyaj, Gingcig raeujrup mbouj yungh muengz（惊蛰寒冷早撒秧，惊蛰暖和不要忙）；Ngeih nyied cingmingz gyaj youq laeng, Sam nyied cingmingz gyaj youq gonq（二月清明秧在后，三月清明秧在前）；Miuzngeih ndaem naz gvaq cousawq, Souhaeuj mbouj gaeuq ciengz duznou（晚稻插田过处暑，收割不够喂老鼠）；Sam nyied sam, Haeuxceh cienzbouh ndaem roengz naz（三月三，全部谷种插田间）。其次，种植稻谷还要注意水和肥，有水，稻谷才能存活，有肥，稻谷才能长得好，就如谚语说的：Bya gungq fouz raemx nanz lix mingh, Gomiuz fouz raemx maj mbouj baenz（鱼虾无水难活命，禾苗无水长不成）；Gohaeux ok faek it conq haj, Seizneix dwk bwnh ceiq miz bouj（禾苗包胎一寸五，这时放肥最有补）；Miz raemx fouz bwnh it buenq haeux, Miz bwnh fouz raemx muengh mbwn daej（有水无肥一半谷，有肥无水望天哭）。最后，种植稻谷还要注意防范一些有害因素：Miuz daeuz ceiq lau non muengzcungq, Miuz ngeih ceiq lau rumz hanzloh（早造最怕芒种虫，晚造最怕寒露风）；Ndaw naz go gyaj heu, Ceiq lau lwg rik dwk（田里禾苗青，最怕冰雹叮）；Loeg nyied liengz, haeux mbouj sanj, Loeg nyied ndat, rienghaeux giet（六月凉，稻不长，六月热，稻穗结）。对于有害因素，防范措施做得好，就可避免稻谷减产，任何防范措施都不做，就可能颗粒无收。

此外，壮族主要分布的地区处于亚热带，雨量充沛、四季常青，适合各种农作物的生长，但每种农作物的生长时节和特性都不同，因此，壮语里有许多关于适时种植农作物的谚语，例如：Goekhawx ndaem gva, Muengzcungq ndaem lwgraz（谷雨种瓜，芒种种芝麻）；Muengzcungq lwg raz hahceiq duh（芒种芝麻，夏至豆）；Caet nyied hab ndaen coeng, Bet nyied ndei ndaem ho（七月种葱，八月种蒜）；Biek mbouj gvaq cingmingz, Hing mbouj gvaq goekhawx（种芋不过清明，种姜不过谷雨）。还有许多关于农作物种植技巧的谚语，如：Lwgmaenz lau ndaem laeg, Lwgbiek lau ndaem feuh（红薯怕深种，芋头怕浅栽）；Duhhenj duhdoem ndai sam baez, Naed duh hung ndaej dek（黄豆花生耘三道，豆粒大到爆）；Gooij mbouj buemz namh, Doekfwn mbaw hix reuq（甘蔗不培土，下雨叶也枯）。

泰国历来也很重视农业，自素可泰王朝直至如今曼谷王朝，为了鼓励民众重视种田并祈求神的保佑，皇室每年都举行皇家春耕典礼。不仅如此，现任国王普密蓬把每年5月8日定为"农民节"，以示对农民的尊重。上行下效，泰国民间对农业也很重视。而作为稻作民族百越民族的后裔，泰族原本就将农业视为生活的一部分，所以泰语里也自然有跟稻谷生产经验有关的植物谚语。有些跟壮语谚语很相似，例如：ข้าวพึ่งนา ปลาพึ่งน้ำ（禾苗靠田才能生长，鱼儿靠水才能存活）；ข้าวคอยฝน（禾苗等雨，意思跟壮语谚语"Vunz gouz lengj, haeux gouz raemx 人求美，稻求水"是一致的，都强调水对稻谷生长的重要性）。但泰族的这类谚语相对于壮语来说要少很多，而且由于壮族受到汉文化的影响，因此很多壮族谚语是使用二十四节气来表达稻谷种植经验，而泰语没有二十四节气，他们主要是以稻谷的形状来表达种植经验，例如：ข้าวถอดหางไก่（水稻长得像公鸡尾巴），水稻长得像公鸡尾巴的时候就要开始开花授粉，这是决定稻谷生长的很重要的一个阶段，这时候要注意田里的水不能太多。

此外，泰国位于热带，常年生长着各种热带水果，因此泰语中还有许多关于水果种植的谚语，例如，โค่นกล้วยอย่าไว้หน่อ（砍倒香蕉别留苗），因为香蕉树是草本植物，香蕉成熟后蕉树就会干枯，但很快就会在原来的地方长出新苗，因此，若不想让香蕉树源源不断地生长，就要把苗一同除去。又如，ใบไม้ร่วงจะออกช่อ ข้าวรัดกอจะออกรวง（叶落就要生串），意思是看到植物开始出现落叶就要注意观察植物是否有什么问题，在造成严重后果前要亡羊补牢。

不过，随着历史的发展，泰语中这些原本是传授生产经验的谚语除了本义之外，许多都有了引申义：ข้าวพึ่งนา ปลาพึ่งน้ำ（禾苗等雨），比喻不一定有结果的等待；โค่นกล้วยอย่าไว้หน่อ（砍倒香蕉别留苗），比喻斩草除根；ใบไม้ร่วงจะออกช่อ ข้าวรัดกอจะออกรวง（叶落就要生串），比喻从细微处就可以知道事情的整个状况，跟中国的"一叶知秋"有些相似。

二　饮食习俗

由于自然环境、社会条件、经济水平、传统习惯的差异，现今的壮泰两族已经形成了各自独特的饮食习俗，而这也可以从植物谚语中窥见一斑。

"壮族的饮食习俗是以稻作文化为主干孕育而成的，主食为大米，肉类为猪、鸡、鸭等稻米转化物。"[3]谚语Siengj gwn noh couh ciengx mou, Siengj gwn ngaiz couh ndaem naz（想吃肉就养猪，想吃饭就种田）就是这种饮食习俗的真实写照。大米是壮族的主食，除米饭外，勤劳智慧的壮族人还以大米为原料创造出了包括驼背粽、五色糯米饭、糍粑等在内的几十种地方特色食品，其他还有玉米、南瓜、红薯、木薯、芋头、荞麦、黑豆、绿豆等各种杂粮，壮族的粮食可谓种类丰富。这几句谚语：Bakfeih gyu guh cawj, fanh huq haeux dang gonq（百味盐为主，万物米当先），Loengz ngaiznaengj he gwn ndaej liux, Loengz swiqheiq ndeu gwn mbouj ndaej（一笼糯饭吃得了，一笼蒸汽吃不了），Miz biek daej gwn maenz, Miz faengx daej gwn ceiz（有芋哭吃薯，有粽哭吃糍）就很好地表达了这种状况。壮族的肉食以猪、鸡、鸭为主，辅以鱼、虾、牛肉、狗肉、羊肉等，再加上各类青菜和瓜类，壮族的菜品也是丰富多彩。由于猪、鸡、鸭常吃，蔬菜更是自家可种，所以在壮人眼里Cib noh mbouj beij baez byasien（十肉不比一鱼鲜），Miz bya mbouj gwn nyauh, Miz nyauh mbouj gwn daih doenggva（有鱼不吃虾，有虾不吃大冬瓜）。

此外，在长期的生活和发展中，壮族还根据本地区产物和本民族的饮食习惯，发现、创造和积累了自己民族独特的饮食经验。一是烹饪技巧方面，如：Lwgduh gyauz haeux cab, Naengj haeux rang fwkfwk（豆粮掺杂粮，蒸饭喷喷香）；Feiz menh cen bya, Feiz haenq cawj ngaiz（慢火煎鱼，快火煮饭）；Coeng ndip ho cug, byaek cug bae dingz（生葱熟蒜，菜熟一半）；Cwz hing max ho（牛姜马蒜）。二是食疗养生方面，如：Duhhenj siu foeg bouj dungxsaej, Haeuxcid bouj mamx gyaep liengzhaw（黄豆消肿补五脏，糯米补脾驱虚寒）；Daengz le sam nyied sam, Byaekgat dang lingzdan（到了三月三，芥菜当灵丹）；Langh siengj song da rongh, Ndaw cuk gya hanginz（若想双目明，粥中加旱芹）。三是饮食禁忌方面，如：Gwn mak aeu dangsim, Dauz iek leiz imq leix sieng vunz（吃果当心，桃饥梨饱李伤人）；Coeng geih dangzrwi, Ma geih duhhe（葱忌蜜糖，狗忌绿豆）；Byaseng geih raemx, Nohma geih caz（鱼生忌水，狗肉忌茶）。

米饭和鱼菜是中国古代百越民族的主要饮食习俗，西汉司马迁在《史记·货殖列传》中就以"饭稻羹鱼"对此作了概括。千里迁徙，历经沧桑，米饭和鱼菜现今仍然是泰族的传统餐食，谚语ข้าวใหม่ปลามัน（新米鱼肥）简直就是"饭稻羹鱼"的泰语改良版。"新米"指的是不超过一年的新米，"鱼肥"是指鱼腹上的脂肪，这两样东西都是世间的新鲜美味。这句谚语后来有了引申义，用来比喻新婚燕尔的夫妇。

由于居住环境的变化和周边其他国家和民族的影响，泰族的饮食习俗已有了很大的变化，并形成了自己的风格，其最主要的特色就是调料丰富。泰菜调料"除了一般家庭常用的酱、醋、盐、糖以外，还有辣椒、柠檬汁、虾酱、鱼露、茴香、咖喱、椰汁、姜粉、胡椒、桂皮、菠萝丁、薄荷、豆蔻、罗汉果、香芋等"。[4] 辣、酸是当今泰菜的特点，辣椒是首选调料，泰语中不乏含辣椒的谚语：ถึงพริกถึงขิง（多加点辣椒和姜），意思是要想味道足够，就多加点辣椒和姜，现在用来比喻双方斗争非常激烈；เล็กพริกขี้หนู（小米椒），小米椒是泰国特有的一种辣椒，就像老鼠屎那么大小，却辣得不得了，现在用来比喻身材小个却敢斗的人；กินน้ำพริกถ้วยเดียว（只吃一碗辣椒酱），在过去，许多泰国人只就着一碗辣椒酱送饭，现在比喻只娶一个妻子；ฆ่าควายเสียดายน้ำพริก（杀牛莫心疼辣椒），意思是牛都舍得杀了，牛肉里都舍不得多放点辣椒，现在比喻干大事要不拘小节。从这几句谚语可以看到泰人对辣椒之酷爱及其口味之重，这是由于泰国位处热带，喜欢食用辣椒以开胃。除了"辣"之外，泰人还喜欢以"酸"来开胃，于是，酸柠檬汁在泰菜调料榜上位列第二，仅次于辣椒，泰语中含柠檬的谚语也不少：พูดอย่างมะนาวไม่มีน้ำ（说话像无汁的酸柠檬），柠檬个小、味酸、香味独特、浓郁，很有助于开胃，可无汁的酸柠檬是没什么味道的，现在用来比喻说话不动听、干巴巴的；องุ่นเปรี้ยวมะนาวหวาน（葡萄酸柠檬甜），多酸的葡萄其实都不会有柠檬酸，所以这句话其实就是类似于"吃不到葡萄就说葡萄酸"，得不到的东西就去诋毁它；คำพูดหวานเหมือนอ้อย แต่ใจเปรี้ยวเหมือนมะนาว（说话甜得像甘蔗，可心却酸得像柠檬），比喻口蜜腹剑，心口不一。

三 宗教信仰

壮泰两族的原始宗教有许多相似之处，这在植物谚语中也有所反映。

其一就是他们都崇信鬼神。鬼神崇拜在植物谚语中也得到了体现，例如壮族谚语：Fangz gaem haeuxnaengj（死鬼抓糯米饭）。按照壮族的传统习俗，在死者装入棺木后，要在死者的手中放一团糯米，意思是让死者在阴间有米吃，而不会因饥饿怪罪后人，只会把福气带给后人，显示了对死者的敬畏。再如泰语谚语：บนข้าวผี ดีข้าวพระ（鬼米还愿，僧米进献）。"鬼米"是指用来向鬼神许愿的米，"僧米"是指给僧人、和尚食用的米。"鬼米还愿"表示曾经跟鬼神祈愿，愿望实现后来还愿，表达了对鬼神的崇拜和敬畏之情。

除了本民族宗教外，壮族还有外来宗教——道教和汉传佛教。目前在壮族地区最有影响力的应属道教。道教的影响也自然就体现在植物谚语中，例如：Haeux ndei lij miz bauz, Saenzsien caemh baenz bingh（好稻也有秕谷，神仙也会生病）；Nohbiz gap aen biek, Saenzsien naiz doekdiek（扣肉夹芋头，神仙口水流）；Nohcwz cauj lwghaemz, Saenzsien raen hix haenh（牛肉炒苦瓜，神仙见都夸）。壮语"Saenzsien"就是汉语"神仙"的音译，神仙是道教信仰，而壮人无论是生产、生活方面都会联想到神仙，这就说明道教已深入人心。道教中阴阳互济的辩证思想在壮族地区也已被广泛接受，体现这一思想的汉族谚语："花开必落，月圆必缺"（Va hai minseiz loenq, Hai mwnz minseiz vauq）如今也已被收入壮人收集的壮族谚语集。相对于道教，虽然佛教在壮族地区没有那么流行，但影响仍然是存在的，尤其是其因果报应说更是深植壮人的心中。对于谚语Ndaem douh ndaej douh, Ndaem byoux ndaej byoux（种豆得豆，种瓜得瓜），一般壮人已分不清它是本族的还是外来的了。对此教义和谚语如此之熟悉，使壮人依此衍生出了其他谚语：Gijmaz gaeu giet gijmaz gve, Gijmaz faex hai gijmaz va（什么藤结什么瓜，什么树开什么花）；Gijmaz faex maj gijmaz mbaw, Gijmaz meh seng gijmaz lwg（什么树长什么叶，什么母生什么子）。但总体而言，佛教在壮族地区的影响微弱，除了因果报应观，壮族人普遍无法理解和接受佛教教义。[3]

而在素有"黄袍佛国"之称的泰国，93.4%的民众信仰佛教，佛教在社会生活中占有主导性地位，佛教文化也是泰国文化的核心和主要影响因素。[5]佛教在泰国有如此影响力，是由于历代泰国统治者出于巩固自身统治、维护国家统一与稳定的需要，而大力推崇和扶持佛教的结果。在素可泰王朝时期，上座部佛教（小乘佛教）被大力扶持，逐渐取得了国教的地位，后来在阿瑜陀耶王朝和吞武里王朝时期，佛教得到不断巩固和发展，最后到当今曼谷王朝，佛教可谓是繁荣昌盛，真正成为了国教。就在这样的发展过程中，佛教慢慢地塑造了泰国的整个社会观念，并渗透到泰国的社会文化和生活方式当中。植物谚语对此主要体现于以下两个方面。首先，泰人虔诚地尊佛信佛。如上文提到的谚语บนข้าวผี ดีข้าวพระ（鬼米还愿，僧米进献），他们对佛如此尊崇，所以可以只为信仰而愿意不求任何回报、无偿地进献米给僧人、和尚食用。再如ร่มโพธิร่มไทร（菩提树荫榕树荫），佛祖在菩提树下静坐七天七夜顿悟成佛，菩提树在此象征佛主，榕树树干粗壮雄伟，树冠亭亭如盖，在此象征父母，此谚语比喻佛主和父母是我们的依靠，是我们的庇护者，把佛主当做是和父母一样的庇护者，足见泰人对佛主的信赖。其次，佛教教义对泰人社会观念的影响是巨大的。其中影响最大的是"因果报应"和"生死轮回"观。泰语谚语หว่านพืชดีรับผลดี หว่านพืชชั่วรับผลชั่ว（洒什么种子结什么果），就是中国谚语"种豆得豆，种瓜得瓜"的类似表达，传递的是"善有善报，恶有恶报"的观念。受此观念影响，泰人非常注重积功德，认为做善事的人转世还可以做人，还可以遇到同道中人。正如谚语เด็ดดอกไม้ร่วมต้น（摘同树的花）所表达的：前世共同做善事结下缘分，今生才得以相遇并结成夫妻。

四　价值取向

同为百越民族的后裔，同是稻作文化民族，壮泰两族两族人民在价值取向上具有了许多相似之处，他们都注重和提倡为人正派、家庭和睦、社会和谐。

（一）为人正派

首先，做人要正直善良。壮语里有句谚语：Faex hung mbouj lau rumz bongx, Vunz cingq mbouj lau leix dongx（树大不怕狂风吹，人正不怕歪理压），说明了如果做人正派正气，哪怕有很多人说你坏话都不用害怕。泰语谚语คนดีตกน้ำไม่ไหล ตกไฟไม่ไหม้（好人掉进水里冲不走，掉进火里烧不了）也表明了类似的观点：善良的、孝顺的、仁义的人，不论身处各种处境，都随时有人给予帮助，渡过难关。从这两句谚语可以看到，只有正直善良的人才能无论何时何地都心中坦然，无所畏惧。

其次，言行要谦虚谨慎。这包括两个方面，一方面，无论任何人都应该谦虚做人，不要自以为是，不要骄傲自满。正如壮语谚语Namh lai ndei ndaem va, Vunz vaj lai gaghaenh（土多好栽花，愚人多自夸）所说的，真正聪明、有本事的人是不会自吹自擂的，只有愚笨的人才喜欢自己夸自己。泰语谚语也有类似表达：รวงข้าวสุกน้อมลง รวงข้าวลีบชูขึ้นฟ้า（稻穗成熟弯低腰，稻穗青青高昂头），意思就是有内涵的人往往都谦逊，没内涵的人才会自以为是。另一方面，言行上还要注意谨慎，以免害人害己，正所谓พลั้งปากเสียสิน พลั้งตีนตกต้นไม้（失口破财，失足掉树），所以Haeux mbouj ndaej saehbienh gwn, Vah mbouj ndaej saehbienh gangj（饭不能随便吃，话不能随便讲）。

最后，切忌贪念小便宜。壮语里有许多劝诫人莫贪小便宜的谚语，其中植物谚语有：Haeuxyangz gwnz ndoi gaej luenh aeu, Haeuxnax bien naz gaej luenh dawz（岭上玉米莫乱抓，田边禾把莫乱拿），Hwnj bya geij damq faex, Bae haw gaej damq yah（上山不贪树，上圩不贪妻）。泰语里也有这方面的谚语，例如：บ้าหอบฟาง（疯子抱稻草），比喻这人很贪财，看到任何值点钱的东西都要；วัวเห็นแก่หญ้า ขี้ข้าเห็นแก่กิน（黄牛贪草，奴才贪嘴），比喻贪小利益的小人。

（二）家庭和睦

壮泰两民族都非常重视家庭，这在植物谚语中也有所体现。

首先，父母要爱护子女。先看壮语谚语Raen nywj in daengz vaiz, Raen ngaiz in daengz lwg（见草疼到牛，见饭疼到崽），见到草就想到家里的牛，于是割回去给它们吃，看到饭就想到家里的孩子，也就先带回去给他们吃。再看泰语谚语ต้นไม้ตายเพราะลูก（树木死于果实），树木可以为果实而死，比喻父母深爱孩子，甚至可以为了他们牺牲自己的生命。从壮泰的这两句谚语可以看到，父母对孩子的爱，甚至可以为他们付出生命。

其次，子女要孝顺父母。壮泰语谚语对此有着非常相似的表达，壮语：Vunz mbouj lumz bohmeh, Guk mbouj lumz ndaw ndoeng（人不忘父母，虎不忘森林），泰语：เป็นเรืออย่าทิ้งท่า เป็นเสืออย่าทิ้งป่า（船不会抛弃码头，老虎不会抛弃森林），都是强调为人子女，不要忘记父母恩情。

最后，手足要相互关爱。壮族有谚语Cib nyiengh lwg fwngz miz raez dinj, Gofaex gyang bya miz sang daemq（十个手指有长短，山中树木有高低），泰语也有谚语ไม้ลำเดียวยังต่างปล้อง พี่กับน้องยังต่างใจ（竹有不同节，兄弟不同心），都是表示天底下没有哪一样事物是相同的，即使是家中的兄弟姐妹，也个个不一样。对此，父母要做到รักหมากรักทั้งทะลาย รักวัวควายรักทั้งฝูง（喜欢槟榔就喜欢一整串，喜欢牛就喜欢一整群），意即对待孩子要一视同仁，不要偏袒。而手足之间则要Faex hung dok nga, Lwg hung faen'gya. Beixnuengx caez roengzrengz, Mbouj lau baihrog hangz（树大必分权，儿大必分家。兄弟拧成绳，外侮不临头），意即兄弟即使分家了，也要互相关爱，互相照顾，家庭才和睦，外人才不会来欺负。

（三）社会和谐

实现社会和谐，建设美好社会，始终是人类孜孜以求的一个社会理想。壮泰民族也不例外，并且他们的许多观念是相似的。

一是强调集体力量。虽然国制不同，但壮泰两族都强调集体的力量要强于个人力量。例如壮语谚语：Diuz faex ndeu nanz guh lae, gonj cien dog nanz caeq daemz（一根木头难做梯，一块砖头难砌池）；Aeu hag dinzrwi caez gip va, Gaej hag duzgyau gag dazsei（要学蜜蜂齐采花，莫学蜘蛛独牵网）。再如泰语谚语：รกคนดีกว่ารกหญ้า（满地人总比满地杂草好），草多无益还阻碍干活，人多却能一起干活，人多力量大；ไต่ไม้ไผ่ลำเดียว（爬一根竹竿），孤军奋战，单打独斗，有可能会出现失误，所以最好一起合作，避免损失。

二是提倡乐于助人。自古以来，壮泰民族都在认真践行这一美德。例如壮语谚语：Haicin caj ndaemnaz, Minz vaiz doengzcaez bang（春耕待插秧，有牛要相帮），农耕时代，牛是各家的宝贝，可到春耕的时候，就不要宝贝你的牛，该帮忙的时候一定要鼎力相助。再如泰语谚语：ให้ข้าวให้เกลือ ให้เรือให้พาย（借米借盐，借船借桨），意思就是倾囊相助，把能借的都借给需要帮助的人。

三是讲究知恩图报。中国俗语有"滴水之恩当涌泉相报"，壮族谚语有Gvaq dah mbouj ndaej vut bwenzcauh, Ndaej gaeuq mbouj ndaej lumz bouxaen（过河不要丢船桨，得救不要忘恩人），泰族谚语有น้ำผักบุ้งไปน้ำสายบัวมา（空心菜汤去，莲茎汤来），它们都共同表达了一个意思："礼尚往来，知恩图报。"

总而言之，植物谚语真切地反映了壮泰两民族的生产经验、饮食文化、宗教信仰和价值取向等文化内涵，涵盖了物质文化和精神文化两个层面。作为"同根异枝"民族，壮泰两族在植物谚语中所体现的文化可说是同中有异、异中有同。究其原因，壮泰两族稻作文化的延续和价值取向的相似造就了其相似性，而地理环境、宗教信仰的不同又导致了其差异性。

因着其相似性，壮泰族群的同源说得到了进一步证明，又因着其差异性，壮泰族群的文化呈现更为精彩迷人。

参考文献

［1］ 范宏贵：《同根异枝的壮泰族群》，广西民族出版社2013年版，第13页。

［2］ 彭世奖：《百越人与中国稻作文化》，《古今农业》1991年第1期。

［3］ 梁庭望：《中国壮族》，宁夏人民出版社2012年版，第60、120、201页。

［4］ 戚盛中：《泰国民俗与文化》，北京大学出版社2013年版，第76页。

［5］ 陈晖、熊韬：《泰国概论》，世界图书出版公司2012年版，第95页。

（原文载于《百色学院学报》2015年第6期）

壮泰谚语中的酒文化

何丽蓬[*]

壮族的酒文化历史悠久，既是壮族饮食文化中的重要组成部分，也是壮族仪式中的一个重要组成部分。壮族的饮酒文化不仅丰富多彩，且有较深厚的民族文化内涵。酒是壮族结婚嫁娶、庆贺生儿育女、孝敬老人、节日娱乐仪式中的首选礼品，也是壮族表达意愿或传达信息的符号。

泰国，既有葡萄酒产地、有国外酒精类饮品的销售，也有泰国本土自产自销的白酒或工厂酒，还有最便宜的酒类——土家酒，即老百姓自酿的土家酒。在节日风俗、宴会等场合上也都能看到酒的魅力和文化。

谚语作为在群众之间流传的固定语句，用通俗的话反映出深刻的道理，大多是人生经验、生产经验的总结，是和中国的历史传统和民族性格联系在一起的。壮族谚语饮食谚语中的酒谚语，既体现了壮泰民族两个民族的民族性格，也体现了两个民族的酒文化。

一 壮泰族谚语酒文化

（一）壮族谚语酒文化

壮族生活的地区，到处能看到酒的踪迹，在酿酒、销售酒、饮酒过程中，在壮族人民的生活习俗中，形成了壮族特有的民族文化。而壮族人民大多善于唱山歌，口头传承的酒谚语自然得到了传播，展现了壮族人民民

---

[*] 作者：何丽蓬，壮族，百色学院泰语教师，讲师，泰语教育硕士。从事泰语教学、壮泰语言文化研究。

族性格和民族酒文化。

自家酿酒酒文化。壮族饮的酒一般是自家酿造的低度米酒，主要是把酿酒原料经过发酵蒸煮而成。酿酒原料主要是谷物和薯类，等等。在谚语中体现为：Siengj gwn lwgmaenz aeu roengz reih, Siengj gwn laeujhaeux aeu gag ngauz.（想吃红薯须下地，想吃米酒要自酿。）、Laeuj ndei mbouj beij laeuj haeuxyangz, Ndei gangj mbouj beij dah lwgsau.（好酒不比玉米酒，好耍不比姑娘家。）

勤俭持家酒文化。壮族作为农耕民族，日出而作日落而息的生产生活方式让劳动人民更能深刻感悟劳作生活的艰辛和粮食等物质生活的来之不易，勤俭节约、勤俭持家自是不言而喻的生活之道。凡事量力而行，不支持铺张浪费的生活观，在口头流传的谚语中也得到了体现：Ndoet laeuj gwn ngaiz rau gyadangq.（喝酒吃饭量家当。）

节日习俗酒文化。每个民族都具有标签性的民俗民风，壮族红白喜事祭拜祖先、供奉神灵必不可少的贡品便是酒。结婚嫁娶、生儿育女的满月酒等吉庆日，除了以酒供奉祖先和神灵，主人家还会杀猪宰羊备好酒宴请亲朋好友摆宴席庆贺，亲朋好友则在各自桌友中互饮以表达喜悦、欢乐之情，新婚夫妇、满月酒的家人们轮流向每桌前来道喜的亲朋好友表示感谢，亲朋好友也以酒为媒向新人或主人家祝福道贺。因此，去参加结婚、满月酒在壮语中都含有"酒"字，即bei gwn laeuj（去喝喜酒）、Laeuj rim ndwen（满月酒）。在谚语中体现为：Caez gwn cenj laeujyag, Bak bei cinh dox gyaez!（共饮杯娘酒，百年同恩爱！）、Laeuj rim ndwen gaeq nyiengh, Muengh va'namz baenz lungz!（满月酒莫让，望花男成龙！）

待客接友酒文化。壮族的人际交往中大多喜欢以酒作为媒介传情达意，无酒不欢。朋友之间以酒联系彼此情怀，拜访亲朋好友以酒为礼，接待客人以酒表达敬意或诚意。酒无形中成了接人待客、友好往来的使臣，沟通宾客之间的情谊，联络友人之间的情感。谚语中体现为：Ndainaz ndai daengz laj, Gwnlaeuj gingq cawjgya.（耘田耘到禾根，喝酒先敬主家。）、Guk caeuq guk gietbaiq, Mou caeuq mou guh doi. Fouz daeuh mbouj ndaem meg, Fouz laeuj mbouj cingj hek.（无灰不种麦，无酒不请客。）

饮酒适度酒文化。国外饮料酒健康的相关研究表明，适度饮酒有益于身心健康。每天饮用2—4个标准饮酒量（一个标准以15g酒精/kg体重计），可预防心血管疾病、Ⅱ型糖尿病等，降低心肌梗死的风险。国内对白酒文献记载有与国外类似的结果，不同的是饮用浓香型白酒还可以降低血清尿酸浓度，降低阿尔茨海默病（老年痴呆症）的风险。壮族有少量民众晚饭喝点小酒养生的习惯，而先进的科学技术也证明了适度饮酒是有益的。酒谚语体现为：Laeuj ndei ndoet daengz yaek fiz dingz, Va lengj yawj daengz hai byongh seiz.（好酒饮到半醉止，好花看到半开时。）、Laeuj cit gwn lai hix rox fiz, Rumznamz ci nanz hix dwgliengz.（淡酒吃多也会醉，南风吹久也着凉。）

萎靡消极酒文化——酗酒。饮酒不等同于酗酒，酗酒是没有节制地饮酒。酒毕竟含有乙醇，当饮酒过度就会引起中枢神经受到抑制，会引起幻觉、失去理智，如酒后闹事、酒后驾车事故等便是饮酒过度的表现。长期大量饮酒会危害生殖细胞，导致后代智力智商受到影响，严重者甚至会酒精中毒，导致更加严重、对身体伤害更大的疾病。壮族酗酒谚语有：Dam ninz din fwngz unq, Laeuj lai ukgyaeuj luenh.（贪睡手脚软，暴酒头脑乱。）、Cit ien sai cienz bae cawx bingh, Ndoet laeuj sai cienz bae soengq mingh.（吸烟花钱买病，酗酒花钱送命。）

萎靡消极的酒文化——酒肉朋友。酒肉朋友，说的是那些整日无所事事而大鱼大肉喝酒的人士，彼此之间的关系停留在"酒"之上，而不是可以深交的朋友。壮谚如：Laeuj noh baengxyoux, gyau mbouj ndaej nanz.（酒肉朋友，难得长久。）、Laeuj noh doxbungz dwg beixnuengx, Miz gaenj bungz nanh mbouj raen vunz.（酒肉相逢真兄弟，急难何曾见一人。）

（二）泰国谚语酒文化

泰国酒的消费和饮酒量与其他国家相比名列前茅。1998年威士忌酒类的饮用居世界前五，即每年每人平均饮酒量达3.5升或4.6瓶（ปิยวรรณ สุขศรี 2544：1）。泰国国内，白酒或工厂酒（得到政府生产许可的工厂所生产）由于低廉的价钱而相对其他酒类更受欢迎，尤其是在泰国东北部和北部地区（ปิยวรรณ สุขศรี 2544：1）。由于宗教信仰的原因，泰国的酒文化虽不似壮族这般绚烂多彩但却也独树一帜，从泰谚中的酒谚语中也可略知其独具特色的酒文化。

节日习俗酒文化。泰国建新房前及入住新房前的驱鬼仪式，酒是缺之不可的祭品，即使是有些皇室庆典仪式中也要用到酒来进行祭拜。泰国民众在婚庆、剃发为僧、泰国新年宋干节、放高升等吉庆节日中也会饮酒庆贺。如谚语：เหล้ายาปลาปิ้ง（lau ja pla ping烟酒菜肴。喻指迎宾待客必须备好酒菜。）、ให้กินขณะร้อน ให้ฟ้อนขณะเมา（hai kin khana ron hai fon khana mau饭要趁热吃，舞要醉时跳。喻恰当时机做恰当事。）

待客接友酒文化。泰国的酒文化亦是历史久远，泰国的祖辈时期起便有关于酒的记载，认为酒是休闲娱乐的载体，是某些群体进行社会交际的媒介，是缓解压力和紧张情绪的工具。日常生活的饭桌或宴会上会为客人备酒菜以尽东道主之热情好客，友人之间也有赠酒为礼。如谚语：เหล้ายาปลาปิ้ง（lau ja pla ping烟酒菜肴。喻指迎宾待客必须备好酒菜。）、เหล้าเก่าในขวดใหม่（lau kau nai khuad mai新瓶陈酒，送他人礼物用新瓶装旧酒，喻指换汤不换药。如今虽有贬义之意，但可知古时有以酒为礼送他人的风气。）

饮酒适度酒文化。泰国是佛教国家，对买卖酒的控制较为严格，针对酒的买者和卖者均有相应的法律。针对买者，2008年国王签署颁布的法律条文第29条规定：为了青少年身心健康发展而制定的法律，禁止销售酒精类饮品给年龄低于20岁的青少年以及已经醉酒人士，违者罚款或监禁一年以下，情节严重者监禁和罚款同时进行；针对卖者，1972年的（泰国）改革委员会第253条公告规定售酒时间为11：00—14：00和17：00—24：00两个时间段，如要此段时间之外售酒则须得到国家或省级警署部门的允许方可售酒。1950年国王签署颁布的酒法指出，不遵守售酒条例者将受到2年以下监禁、罚款4000泰铢，并撤销其售酒资格营业执照5年。而此段时间之外饮酒者也将被追究责任，监禁1年以下，罚款1000泰铢以下罚款，视情节严重者监禁、罚款同时进行。即泰国允许酒类饮品买卖，并用法律来保证饮酒的"适度"，体现在泰谚上有：หวีผมแต่พอเกล้า กินเหล้าแต่พอเมา（wi phom tea pho klau kin lau tea pho mau梳头合适头型即好，喝酒刚刚合适即可。）、เมาเหล้าเสียหลัก เมารักเสียใจ（mau lau sia lak mau rak sia cai酒醉失原则，酒入爱河失心智。）

萎靡消极的酒文化。泰国作为黄袍佛国，约有95%的泰国公民是佛教徒，泰语中的佛教用词อบายมุข（a bai ja muk歪门邪道）指的便是佛教的五戒，即不杀生、不偷盗、不邪淫、不妄语、不饮酒，因此认为饮酒是罪恶的行径，在每年的佛教庆典便能得到体现——当日各行业禁止酒买卖。相关报道以及研究发现，酒驾易导致交通事故，因此对于饮酒的控制也得到了泰国全国上下的共识，认为酒等于萎靡消极的代名词，体现在泰语谚语中有：สุราธุตตัง อปายะมุขัง（su ra thu tang A pa ya mu khang 饮酒之徒 歪门邪道。佛教谚语，喻指饮酒者将走向毁灭之道。）、เมาตัวลืมตาย เมากายลืมแก่（mau tua lem tai mau kai lem kea 酒醉忘死，醉身忘老。喻指沉醉于玩弄权势忘记死，沉醉于爱惜身体忘记老。）、เมาจนขาดสติ（mau con khad sati 醉至丧失理智）、เมาเหมือนหมา（mau muean ma 醉得跟狗似的）、เมาหัวราน้ำ（mau hua ra nam 醉至以头当桨。指古时乘船，醉酒之人将头伸出船外头在水上随水划。）

二 壮泰族酒谚语文化与言语层面的解析

壮泰族谚语酒文化——文化层面的相似，都具有节日习俗、待客接友、饮酒适度、萎靡消极的酒文化。即壮泰族人民会以酒敬神灵，相信有超乎自然的神灵存在，在红白喜事节日习俗以酒为圣品来供奉神灵；以酒为贵，在重要的节日中以酒作为接待贵客的必备品；以酒助兴，以酒联系亲朋好友间情感；以酒为戒，适度饮酒可养身，酗酒伤身不可取。

壮泰族谚语酒文化——泰谚文化层面的缺失。从壮泰相异的酒文化谚语中可知，壮谚不止体现了酿制家酒和勤俭持家的壮家酒文化，同样也体现了壮族人民把酒视为生活的一部分，在言语表达上也是直截了当不带半点含蓄。然而，从泰国的文献资料中虽然可以查到泰国有自酿白酒和土家酒的文献资料和本土特色文化，但是这些文化并未能从泰谚有限的酒谚语中体现出来。

壮泰族谚语酒文化——文化层面和修辞层面的双重相似，即壮泰谚语均体现了两个民族对饮酒适度的认可和对萎靡消极的酒文化的抵制。认为适度饮酒怡情，酗酒伤情伤身，壮谚在此基础上多出了一些酒肉朋友不可靠，朋友贵在知心，酒肉朋友不牢靠的观点。在修辞层面上，适度饮酒和萎靡消极的酒文化上的壮泰酒谚语大都运用了比喻或对比的方式来具体化何为适度饮酒，具体而生动形象的语言道出了两个民族对酗酒行为不客气的总结和批判。

壮泰族谚语酒文化——言语表达层面具有差异性。吉祥喜庆的酒谚语，壮谚具体形象化，泰谚抽象模糊化。壮谚的节日习俗酒文化言辞上具体到婚庆、满月酒等喜庆日子，而泰谚的节日习俗酒文化谚语只是模糊地体现到了餐桌上的喜庆气氛。待客接友酒文化，壮谚具体到宴请对象、敬酒的对象，而泰谚只有食物或酒的字眼，并未涉及宾客好友。即壮谚中的酒谚语，言语之间具体、形象、生动、不隐晦。泰谚则相对抽象而模糊。此为壮泰酒谚语酒文化同中有异。

三　总结

壮泰族群民族个性、宗教信仰和法律的完善程度在一定程度上影响着两个民族的酒文化。壮泰族群在文献记载中都有自家酿酒的文化，在节日习俗中有以酒供奉神灵的风俗，在红白喜事中以酒为礼迎接贵宾或客人的礼仪，这些现象在壮谚中都能得到体现。这源于壮族豪爽的民族个性，也源于壮族人民更加倾向于"无酒不欢""以酒为礼"的酒文化。而在泰谚中，泰族的部分酒文化并未得到体现，即使有些谚语有涉及这些酒文化都是模糊和抽象的。这是由于泰国是佛教国家，以佛教徒为主的泰国民众在谈到"酒"时就潜意识里认为这是罪恶的、不良的行径。此外，泰国曼谷王朝初期泰国拉玛五世王朱拉隆功的禁酿私家酒法规也对泰国的酒文化有一定的影响，虽然这条法规在民众的抗议之下最终被废除。另外，现如今泰国相对完善的酒买卖的法律也在制约和影响着泰国的酒文化。

在劝导或消极的酒谚语中，不管是"以酒为礼"的壮族，还是受佛教文化影响和有着较为完善的酒法律法规的泰国民众，他们都能深深地意识到酒终究是含有乙醇的酒精饮品，喝多了百害而无一利，因此，两个民族在此类谚语词条的言语表达和所透析出来的文化现象则高度一致——酒伤身、伤神、伤人。

参考文献

[1]　黄桂婵：《论壮族的饮酒文化》，《南宁职业技术学院学报》2012年第1期。

[2]　杨柳：《中国少数民族酒文化》，《酿酒》2011年第6期。

[3]　范文来、徐岩、黄永光：《白酒对健康有益还是有害？》，《酿酒科技》2011年第11期。

[4]　นางสาวปียวรรณ สุขศรี. การวิเคราะห์เศรษฐกิจการผลิตสุราพื้นบ้านของชุมชนในประเทศไทยกรณีศึกษาการผลิตเหล้าขาวใน จังหวัดเชียงรายและแพร่[D]. ลิขสิทธิ์ของจุฬาลง กรณ์ม หาวิทยาลัย, พ. ศ. 2544, pp. 20, 28.（碧娅宛·素西：《泰国百姓土家酒生产经济状况研究——以清莱府和帕府为例》，盾坛出版社2001年版，第20、28页。）

（原文载于《文学教育杂志》2016年第11期）

文化间性视域下壮泰谚语的伦理道德

言红兰[*]

不同民族间的跨文化交流活动实际上就是跨文化对话。特定的价值取向、伦理规范源于特定的文化模式。不同文化的直接反映是不同的价值取向，不同的价值取向则带来了不同的伦理规则。[1]所谓伦理，就是指在处理人与人，人与社会相互关系时应遵循的道理和准则。是指一系列指导行为的观念，它不仅包含着对人与人、人与社会和人与自然之间关系处理中的行为规范，而且也深刻地蕴涵着依照一定原则来规范行为的深刻道理，也是人际之间符合某种道德标准的行为准则。[2]跨文化交际活动是对不同的价值取向进行评判的过程，也是在不同的伦理规则中寻求沟通的过程。[3]

谚语是"人的实际经验的总结，用美的言辞表现，而于日常谈话中可以公然使用而规定人的行为之言语"。[4]。谚语是人民群众生活经验的结晶，反映了人民的思想和世界观。壮泰谚语来源于各自民族生活的土壤，是壮泰民族社会生活实践经验的总结，具有鲜明的民族性。

一 文化间性视域下的壮泰谚语之伦理对话

"文化间性"理论认为不同的多元化的文化，可以被看作是一个个独立的文化个体，每种文化都带有自己的特点，这些文化个体之间的差异促使了它们之间的交流和对话。[5]壮泰民族是同根异流的民族，目前国内外的大多数学者认为古代时期的百越人就是中国南方的壮侗民族和东南亚

---

[*] 作者：言红兰，壮族，百色学院副教授。从事民族语言文化、跨文化交际与跨文化传播研究。

的泰族、佬族、掸族等民族共同的祖先。近年来，经许多学者研究发现，泰族人跟操南方方言的壮族人的关系甚是密切，他们不仅在语言文化上存在许多相同之处，在其他方面也存在不少的相似点，比如：在原始宗教信仰方面都存在祖先崇拜、自然崇拜等方面的内容，有相似的稻作文化，相近的建筑文化等。因此，来源于生活实践经验的总结，根扎于壮泰大地和壮泰生活的土壤的壮泰谚语，具有相似的共性及其各自鲜明的民族性。

（一）和睦兴家的家庭伦理观

生产方式决定生活方式，由于共同稻作生产方式，稻作文化无疑就成了壮泰民族传统文化中最大的共同特质。而基于稻作文化的和谐需求，壮泰社会亦拥有了相似的和睦兴家的家庭伦理观。首先，对父母的孝顺，对长辈的尊重，都是壮泰传统家庭伦理的核心。壮族谚语中Boh dwg goek, meh dwg rag.（父是本，母是根。）Gwnz mbwn duzbyaj hung, laj deih bohmeh mbwk.（天上雷公大，地上父母大。）Lwg ndaq boh gvaq gai, cix hab byaj bag dai.（子公然骂父，雷照劈不误。）Beixnuengx caez simcung, yungh gung ciengx bohmeh.（兄弟衷心肯吃苦，勤劳俭朴养父母。）而在泰语中：

kʰâ:m-ná:m-lɛ:w-jà:-plot-sàʔ-pʰa:n tɛ:ŋ-ŋa:n-lɛ:w-jà:-lw:m-pʰô:-mɛ:（过了河不要拆桥，结了婚不要忘记父母）；pen-rw:a-jà:-tʰiŋ-tʰâ: pen-sw:ă-jà:-tʰíŋ-pà（是船不要抛弃码头，是老虎不要抛弃森林）都教导人们为人子女，得势莫忘父母恩；kʰun-mê:-bà:-kʰwă: kʰun-pʰô:-bà-sá:j（母亲在右肩，父亲在左肩）则讲明赡养供奉父母是子女应尽的义务。

虽然由于文化间各自具有的特质决定了不尽相同的表现形式，如壮族文化中不可对长辈直呼其名，而后辈的取名不允许和长辈有相同的字眼，在父母过世后必须请道公给父母做道场，唱诵父母一生恩德，体现A-mizeiq dauq nyaemh duzmeh, yiengz miz aen gvih gwn cij.（鸦有反哺之意，羊有跪奶之恩。）而泰族除了照顾、赡养父母是子女的责任外，受佛教影响，其一大孝顺体现方式是通过剃度出家等方式为父母建立功德，任何责备父母、控告父母或遗忘父母的行为都被视为罪孽，是大逆不道的行为。上述的谚语中不难看出孝在壮泰文化中的重要位置，尊重、孝顺并赡养父母都是双方文化的共同点，在壮泰文化中，孝始于对父母的爱，由孝而生发出夫妻之爱、兄弟之爱、亲戚之爱、宗族之爱、对师友的爱、对天下国家之爱等,是一切道德的起点。[6]

由于壮泰文化都是以家庭、家族群体为本位的民族,就需要处理好其内部关系和外部关系,而家庭、家族内部的,主要是个人与个人之间的关系以及个人与家庭、家族群体的关系,特别是个人与家族群体之间的关系。[7]简言之,在这样的大家庭中,处理好夫妻、兄弟、妯娌之间的关系,是搞好家庭和睦的重要方面。所以壮族谚语里有许多类似的谚语:Bohmaex doxgingq vunzcix gingq, bohmaex doxdig vunz yoj ningq.(夫妻互敬旁人敬,夫妻不和人看轻。)Bohmaex goj yiengh doz nem caengh, doxboiq doxgyaengh haet miz yungh.(夫妻好比砣和称,相互匹配才有用。)Bohmaex yiengh guh haiz, ga ndeu mbouj baenz caiz.(夫妻就像一双鞋,左右哪只不能缺。)Fouz yah mbouj baenz gya, fouz saeu mbouj baenz ranz.(无妻不成家,无梁不成屋。)一个完整的家庭,首先应该是夫妻相伴,不仅在生产、生活中相互扶持,而且更应该Doxgyaez gvanbaz naengh bingzbaiz, ndeij beij goengq feiz raeuj sim'aek.(恩爱夫妻坐平排,好比火堆暖胸怀。)而壮族社会是由母系氏族过渡到父系氏族社会,家族基本上是以男性为主脉所建立或扩展的家庭来构成,因此,相对而言民间就有许多谚语针对兄弟之间、妯娌之间相处的伦理规范。如Duzdoq doeg maz ndi doxgyangq, beixnuengx cincangq gyangq gaiqmaz.(马蜂再毒不相蛰,兄弟何故要相欺。)Bohmeh aendaek hung gvaq mbwn, beixnuengx doxhuz raeuj gvaq mienz.(父母恩德高过天,兄弟和睦暖过棉。)Beixnuengx cingzngeih laeg, cax faeg raemx mbouj goenq.(兄弟情谊深,刀砍水不断。)Bajliuz goj lumj yiengz caemh riengh, duzduz doxnyiengh gvaq cix ndei.(妯娌就像同栏的羊,要想过好就互让。)Bajliuz doengzdoih ndeindinndin, gaej ce saekdi hawj vunz naeuz.(妯娌相处好滴滴,别留遗恨悔莫及。)Bajliuz guh ndei vunzmbanj angq, bajliuz guh rangq vunzmbanj naeuz.妯娌和睦邻里悦,妯娌不和邻里说。

相对于壮族对夫妻、兄弟、妯娌间不同关系的具体行为规范伦理而言,泰族总体来说倾向于大环境(家庭、家族)的总体和谐,和壮族相似,泰族家庭往往是多兄弟姐妹,在大家庭里,父母不仅对孩子往往是mót mâtj hâj tàj raj mâj hâj to:m(蚂蚁—不—让—爬 鸟虱—不—让—叮),对子女细心呵护,捧在手里怕飞,含在口中怕化;而且需以身作则,言传身教,教导孩子成为懂伦理、讲礼仪的人。因而,在父母及家族长辈们的言传身教之下及和谐的家庭氛围中，孩子在日常生活中习得做人的道理，所以谚语中就有du:-wu:a-du:-tî:-hă:ŋ du:-na:ŋ-du:-tî:-mê:（看—牛—看—在—尾 看—女—看—在—母），比喻选择妻子先看她母亲的品行，就像选择牛要看牛尾巴；而du:-trà?-klu:n-kì?-rí?-ja:-du:-?a:-kap du:-tʰít-tɕa̠p-ŋaw-pʰon-tôn-pʰrwk-sǎ:（看—家族—行为—看—举止 看—方向—抓—影子—果实—木—树）、wa:-tɕa:-sò:- tɕʰâ:t ma:-rà?-jâ:t-sò:-sà?-kun（话语—显示—宗族 礼仪—显示—家族），这些谚语则表明一个人的言行举止修养反映了他的家庭背景，反映了和睦家庭伦理教育的重要性。而对于其他家庭成员的伦理规范，相对而言并未如壮族家庭各种成员关系的规范般细致。对于夫妻关系，基本上遵循tɕʰá:ŋ-tʰá:w-nâ: tɕʰá:ŋ-tʰá:w-nă:ŋ（象—脚—前 象—脚—后），比喻丈夫与妻子的关系，丈夫是领导者，妻子是追随者；往往是wɛ:n-hu:ǎ-tɕa̠?-ŋa:m-pʰró?-pʰa:n-ro:ŋ（单砖石戒指—会—美—因为—高脚盘—垫）即好男人背后有一个好女人；红花还需绿叶衬，所以pʰá?-rí?-ja:-di:-pen-si:-kè:-pʰu:ǎ pʰá?-rí?-ja:-tɕʰu:â-pʰa:-pʰu:ǎ-sw:àm-si:ǎ:（妻子—好—是—吉利—给—丈夫 妻子—恶—带—丈夫—堕落）好妻旺夫，恶妻败夫；说明夫妻之间需相互敬重，才能使家庭和谐兴旺。而至于兄弟妯娌之间，虽然mê:-ná:m-jê:k-sa:j pʰàj-jê:k-ko（河—分—支 竹—分—簇）、pʰàj-jaŋ-lǎ:j-plô:ŋ pʰî:-nó:ŋ-jaŋ-lǎ:j-tɕaj（竹—还—多—节 兄弟—还—多—心），兄弟婚后大多分开建立独立的小家庭，即俗话所说的分家，但是彼此之间应该bu:a-mâj-hâj-tɕʰám ná:m-mâj-hâj-kʰùn:（藕—不—让—瘀 水—不—让—浑）互敬互让，和平相处，共同维护家庭和谐。

（二）重义互助的人际伦理观

无论是壮族或者是泰族，都有自己在社会人际关系中形成的行为规范即人际交往的伦理道德。家庭是构成社会的基本分子，因而人际交往的伦理道德某种程度上可以说是家庭伦理道德的延伸与发展。壮泰社会的人际关系相对而言比较复杂，家庭之上有宗族，宗族之上有村落。而由于迁徙的原因所居住的村落往往与家庭、宗族形成等或不等的复杂关系。因此在人际交往中，壮泰基本形成了自己相似又各具特色的人际伦理。

首先在交友方面，壮泰都有相似的交友观：如壮族谚语中Baengzyoux aeu caencingz, gyau bak aeu gyau sim.（朋友要真情，交友要交心。）Cawx vaiz yawj heuj, gyau youx gyau sim.（买牛看齿，交朋交心。）Cax gat mbouj ndaej faenz raemx, youx ndei mbouj ndaej goenq cingz.（利刀不能断水，朋友不能断情。）Raemx gvaq naz mbouj hex, daih hek vunz mbouj gungz.（过水田不瘦，待客人不穷。）这些谚语无不体现了壮族人民以诚相待的朴实，同时重情重义、慷慨大方的民族性格。所以，既然是朋友、兄弟，亲朋好友之间应该坦诚相待，Mwngz mbouj yiemz gou haeux saeq, gou mbouj yiemz mwngz loz cax.（你不嫌我米细，我不嫌你箩稀。）并应该重义轻利、乐施好助，做到Ngaenzcienz dangq haexvaiz, cingzngeih daiz cien gaen.（钱财如粪土，仁义值千金。）Bang vunz aeu bang sim, rwed baek aeu rwed goek.（帮人要帮心，淋菜要淋根。）Hai ruz hai daengz haenx, bang vunz bang daengz gyaeuj.（渡船渡到岸，助人助到头。）Ngoenz dawzgaenj seiz aeu doxgaeuq, ngoenz hoj daengz gyaeuj aeu doxbang.（急的日子要相救，穷的日子要相帮。）营造一片重情重义、和睦相助的人际社会。对于一些吝啬、不义、自私的行为，都会受到民众的谴责与鞭挞，如：Raen ngwz mbouj moeb sam faen coih, raen dai mbouj gaeuq loeng guh vunz.（见蛇不打三分罪，见死不救枉为人。）Baengzyoux gwn baengzyoux, rangq baenz duz nengznyouh.（朋友吃朋友，比粪蝇还丑。）Ciq haeux boiz raemz, doxgyau mbouj nanz.（借米还糠，交往不长。）甚至会出现Youq ranz fouz hek, ok dou fouz caen.（在家无客，出门无亲。）Liz mbouj dox vaij, dai mbouj dox ram.（活无来往，死无吊丧），说明情和义、礼和助是壮族社会人际交往的基本构成和重要伦理。

而作为通常以集体形象如村落、宗族、家庭显示于人前的壮族社会，集体利益为上、团结互助是整个人际关系的行为规范。Boux ndeu gwn goemj naeuh dungx saej, daihgya gwn ndei rang rim bak.（一人吃了沤肚肠，大家吃了满口香。）Boux vunz nanz dangj song fwngz, diuz oij ndeu nanz caq dangz.（一个人难挡两手。一根甘蔗难榨糖，）Caek raemx nanz baenz dah, diuz duk nanz san loz.（滴水难成河，条篾难织箩。）Gaej hag daengloengz cien aen da, aeu hag ga lab diuz sim dog.（莫学灯笼千只眼，要学蜡烛一条心。）Gaeu saeq laenz baenz cag, rengz ak dingj cien gaen.（细藤拧成绳，力可顶万斤。）Mwi mbaeu dot dai nya rag dog, rumz haenq nanz vaij ndoeng fanh faex.（轻霜冻死单根草，狂风难毁万木林。）Nya lai goemq bya, faex lai baenz ndoeng.（草茂遮山，树多成林。）Vunz lai ligliengh daih, bwnh lai gomiuz maengh.（人多力量大，肥多禾苗壮。）

Faex dog mbouj baenz ndoeng, Vunz lai cij baenz nbanj.（独木不成林，人多才成村。）壮语谚语里有许多如此之类以集体为重、团结一心的伦理规范。我们发现，上述的谚语基本上是生产和生活的经验，由于壮族属于典型的靠天吃饭的稻作文化，自然条件的恶劣、生产力的低下，使得壮族从原始氏族开始，不得不依靠集体的力量与自然抗衡，才能得以生存和发展，其部落的联系纽带和集体凝聚力在发展过程中得到了保持和传承。虽然现代社会的壮族其集体主义伦理思想有所变化，但是，团结互助，集体为重的观念在家族、村寨中仍然得以保持。

泰族和朋友交往讲究谦和有礼，讲信誉、和睦相处，切忌虚伪与欺诈。与壮族类似。其待友之道与壮族大体相似，但也由于受到佛教的影响，相对而言不如壮族朋友间的情义来得浓烈，有着介于"君子之交淡如水"和"为朋友肝胆相照"间的"相敬如宾"的味道。泰族谚语中交友也应该做到：klâj-náːm-rúː-pla: klâj-pàː-rúː-nók:近水识鱼 近林识鸟（日久见人心）kʰóp-kʰon-pʰa:n-pʰa:n-pʰa:-pʰaj-hǎː-pʰìt kʰóp-kʰon-pʰa:n-pʰaj-hǎː-pʰon:结交恶棍，带去找错；结交学者，带去找果（近朱者赤，近墨者黑）kʰóp-kʰon-hâj-du:-nâː sw:-pʰâ:-hâj-du:-nwːá交友看人脸，买布看质地（交友要谨慎），pʰw:ân-kin-hǎː-ŋâ:j pʰw:ân-ta:j-hǎː-jâ:k（狗肉朋友易找，生死之交难觅），lèn-kàp-mǎː-mǎː-li:a-pà:k lèn-kàp-sà:k-sà:k-ti:hu:ǎ和狗玩，狗舔嘴；和棒槌，棒击头（结交损友，百害无一利）。而受佛教信仰的影响，泰族认为在人际交往中应该谦和有礼、与人为善、和谐相处，应该秉承: râk-ja:w-hâj-bàn râk-sân-hâj-tò: 消除仇恨爱长久，结仇记恨爱得短，kʰàt-fa:-tèʔ-kr：t-pʰon kʰàt-kho:-kʰon-kr：t-tʰot:扭盖相碰生成果，违抗脖子人生罪恶（与人争吵无益）的信念对待他人，做到mu:-paj-kàj-ma:猪去鸡来（礼尚往来），náːm-roːn-pla:-pen náːm-jen-pla:-ta: 水暖鱼活，水凉鱼死（好话暖心，恶语伤人）才能pʰu: t-hâj-tɕam tʰam-hâj-du: jù:-hâj-hen:说让记，做让看，活让见（做善行得善果），多积功德。

在对集体的关系上，泰族也和壮族一样强调团结和谐，如：náːm-pʰwŋ-rw：a sw:a-pʰwŋ-pà水—靠—船 虎—靠—林（相互依靠）ru:am-kan-raw-to: ru:an-kan-raw-ta:j 众人聚集强大，相互挑衅死亡（团结就是力量，分裂走向灭亡）：重一起担，粘一起拉（众志成城）；kʰon-làʔ-máː-jkʰon-làʔ-mw: 每木每手（比喻互相帮助，众志成城）然而，泰族社会虽然和壮族一样属于宗族结构为基础，但相对而言其较为松弛的宗族组织和村落组织形成了较为松散的宗族关系,"同宗"可以包括血亲、姻亲、好友或者政治、宗教上共同承担某种义务的人,相对于壮族社会发展过程在原始氏族、部落的联系纽带和公有的集体主义思想,泰族的集体凝聚力不言而喻不如壮族紧密,而相关的谚语也比壮族少许多,同时多多少少带有些政治的色彩。

(三)勤俭朴素的生活伦理观

自古以来一个民族的生存和发展都是依赖自然环境进行的。同属于稻作文化的壮泰民族,其生产方式基本属于"靠天吃饭"的模式。因为水稻种植要依赖雨水、江河等自然条件,而一年四季的气候、自然条件的变化并非都符合人们风调雨顺、五谷丰登的愿望,因此,长期以来壮泰民族只能顺应自然地理条件,早出晚归,辛勤劳作,以求劳有所获。因而养成了勤俭朴素的美德伦理规范。Aeu hag duzrwi gaenx gip va, ngah hag duzbid heuh roxliux.(要学蜜蜂勤采蜜,莫学知了叫知了。)Vunz gaenx sam cin caeux, Reih biz haj haeux faeg.(人勤三春早,地肥五谷丰。)Vunz mbouj gaenxhong mbouj fouq, Max fouz nywj hwnz mbouj biz.(人不勤劳不富,马无夜草不肥。)Sai hix gaenx, mbwk hix gaenx, Com gvak ok gim ngaenz.(男也勤,女也勤,锄头角上出黄金。)Gvan gaenx fouz reih gik, Maez gaenx fouz buh heiz.(夫勤无懒地,妻勤无脏衣。)Dou fuk couh caj bouxgaenx hai, Daengqbaiz couh caj boux gik daeuj.(福门专待勤人开,懒床等着懒人来。)Ngoenzndit bae raemj fwnz ngoenz fwn, Bingzseiz rom ndei haeux seiz iek.(晴天砍好雨天柴,平时积好饥时粮。)Seizhah mbouj lumz buh seiz nit, Imq seiz gaej lumz mwh dungx iek.(夏天不忘寒时衣,饱时莫忘饿时饥。)It ngoenz mbaet it gaem, Sam bi cawx duzmax.(一天省一把,三年买匹马。)vunz mbouj mbaet mbouj fouq, gaeq mbouj gwn mbouj biz.(人不俭不富,鸡不食不肥。)Mbaet gwnz mbaet yungh raemx ciengz lae, Gwn guk ndoet ngieg nae gwnz vax.(省吃俭用水长流,大吃大喝瓦上霜。)

Bwn yiengz yienz saeq san baenz danj, Naedhaeux yienz iq gyonj baenz rap.(羊毛虽细织成毡,粒米虽小积成担。)Naed haeux ndeu, mbouj suenq lai, Baez naed baez naed doi baenz goengq.(一粒米,不算多,一粒一粒推成垛。)

泰族也有许多这方面的谚语,如kʰâ:w-pà:-jà:-lw:m-pʰrá: paj-na:jà:-lw:m-tʰăj: tʰam-na:-ʔo:m-klâ: tʰam-pla:-ʔo:m-klw:a做田节约苗,做鱼节约盐(太过节约成本很难获得成功);pʰàj-ró:n-teàʔ-no:n-jen pʰàj-jen-teà?-dîn-ta:j追求热将睡凉 追求凉将挣扎死(勤能致富,懒终受穷);mâk-ŋâj-dâ:j-jâk-lam-bàk-dâ:j-di: 好易得难,好难得好(先甜后苦,先苦后甜);huă-mâj-wa:ŋ hă:ŋ-mâj-wé:n头不放,尾不停(不停工作,没有休息);tʰam-na:-jà:-si:ă-râj li:áŋ-kàj-jà:-si:ă-raŋ种田不要浪费旱地,喂鸡不要浪费窝(比喻不要懒散,不要偷懒);kin-ná:m-mâj-pʰw:à-lé:ŋ吃水不知防干旱(比喻有多少用多少,不知有备无患);kʰe:n-kʰaj-ja:w-să:w-dâ:j-să:w-ʔaw: 谁手臂长,拉得拉要(有能力的人收获多);nàk-ʔaw-baw-su:: 重拿轻斗(勤奋努力,重活轻活都干);tʰam-na:-jà:-hâj-si:ă-râj li:áŋ-kàj-jà:-hâj-si:ă-raŋ: 做田不要让地坏,养鸡不要让窝坏(凡事要小心谨慎,否则会招致损失),对于整天ŋo:-mw:-ŋo:-tʰá:w: 弯曲手弯曲脚(无所事事,游手好闲),krà-teʰr:-kôn-ruâ: 竹篓臀(底部)漏(大手大脚,挥霍无度,过度奢侈)的行为,是被众人所嫌弃和鄙视的。

二 壮泰谚语伦理在跨文化交流中的价值

不同的文化其伦理规范大相径庭。壮泰民族是"同根异枝"的民族,因此其伦理文化有相同或相似的"根",这无疑使得壮泰民族的跨文化交流活动相对于文化背景差异较大的民族如壮英而言更为顺利。文化间性视域下的跨文化交流活动,是交流双方互为主体的交流,而往往差距愈大的文化相异性,彼此间的关注就越大,由此引起的间性关联也就越引人瞩目。壮泰文化所具有的同源性,使得两种文化的伦理有着诸多相似之处,因而在跨文化交流活动当中,人们往往更多的是强调两种文化的相似性,而忽略了在同源背景下两种文化的各自文化特质,其差异性得不到足够的重视。殊不知那些被忽视的文化特质,或许会给跨文化交流带来不可预计的障碍。如壮人进泰寺庙没有脱鞋,或者我们热衷的与佛像等"到此一游"的合影等行为,都会给跨文化交流活动带来意想不到的负面影响。谚语是民间几千年的生产活动积累下来的一种语言智慧。壮族谚语是壮民社会生活实践经验的总结,包含的内容广泛,比如生活中的交友、治家、做人、识人;生产中的农业、牧业、渔业、气象、节气;事理中的善恶、是非、祸福、贵贱、高低、天人、情理等。[8]壮泰族谚语根扎于壮族大地和壮族生活的土壤里，具有鲜明的民族性。蕴含了壮泰民族的智慧与种种伦理道德思想，是人际交往中符合某种道德标准的行为准则。伦理学作为跨文化交际领域的一个新的议题，才刚刚受到人们的关注。因此，从研究壮泰谚语伦理出发，探讨其异同，对于寻求能够体现两个民族整体人性价值的伦理准则，使其成为民族相互交流的基础与保障具有现实的价值和意义。

随着社会的发展，各民族之间的相互交往日趋密切，壮泰民族传统伦理道德受到了新观念、新态度、新的生活模式和心理结构的影响而不可避免地产生了变化。如传统伦理道德中的孝顺、辈分观念等的趋弱，道义与利欲关系的转化及互助观念的转变等。这些都是壮泰民族传统伦理面临的一个共同的课题，是现代化的问题以及由现代化带来的各种新的问题与挑战。在人类社会全球化与人类文明全球化的趋势下，如何对各民族的伦理规范进行相应的内部整合，在跨文化交流中实现一套普世的规范下进行和平的"对话"，是壮泰民族对自身传统伦理进行"弃之糟粕，取之精华"并将其更好的传承和发展，以适应现代社会的发展，实现有效的跨文化的对话。

三 结语

文化全球化的语境下，使得当今不同民族不同文化背景的人们的交往日趋频繁，而在跨文化交流活动中所呈现的文化融合或冲突也愈演愈烈。如何正确处理各民族文化之间的关系，如何实现民族文化认同与传承，构建一个和谐世界，成为当今社会不得不慎重考虑的重要问题。壮泰都是古老的稻作民族，是稻作文明的创造者之一。在长期的历史发展过程中，壮泰文化对外族文化兼包并蓄，形成了独具特色的原态性农耕文化。壮泰谚语是壮族文化的重要组成部分，反映了壮泰民族的社会发展和物质文明，同时也反映了农耕文化背景下壮泰民族的风俗习惯、伦理道德、价值观念、审美情趣、宗教信仰等。随着东盟自贸区的建立和发展，壮泰民族间的关系日趋密切，交往日趋频繁。而作为"同源异流"的民族，从壮泰谚语探讨壮泰伦理文化，有助于我们进一步探索适用于双方交流的伦理规范，使得壮泰双方在经济、文化等各方面的交流更为顺畅，合作更为密切，有利于建立睦邻友好的双边交流与合作关系。

参考文献

[1][3] 曹威：《伦理维度：跨文化交际研究的未来前景》，《齐齐哈尔大学学报》（哲学社会科学版）2009年第5期。

[2] 百科用户：《论理》（http://baike.sogou.com/v64621973.htm）。

[4] 温端正、周荐：《二十世纪的汉语俗语研究》，山西人民出版社2000年版，第39页。

[5] 周乐乐、李理：《全球化语境下跨文化交际中的文化间性论》，《常熟理工学院学报》（哲学社会科学版）2008年第7期。

[6] 罗森壬：《壮族家庭伦理解析——循〈布洛陀经诗〉思想之流而展开》，《广西民族研究》2013年第1期。

[7] 覃圣敏：《壮泰传统文化基本特征的比较——壮泰传统文化比较研究之二》，《广西民族研究》2008年第1期。

[8] 韦达：《壮族谚语与人生经验——壮语熟语文化系列研究之二》，《广西社会科学》2003年第9期。

（原文载于《百色学院学报》2016年第6期）

壮泰谚语的跨文化对话：宗教信仰与生态伦理

言红兰

生态伦理是关于人与环境之间关系的道德原则、道德标准和行为规范等方面的研究，是人与自然协同发展的道德学说。是在生态的框架下，研究人与人的关系、人与自然环境的关系，是生态学思维与伦理学思维的契合。[1]学术界对东西方的生态伦理做了比较研究，取得了一定的成果。对于东方这个大范围而言，其生态伦理具有一定的共性，但不同国家因文化差异，相关的生态伦理亦有异同。谚语是人民群众生活经验的结晶，反映了人民的思想和世界观。而同为"稻作"民族的壮族和泰族，自古以来与自然的关系则更为密切。壮泰谚语来源于各自民族生活的土壤，是壮泰民族社会生活实践经验的总结，具有鲜明的民族性，同时也蕴含着壮泰民族最原汁原味的生态伦理思想。

一 对自然的崇拜

自然崇拜，是人类最古老的崇拜形式之一。壮族生活在崇山峻岭、瘴气横生之地，生活条件艰苦，而泰族虽然居住的自然环境比壮族优越，但地形复杂，常常受旱涝灾害的袭击。壮泰民族赖以生存的稻作生产是靠天吃饭的农活，如风调雨顺，是大自然的恩赐；反之面对恶劣的自然环境诸如他们无法预知和理解的洪水、干旱等自然灾害，生产力低下且认知水平有限的壮泰民族亦无计可施，只能听天由命。由此，便使得壮泰民族不自觉地在生活、生产中崇拜自然，以祈祷风调雨顺，而其谚语中便自然而然体现了古老的自然崇拜。

1. 天神崇拜

壮族与稻作相关的崇拜首先是雷神（雷公）崇拜。雷王、布洛陀和姆六甲被视为壮族文化的三大主神。壮族认为天神布洛陀创造了世间万物，而雷王是布洛陀派出负责掌管人间农事的神灵。他们相信雷王有善恶之辨及呼风唤雨能力，周去非《岭外代答》记载："敬事雷神，谓之天神，其祭曰祭天。盖雷洲有雷庙，威灵甚盛，一路之民敬之……"[2]可见壮族先民对雷王的膜拜久已有之。因此就有了家喻户晓的谚语：Gwnz mbwn goengbyaj, laj dieg goengnax.（天上雷公大，地上舅公大。）Cib nyied duzbyaj heuh, yahgimq caegcaeg riu.（十月雷公叫，巫婆偷偷笑。）而如果谁做了伤天害理违背道德规范的事，就会遭到"天打雷劈"的惩罚。

对于泰民族而言，天神的居所在天上，天神是世界、人类和万物的创造者，佑护着人类世界的同时也是赐雨者。谚语中就有"น้ำสั่งฟ้าปลาสั่งฝน 水从天降鱼靠水活"的描述。而负责施雨的天神被称为"拍亚天"，雨是自然界万物的生命之源，雨季来临，万物滋润，繁荣再生。因而施雨的拍亚天被视为正直勇敢世界创造者，为泰民族所崇拜，违背天意（规范）就会ฟ้าเคียงสันหลัง天动怒脊背，即壮族说法：天打雷劈。但是泰文化中的天神没有雷神，雷只是作为一种自然现象被认知：ฤดูใบไม้ผลิ ฟ้าร้อง ทุกอย่าง ยาว 春雷响，万物长。（春季万物复苏）

2. 山神崇拜

壮泰民族都是典型的靠山吃饭的民族。由于地理环境的相似性，崇山峻岭的遍布，使得壮泰民族日常的生活劳作与大山密切相关。Dah iq raemxswng dumh din naz, bya hung deng feiz caemh daengx mbanj. 小河涨水淹田坝，大山着火烧全村。而大自然的所具有的神秘和威力，也使得他们对不可征服的大山更多了一份崇拜。壮民相信Byasaenz mbouj hai bak, duzbeuq mbouj haeb ma. 山神不开口，豹子不咬狗。Ciengz seiz byaij loh laep, yaek re caep doiq fangz. 经常走夜路（山路），须虑撞对鬼。而在泰谚语中亦有"คนดีผีคุ้ม 人好鬼佑护"的说法。壮泰文化中皆存在有关"鬼"的文化信仰，泰文化一般分为"好鬼"和"恶鬼"，壮族一般称能庇护人类带来恩惠的好鬼为"神"。因此，壮泰民族都相信每个村寨都有山神在佑护，而同时山上也有令人生畏的山野鬼。因此，进山砍柴、狩猎或放牧都需先祭拜，告知山鬼或山神，以求一切顺利，否则惹恼山神或山鬼，就会遭到危险或霉运，或迷路或受伤或狩猎无果或丢魂。特别是带着儿童进山，出山前一定要念叨孩子的名字叫他回家，否则就有可能被山里的鬼魂摄去了灵魂而失魂落魄。而在泰国，打猎回来后需再举行一次祭祀仪式告知山神、林神，以示尊重。

3. 动物崇拜

对自然的崇拜除了天体崇拜、山体崇拜外，还有动物崇拜。对壮族而言，蛙是壮民生产生活中息息相关且举足轻重的动物。壮民相信蛙是神灵的使者，视其为主宰气象及丰歉的神，是因为古时人们无法预知复杂的天气变化，只能通过蛙的活动对自然天象进行观察，因而蛙与农耕有着密切的关系。如：Aekez ngoenzngoenz heuh, fwn mbouj gvaq sam haet. （蛤蚧天天叫，雨不过三朝。）Banringz goepsou heuh mbwn fwn, gyanghwnz goepsou heuh mbwn rengx. （中午蛤蟆叫雨天，夜间蛤蟆叫旱天。）Goepsoou doek daemz, cingqndei ndaem gyaj. （蟾蜍落塘，正好插秧。）Goepsou hemq, haeuxceh venj sangsang. （蟾蜍叫，谷种高高吊。）所以壮族人民把青蛙当作农作物的保护神，认为拥有了越多的青蛙就有越大的力量来抵抗大自然的侵害。同时，蛙在壮族先民的心中具有Goepsou nem sien, gouq vunz gangjvah. （蛤蟆沾仙，救人说话。）的神力，"壮族先民认为，对蛙崇拜就能使其与天地相通，达到与自然的和谐共处，最终能实现自身的繁衍和发展，所以壮族先民们把青蛙铸上了铜鼓"[3]以达到通天地，保丰收的目的。不同于壮族对蛙的崇拜，泰文化中虽然有来自融合了佛教信仰的蟾蜍王的故事，其角色可以与求雨信号的青蛙相差无几，且壮泰民族的世界观中对雨和青蛙等自然界的理解并无差异，然而泰文化中并无对蛙的崇拜，并没有把它和信仰体系联系在一起。两种文化的对话在动物崇拜中有较大差异。

壮泰民族都有各自的创世神话传说，"远古时期，由于生产力发展水平的限制，人们对很多自然现象无法解释"，所以只能借助于想象，把自然力加以形象化，希冀征服和利用自然力。[4]壮族认为人类起源于创世始祖布洛陀，而雷神、山神及蛙神等形象化了的自然力，是壮族先民对神秘的自然物所产生的魔力无法驾驭，而将与自然和谐共生的愿望寄冀于自然物的崇拜之上。而泰族由于受到婆罗门教等外来文化冲击并奉佛家为国教，因此其文化当中虽然有自然崇拜的痕迹，但是更多的打上了佛教的烙印。然而，不管是受何种原始信仰的影响，崇拜生命、尊重自然都是先民们的自发宗教意识的一部分。壮泰谚语的自然崇拜亦都体现了人对自然的敬畏与崇敬，在这一阶段，人作为"主体"与自然这个"客体"的关系是一种"屈从"的关系，更多地受到自然环境的影响和制约，而谚语中亦表达了壮泰先民最初的崇敬自然，与自然和谐相处的主观愿望。

二 对自然的顺从

自然环境对人类社会影响很大，特别是以稻作为主要农业生产方式的壮泰社会。既然人类没有能力与自然力量抗衡，只能寄期望于崇拜自然，乞求自然的怜悯获得风调雨顺得以生存发展，因而，不违抗自然，顺应自然成了壮泰民族生产生活中的唯一选择。在长期的生产生活经验中，勤劳聪明的壮泰民族从单纯的"屈从"自然逐步转换成顺应自然，在此前提下逐渐掌握了自然规律，利用自然规律如"雷、电、雨、节气"等各种自然现象的发生发展指导自己的生产生活，实现了真正的"看天吃饭"的劳作方式，体现了尊重自然，与自然和谐发展的生态伦理思想。壮谚语中就有很多类似的生产生活谚语，如壮泰民族在长期的观察实践中，了解了气象变化的规律，以气象测雨，考虑如何顺应天时，决定农事工作。其中短期预测气象的谚语有：Acag dap rongz sang, bineix fwnraemx lai.（喜鹊搭高窝，今年雨水多。）Banhaet dauqcawq mok, banngoenz dak lauxbaeg.（早晨遍地雾，白天晒萝卜。）Banngoenz byaj cin maenj, ndaem gve ndaem ndoek maenh；banhaemh byaj cin maenj, ndaem biek maenz aen raez.（白昼春雷响，种瓜种竹壮，夜间春雷响，种芋种薯个长。）Bet cib haj ndwen cingh, bi naj fwn doek yinz.（中秋月色清，来年雨均匀。）Bet cib haj ndwen laep, bi laeng nanz miz sou.（中秋月色暗，来年歉收成。）泰语谚语则有：ซันเซ็ทสีแดงลมทีไม่มีฝนตก（日落胭脂红，无雨便是风。）นกนางแอ่นย้ายพื้นดินอากาศแห้งแล้ง（燕子搬家天干燥。）ตะขอท้องฟ้าเมฆบาดาลแหมะ（天勾云，地面雨水淋漓。）

除了预测气象，对稻作生产而言，农事适时非常关键。即下种、插秧、收割等稻作种植规律都要适时进行，才有可能获得好收成。所以，注意季节，掌握时令，利用自然规律合理安排农事至关重要。Bekloh cae-ux, hanzloh ceiz, coufaen ndaem meg ceiq hab seiz.（白露早，寒露迟，秋分种麦最适时。）Bekloh raemx cimq bo, cuengqgyangq non haeb gyaj.

（白露水浸坡，霜降虫咬禾。）Byajraez ndaw gingcig, naz lid bingz couh ndaem.（雷鸣里惊蛰，田耙平就种。）Caet coeng bet suenq gouj gyiudaeuz, mbouj ciuq seiz lingh couh fouz sou.（七葱八蒜九荞头，不按时令无得收。）而泰语中也有许多谚语依着自然规律来安排进行农业生产生活的谚语：ปล่อยตามบุญตามกรรม（顺其自然）即要顺应自然规律，不应违背自然规律行事。ดีท้ายน้ำ意思为水的下游打鱼，洪水来时在上游难打鱼，而在洪水退了之后的下游打鱼收获会比较大。ทำนาอย่าเสียไร่ เลี้ยงไก่อย่าเสียรัง（种田不浪费地，养鸡不要让鸡窝残缺。）告诉人们耕田时节之后不要让田地闲置，安排好劳作，别犯懒白白浪费时间。สุกก็จะหอม งอมก็จะหล่น（瓜熟蒂落）是种植的自然规律。ไม่เห็นน้ำตัดกระบอกไม่เห็นกระรอกก่งหน้าไม้（还没看到水时就砍下竹子做竹筒一路扛，还没看到松鼠就给弓弩上箭。）即告诫不要尚未确定形式就想提前动手做，根据实际情况安排，不做无谓的空忙。รวงข้าวสุกน้อมลง รวงข้าวลีบชูขึ้นฟ้า（稻穗—成熟—弯—低，稻穗—发育不全—举—上—天）这是稻作生产的基本经验及规律，以帮助人们更好的种植、管理水稻，取得好收成。

从上述谚语中我们不难看出，壮泰民族对自然的关系仍然属于主体顺从客体，但已经学会了掌握和利用自然规律。也就是说属于壮族文化生态中的依生阶段。而泰族文化虽然没有依生之说，但其本阶段的发展与自然的关系依然是依赖、顺应自然。顺应自然的农事活动使人们实现了衣食所安，实现了人在天地间的生存，并在与自然对应的劳动中建构着天人的互动与和谐。上述谚语都体现了人们已经能够根据天时物候现象安排农事，依据自然规律行事，力求能达到天人和谐的结果，体现了原始农业社会里人们依天而动的生产和生活规律，显示了古代壮泰人民对与农事劳动相应的自然时序予以统一性把握的生存及生态智慧。[5]

三 对自然的保护

随着社会的进步，生产力及农耕业的发展越来越趋向于现代化，人们对自然已经不仅仅局限于顺从，而是在生产力的发展下提出了"改造自然、征服自然"的口号。壮族社会虽然属于生产力落后地区，但是仍然不可避免地改变了人与自然关系，随着民族群体力量的壮大，生产工具的改进，实践能力的提高，人们从自然的襁褓中挣脱出来，逐步走向与自然相抗衡的道路，[6]这样的意识亦反映在壮族谚语当中。于是就有了Bingzseiz lai vat mboq, mbwn rengx mbouj gouz saenz.（平时多打井，天旱不求神。）Boux sug raemx mbouj lau raemx laeg, boux dwk nyaen mbouj lau bya sang.（会水人不怕水深，打猎人不怕山高。）Bya lai diendeih gvangq, vunz lai bonjsaeh giengz.（山多天地宽，人多本事强。）Byagungq daengz ndaw dah dwk, haeux faiq coh ndaw reih aeu.（鱼虾到江河打，粮棉向土地要。）Bya lak roengzdaeuj miz dieg dingj, mbwn loemq roengzdaeuj miz vunz cengj.（山塌下来有地扛，天垮下来有人撑。）等挑战自然的豪言壮语。泰语虽然没有这方面的谚语，但是随着生产力及科学技术的发展，人们亦渐渐地把自己视为自然的主人，随意掠取自然资源，相信人类拥有征服自然的能力和可能性。这一时期不可否认人类与自然的关系已经逆转为以主体（人）为中心，也就是生态的主体中心论。然而，当人类对自然无休止的肆意掠夺，自然的生态遭受危机之后，人类开始反省人与自然之间的关系。

壮族的创世神"布洛陀"在《麽经布洛陀》中就追求一种人与自然的和谐、有序，要求人们不违天道，顺应天时，尊重天地自然运行的规律，力求确立人与自然的友善关系。壮族宗教在原始宗教自然崇拜、巫信仰及麽教信仰的基础上，深受道教的影响。道教认为，人与天地万物的和谐交融是人类生存和发展的基础。天人合一是道教的理论基石也是其生态伦理的最高境界。道家的创始人老子提倡的"道法自然"，要求人们的行为与"道"一致，尊"道"贵"德"，顺应自然。而"知足知止"思想则来自《道德经》第四十六章："祸莫大于不知足，咎莫大于欲得，故知足之足，常足矣。"[7]即对自然的索取和利用亦应该适可而止，保持生态的平衡。天人合一、物我一体、道法自然、知足知止等道教思想融合了壮族原始自然崇拜、麽教信仰，较好的诠释了人与自然应该具有的相互关系：尊重自然、保护自然、和睦相处、和谐发展，表达了天、地、人、物一体相通的生态哲学睿智。因此，壮族有大量的保护自然谚语如：Baengh bya gwn bya aeu ciengx bya, hoh bwnh hoh namh senq hoh raemx.（靠山吃山要养山，保肥保土先保水。）Bya ndoq roeg mbouj daeuj, baiq saenz mbouj ciu caiz.（秃山鸟不来，拜神不招财。）Cauh Cien diuz gim fanh diuz ngaenz, mbouj beij seiqlengq ndoengfaex.（千条金万条银，不如遍地树林。）Daemz gvangq fouz bya uengj caeng raemx, bya hung fouz fwnz hoengq gag sang.（塘宽无鱼枉囤水，山大无柴空自高。）Gwnz bya heu swdswd, raemx mboq mbouj duenh lae.（山上绿油油，泉水不断流。）Gwnz bya miz ndoeng cij miz roeg, gwnzbiengz simdoeg mboujmiz youx.（山上有树才有鸟，世上心毒无朋友。）大量的谚语表达了壮族人民面对与自己生活息息相关的自然生态的反省，也表述了人们应该像爱护自己生命一样爱护自然，保护自然，维护自然生态环境，与自然建立共生模式，才能给人类的生存带来福祉而不是灾难。

  作为泰国的国教，泰文化深受佛教的影响，而佛教的教义更多的体现了佛教的生态伦理思想。缘起论是整个佛法的理论基石，是佛陀对于宇宙万有的基本看法。佛教的缘起，梵文ratityasamutpady，意思是"由彼此关涉而生起"，佛陀认为，万物中没有主宰体或一切的主体，任何存在都是因缘和合而生，因缘和合而灭，因而所有存在包括人与人、人与其他任何万物、万物自身之间必然都是平等的。[8]泰国佛教生态伦理遵循以生态为中心，认为人为自然的附属，是自然的一部分，自然与人互为缘起而非对立，万事万物各有其价值，皆共生、共存、平等。[9]人与生存环境总是相互作用着，人的生存状态和生活质量受环境好坏的影响，反之，人的行为亦会影响周围的环境。泰佛教中的"无常"认为人与自然互为缘起，在六道轮回历经生、老、病、死，患难与共，世事无常，没有永恒。"无常"使得一切生命的存在皆为无实在性，因而人生和万物皆"无我"。从而否认了人自身的优越感和人在自然中的优越性，证明了佛教伦理准则是以生态而非以人为中心。人应该和自然界协调统一地存在。[10]正如谚语所言：น้ำพึ่งเรือ เสือพึ่งป่า（船靠水，老虎靠山林。）นอนกับดิน กินกับหญ้า（融于自然）เลี้ยงช้างกินขี้ช้าง（靠山吃山，靠水吃水。）ข้าวพึ่งนาปลาพึ่งน้ำ（水稻依靠田，鱼依靠水）อู่ข้าวอู่น้ำ意译（鱼米之乡，天府之国。）ในน้ำมีปลาในนามีข้าว（在水里有鱼，在水里有米，即鱼米之乡）ทรัพย์ในดินสินในน้ำ（土里有财产，水里有钱财）充分说明了人类只有保护生态，融于自然，和自然相互依靠，才能共同和谐发展，实现鱼米之乡、天府之国的和谐繁荣景象。

四 结语

  恩格斯认为，一个部落或民族生活与其中的特定自然条件和自然产物，都被搬进了它的宗教里。这种在适应和选择中形成的各民族民间宗教信仰必然带有其所生存的自然环境的印记，[11]亦包含着丰富的生态伦理。壮泰民族谚语的来源是长期在自然界的生存发展过程中总结出来的经验，和自然的关系千丝万缕，其中蕴含的生态伦理思想，无时无刻不被烙上宗教信仰的烙印，都反映出民间宗教信仰对生态环境的敬畏、审慎以及顺应和保护的心理。不可否认，在壮泰民族的稻作生产、生存的历史进程中，在自然生态保护方面，宗教生态伦理思想发挥了重要的作用。文化间性下的壮泰谚语跨文化对话，是基于文化共性基础上的相异性的对话。同属于东南亚文化圈的"稻作"民族，壮泰文化"同根异枝"，有着许多相似的同源性，而不同宗教信仰下的生态伦理思想，反映在壮泰谚语中，使得双方的对话成为了可能。壮族宗教信仰集自然崇拜、巫信仰、麽教及道教为一体，而佛教则为泰国的全民宗教信仰。从壮泰谚语的比较分析中，我们可以清晰地看到，壮泰不同的宗教信仰体现出的生态伦理思想却殊途同归，从对自然的崇敬与尊重，到顺应自然，尊重天地自然运行的规律，再到保护自然、主张人与自然的和谐、有序，维护自然的和谐生态，实现了从依生——竞生——共生的一种人与自然关系的转变，也在此过程中实现了人与自然二者间从主体服从客体——以主体为中心——互为主体的一种身份转换。这种渗透在壮泰谚语中的宗教信仰下的或隐性或显性的生态伦理意识，虽然并不系统化，或者说还是一种低层次的、被动的生态意识，但却潜移默化地影响着壮泰民族的思想和行为，并在一定程度上内化为根深蒂固的环境保护意识和生态伦理道德。在客观上的的确确调节了人与自然的关系，不仅有利于人类与自然的和谐共处，而且对生态环境的保护和生态系统的平衡与及时恢复也发挥了一定的作用。[12]壮泰谚语中蕴含的丰富而积极的和谐理念和生态思想，使壮泰民族人民在日常生活、生产劳动中自觉地保护自然生态的平衡，形成了人与自然、人与人、人与社会和谐相处的良好局面。这不仅有利于解决生态危机，建立良好的自然生态环境，同时，将人与自然的和谐相处拓展到人与人的和谐、人与社会的和谐，有利于壮泰民族的和谐相处，有利于两种不同文化社会的和谐交流，共同发展，对于睦邻友好，巩固生态和谐社会有着不可忽视的现实意义。

参考文献

[1]　林红梅：《生态伦理学概论》，中央编译出版社2008年版，第2页。

［2］ 周去非：《岭外代答》，中华书局1999年影印本，第19页下栏。

［3］ 黄怡鹏：《红水河流域壮族蛙神崇拜的美学阐释》，《广西师范学院学报》（哲学社会科学版）2009年第3期。

［4］［5］［6］凌春辉：《论〈麽经布洛陀〉的壮族生态伦理意蕴》，《广西民族大学学报》（哲学社会科学版）2010年第5期。

［7］ 程尧、付梅臣：《论道教生态伦理思想在土地利用中的价值》，《鄱阳湖学刊》2014年第1期。

［8］ 张有才、董群：《论汉传佛教生态伦理的体系结构》，《青海社会科学》2010年第1期。

［9］［10］［泰］李毓贤：《从"树木出家"看泰国僧侣对森林资源的保护》，《学术探索》2013年第2期。

［11］［12］赵艳：《青藏高原藏族民间宗教信仰生态伦理意识的思考》，《青海社会科学》2013年第7期。

壮泰气象谚语生活哲理初探

何丽蓬

一 气象谚语

气象即发生在天空中的风、云、雨、雪、霜、露、虹、晕、闪电、打雷等一切大气的物理现象。

气象谚语则为在群众中间以歌谣的形式在民间流传的有关天气变化的固定语句，用简单通俗的话传授气象、天气变化，反映了风云雷电、寒暑燥湿等气候变化的规律。壮泰气象谚语道出了农民对天气的科学预测，有些气象谚语还反映出了深刻的生活哲理和道理。

二 壮泰气象谚语类别

壮泰气象谚语按照自然界物理现象来进行具体分类，可分为以下的天、风、水（雨水）和动物四大类别。

（一）"天"气象谚语

"天"包括天空、云、日月星辰等自然现象，壮泰均有关于"天"的气象谚语，例如，壮族的Mbwn rongh mbouj dwg gaeq heuh okdaeuj（天亮不是鸡叫出来的），泰国的ฝนตกอย่าเชื่อดาว มีเมียสาวอย่าไว้ใจแม่ยาย（下雨不要相信星星，有老婆别信妈妈和奶奶）。

（二）"风"气象谚语

风气象谚语，顾名思义即跟"风"相关的气象谚语，例如，壮语的

Rumz boq couh miz fwn, vunz guengz couh miz nanh（风狂有雨，人狂有祸），泰语的ลมไม่พัดใบไม้ไม่ไหว（风不吹，叶不动）。

（三）"水"气象谚语

有"水"的谚语多数情况也会含有其他气象现象，多伴有"雨""风"等气象，例如壮语的Gyawj bya lai fwn, gyawj raemx lai rumz（近山多雨，近水多风），泰语的กินน้ำไม่เผื่อแล้ง（饮水不备旱）。

（四）"动物"气象谚语

气象谚语除了与气候现象密切相关的日月星辰云风雨谚语，还有生动而富含生活哲理的动物气象谚语。这些动物的生理特点、生活作息规律对气象现象也有着预测作用。例如壮族的Va ndeu mbouj baenz suen, Enq dog mbouj baenz cin（一花不是园，一燕不是春），泰语的ฝนสั่งฟ้า ปลาสั่งหนอง（雨季最后一场大雨的告别，鱼儿与池湖最后的嘱托）。

三 壮泰气象谚语生活哲理分析

由于壮泰是同根异枝的两个族群，而气象谚语又多与农事生产生活有关，也会有着相似的生产生活经验，因此从壮泰的天、风、水（雨水）和动物气象谚语上可看到壮泰两个族群相似的生活哲理。

（一）遵循客观存在的自然规律

1. 壮语气象谚语：

（1）Mbwn rongh mbouj dwg gaeq heuh okdaeuj.
　　天亮不是鸡叫出来的。

（2）Haemh yied laep，ndeiq yied rongh .
　　夜越黑，星越明。

第一条气象谚语：日出月落是自然规律，"天亮"这一自然现象是不可控制的，鸡不鸣也不会影响天亮日出，而鸡鸣仅是动物对天亮条件反射。此谚语体现了有理不在声高的观念。

第二条气象谚语：夜晚天空越是漆黑一片，黑暗夜空衬托下的星星就越发明亮。若是月亮和星星同在，或是有城市霓虹灯的照射，均会让夜晚的星星失去其光芒。生动而形象的比喻了人只有在遇到困难的时候才能突出他们卓越的战斗力和顽强的意志力。

2. 泰国气象谚语

（1）ฟ้าสางเดือนคับ

直译：天空—（快）亮—月亮—窄

（2）ดัดไฟต้นลม

直译：断—火—（最）初—风

第一条气象谚语：天空随着太阳的升起而渐亮，月亮也随之失去光芒和作用。体现日出月落的自然天象，比喻新权势必定会取代原有的权威。

第二条气象谚语：灭火于风头。风，作为自然界的产物，其能引起空气流动带来乌云、引起降水或降雪等连带性气候现象。此外，风还能成为火势迅速蔓延的因素之一，如若能切断风头，必能有效的控制住火灾。喻掐断事情源头防事态扩大化。

（二）生活之道贵在勤俭

1. 壮语气象谚语：

（1）Okdou byaij roen yawj rumz yiengq, Gwn haeux daenj buh liengh gyadangq.

出门走路看风向，吃饭穿衣量家当。

（2）Mok lau daengngoenz nya lau nae, Gvaq saedceij couh lau langhfeiq haeux.

雾怕太阳草怕霜，过日子就怕浪费粮。

第一条气象谚语：出门在外注意看天气，吃饭穿衣要依据自身经济能力，生活消费量力而为，适合自己生活水平而又体现勤俭持家传统的消费观才是恰当的。

第二条气象谚语：太阳出来雾就散，霜雪一降草木就蔫，过日子如果铺张浪费就会导致贫困潦倒，铺张浪费在任何时候都不应提倡。

2. 泰国气象谚语：

（1）กินน้ำไม่เผื่อแล้ง

直译：喝—水—不—备—干旱

（2）ซื้อวัวหน้านา ซื้อผ้าหน้าหนาว

直译：买—牛—农忙季节 买—衣—冬季

第一条气象谚语：泰国古时没有水龙头，需到河里打水回来放器皿里留着以防旱季。如果用尽吃尽，旱季将缺水。喻做事应该未雨绸缪。

第二条气象谚语：牛在农忙时节是犁田的好帮手，这个季节买牛价钱不会便宜；天冷了才买过冬的衣服，衣服的价钱自然也比较贵。喻做事应该合时宜，否则会带来不必要的浪费，或带来不好的结果。

（三）世间万物因果链接

1. 壮语气象谚语：

（1）Baih mbwn baez ndaem couh dwg raemx, Mbawfaex baez ngeng couh dwg rumz.

　　天边一黑就是水，树叶一斜就是风。

（2）Fouzrumz faex mbouj yiengj, Fouz raemx mbouj biengj langh.

　　无风树不响，无水不起浪。

第一条气象谚语：第一句的天边乌云密布就下雨，乌云为"因"，下雨为"果"；第二句的风一吹树叶就倾斜，风吹为"因"，树叶倾斜则为风吹的"果"。

第二条气象谚语：风吹树响，风为"因"，树叶响动为"果"；有水才能起浪，水为"因"，起浪为"果"。

以上两条气象谚语均说明了事物间非孤立存在，气象如此，人情亦如此，事情的发生总会有原因，事情和事物的发展就像链子般息息相关。

2. 泰国气象谚语：

（1）ลมไม่พัดใบไม้ไม่ไหว

直译：风—不—刮—树叶—不—动

（2）น้ำมาปลากินมด น้ำลดมดกินปลา

直译：水—来—鱼—吃—蚁　水—退—蚁—吃—鱼

第一条气象谚语：与壮语的前两条气象谚语有些相似，以有因才有果的形式体现了事物间的联系，即风为"因"，树叶摆动为"果"。任何事情的发生均先有因后有果。

第二条气象谚语：下雨洪水涨潮鱼儿就可以把岸边的蚂蚁吃了，等水退了鱼儿因为搁浅岸边则变成了蚂蚁的食物。该谚语既表现了因果联系，也表现了"鱼儿"和"蚂蚁"之间彼此成为食物。喻二十年河东二十年河西,风水轮流转的循环。

(四)社交与处事之智慧

1. 壮语气象谚语:

(1) Miz rumz mbwn cij nit, Miz riu ndei gangjgoj.
　　有风天才冷,有笑好谈心。

(2) Ok dou yawj saek mbwn, Gangj vah yawj saek naj.
　　出门观天色,说话看面色。

第一条气象谚语:天气变冷有风的因素,而"笑"作为积极的面部表情,代表着幸福、善意、快乐、高兴和友好,在人们的交流沟通过程中有着举足轻重的作用,能让对方辨别说话人的话语的善意和真实,让双方的交谈往着积极的方向发展。

第二条气象谚语:通过观看天色可以预测一天的天气,而天气关系着一天活动的安排和能否顺利运行,因此应根据天气情况而做计划和安排。面部表情通常是人内心的一面反射镜,与人谈话处事学会观人脸色将能事半功倍。

2. 泰国气象谚语:

(1) ฝนสั่งฟ้า ปลาสั่งหนอง
直译:雨—吩咐—天空　鱼—吩咐—池沼

(2) น้ำร้อนปลาเป็น น้ำเย็นปลาตาย
直译:水—热—雨—活　水—凉—鱼—死

第一条气象谚语:雨季最后的一场雨往往会下得比较大,湖里的鱼也将因为湖水渐少干旱而离开自己熟悉的池湖。喻在最终的离别前做最后的嘱托和道别。

第二条气象谚语:水热指常温下的河流水,水凉指的是在种植有空心菜等植物的水域往往因为有植物遮荫而水温低于常温,如果鱼儿到该区域游动则容易被人抓来食用,相反的,如果鱼儿在河流中自在浮游的话其存活率会相对的高。喻相对于口蜜腹剑之言,忠言虽逆耳但利于行。

（五）人生生活认知理念

1. 壮语气象谚语：

（1）Ndaundeiq lai mbwn rongh，Hag ndaej lai saw gvangq.
　　　星多天空亮，学多知识广。

（2）Fwj na cij doek fwn hung，Leix cuk cij gangj fug vunz.
　　　云厚才能下大雨，理足才能说服人。

第一条气象谚语：白天靠太阳的光芒照亮天空，夜晚则要凭借星辰来照耀夜空，星辰愈多天空自然就越明亮。知识的积累犹如夜空的繁星，积累多了学识面就自然宽广了。

第二条气象谚语：乌云积得越厚雨下得就越大。道理也就好比这厚重的乌云，不管大小道理都必须有根有据，理由充足，否则难以说服他人。

2. 泰国气象谚语：

（1）ฝนตกอย่าเชื่อดาว มีเมียสาวอย่าไว้ใจแม่ยาย
直译：下雨—不要—相信—星星　有老婆—不要—相信—妈妈、奶奶

（2）น้ำขึ้นให้รีบตัก
直译：水—涨—让—赶快—舀

第一条气象谚语：古人自古凭借星星的多少判断第二天或近期天气情况，虽然具有一定科学性，但毕竟不是每次都准确无误，因此有"下雨不要相信星星"的说法；由前一句引出男子婚前多会听信父母或其他家人的话，但是婚后也应听老婆的话，即"有老婆就别相信妈妈和奶奶"。该谚语从天象和家庭生活的角度揭示，根深蒂固的认知习惯是生活的大敌，没有什么是绝对的正确，应该多角度考虑问题，采取兼听的认知方式和生活方式。

第二条气象谚语：泰国古时候，人民以饮用河水为主，由于河流受潮汐作用的影响会有水涨和水落的自然现象，如果水涨潮了就应该趁此机会舀水，否则水落了再舀水就会相对辛苦，形象地比喻了机不可失，时不再来。

四　总结

壮泰族群的气象谚语具有科学性，有些气象谚语科学预测了天气，对农民农业生产生活有着不可估量的作用。此外，由此产生的生活哲理还

反映了两个族群相似的生产生活经验和民族智慧。其一，生动形象地表现了自然规律是不被人为所干预的，气象作为自然界的自然现象，有其必须遵守的客观规律和存在。壮泰气象谚语既表达和表现了自然界规律是不可违逆、客观存在的，又形象和生动地归纳了社会生活哲理。其二，生产生活劳动的艰辛和收获的来之不易，让壮泰两个族群的农事生产者能更深刻地意识到生活之道贵在勤俭，铺张浪费实属不该。其三，世间万物因果链接，气象之间的日月风水云雪雨与大地万物皆相关。世间万物亦如此，如链子般环环相扣。其四，人与人之间的交流，需要拥有社交与处事的高智商和高情商，肢体语言在社交礼仪中影响着沟通的效果。其五，树立正确的人生生活认知理念，经验和知识无处不在，并不只是文本上才能学到，带着活到老学到老的理念不断地积累和学习才能产生大智慧。

参考文献

［1］ 崔希亮：《汉语熟语与中国人文世界》，北京语言文化大学出版社1997年版，第1、79页。

［2］ 桂朴成：《汉泰熟语对比研究》，上海外国语大学2009年版，第2、4页。

［3］ 王延彩：《气象谚语同农业生产的关系》，《现代农业》2012年第6期。

［4］ ดร. กรองแก้ว ฉายสภาวธรรม. สารานุกรม ภาษิต คำพังเพย และสำนวนไทย [M]. ต้นธรรม สำนักพิมพ์, พ. ศ. 2537, pp. 1—335.（龚高·猜萨帕瓦昌：《谚语　俗语　和熟语百科全书》，盾坛出版社1994年版，第1—335页。）

［5］ อุดมพร อมรธรรม. สำนวนไทย ฉบับจัดหมวดหมู่[M]. สำนักพิมพ์แสงดาว, พ. ศ. 2556, pp. 13—70.（乌东攀·恩拉昌：《泰语熟语（字母分类版本）》，红星出版社2013年版，第13—70页。）

（原文载于《教育》2015年第44期）

流行文化时期泰国熟语谚语动态

Paramaporn Limlertsathien* 著

何丽蓬 译

前言

  语言作为人类重要交际工具之一,包含了信息发送者传递给信息接收者和社会的思想感情。语言还承担着将上一代经验传承至下一代以实现彼此间相互理解的责任。同时,语言以民歌、童谣、教义、民间故事、剧本、信仰及熟语谚语和格言等形式反映其相应的知识内容,它既是文化传播的组成部分,也是展现各个年代民族民间智慧的工具。

  "熟语谚语之所以是泰国民族民间智慧的又一种语言能力之表现形式,是因为熟语谚语既不是直白的字面意思也不是浅显的词根含义,而是采用比较或者比喻的修辞手法来表达更深层的、引人思考的含义。"(ไขสิริปราโมช ณ อยุธยา,1983:4)"熟语谚语构词经过精心编排,语言信息高度浓缩,以短短几字实现语言表现形式的音韵和谐、优美流畅,同时提醒人们三思而后行。因此,心存熟语谚语能给人们指明正确的道路,教导人们恪尽职守、惜时如金、贵在自知、认知社会,指导人们规范自我、知父母长辈养育教导之恩,是再现旧时生活方式的载体。"(บุญเกิด รัตนแสง,1993:25)

  泰国熟语谚语作为旨在教导人类懂得巧妙地运用自然界和周边事物熏

---

 * 作者:Paramaporn Limlertsathien,泰国国籍,泰国商会大学大文与艺术系交际泰语专业教师,讲师。

陶自我品行的民族民间智慧，其语言文化价值不言而喻。总而言之，世界上的任何语言都有着一个重要的共性，那就是必然会随着社会维度的变化而变化，因为，"我们人类的语言与生活相伴而生，人类的繁荣与衰退也因此对语言产生影响。"（กาญจนานาคสกุล，2002：12）泰国熟语谚语作为语言文化的组成部分之一，必定会随着时间而发生变化，正如ไขสิริปราโมชณ อยุธยา（1983：1）在《泰国熟语之词汇和含义的改变》的研究成果中所述，我们理解错熟语或用错熟语有多种因素，但是最重要的因素是原熟语的词汇和含义都发生了改变。因为环境随时间而变，新一代的人们按所处环境去理解和使用熟语也就偏离了原熟语的含义。

观当代泰国熟语谚语的变化可发现众多原熟语谚语的表现形式和含义已被改编，诸如电视媒体、广播媒体、印刷媒体以及网络媒体等众多媒体所呈现出来的泰国熟语谚语便是如此。如果分析其新含义就会发现，为实现讽刺或者戏弄社会的目的，所改编的泰国熟语谚语不仅将泰语特有的自然属性和个性加以"玩味"地利用，还从"语言"的角度反映某些隐藏着的社会真相，即反映了隐藏于其中的社会流行文化或大众流行文化。

综上所述，互联网媒体背景之下的新时代泰国熟语谚语动态是如何受到流行文化的影响，全球化背景下的泰国民族民间智慧能否和谐地与新时代文化潮流相融合，都是值得关注的议题。

（一）"รักวัวให้ผูก รักลูกให้กอด（爱牛要打，爱子要抱）"的熟语谚语改编潮流与互联网媒体背景下的泰国熟语谚语动态

泰国熟语谚语是泰国民族民间智慧的另一类别，如果按照新时代民俗学（Modern Folklore）理论思想来进行研究，就会发现它与其他类型的民俗学一样，会随着社会潮流的改变而发生变化，正如ศิราพร ณ ถลาง（2005：408-409）所述：

"在如今的科技信息时代（至少20年代以来），我们可以看到很多种类型的民俗学经过整理改编后，以饶有兴趣的方式融入了时代的浪潮，其中尤以谜语和孩子们玩的电脑游戏的融合最为突出。此种融合向人们展示了民俗学可以'服务'于'人民'，服务于新时代网民；或者也可以说是新时代的科技和新一代的人们以互联网新媒体为媒介助力于民俗学的传播。除此之外，在当今社会的国内外网民热衷于互通网络电子邮件传递信息，由此产生了电子邮件民俗学（Email-Folklore）或电子邮件转发

（Forward Email），其所转发阅读的材料不管是新时代小说、鬼故事、幽默故事、谜语，还是各种信仰，它们大多属于民俗学资料。笔者由此认为，互联网民俗学（Internet Folklore或Netlore）是民俗学家们应该加以研究分析的新时代民俗学资料群，从中可了解当代人们的想法、情感和想象力。"

导致互联网媒体背景之下的泰国熟语谚语广泛发生改变的重要原因是，泰国国家幼儿教育委员会提出了将泰国熟语谚语"รักวัวให้ผูก รักลูกให้ตี（爱牛要绑，爱子要打）"改编为"รักวัวให้ผูก รักลูกให้กอด（爱牛要打，爱子要抱）"的提议。该旧词新改赋旧熟语谚语以新含义的举措，政府方面给出的理由是为了产生新的价值观增添家庭温馨，同时也是将其作为幼儿教育的政策性战略，并期待在2013学年能够得到实施。

该提案一出便引发社会广泛热议，许多学者就此议案提出了各种各样的看法。泰国王家学术院艺术部办公室泰语院士กาญจนา นาคสกุล博士就此提出建议说，"此为怪事，谚语、格言自古便有，而且这些古谚语和格言本身就已经很好了，无须再做改动，但也应再创新词。当今泰国的孩子之所以存在不良行为，个人认为是因为长辈们不再打孩子了，给孩子以拥抱是可行的，但并不适用于所有情况。"

改编泰国熟语谚语的新闻使互联网社会众多网民兴致勃勃地在推特网等网络社区立＃号标签话题帖（热议事件或话题）"改编谚语创美好社会"，并推送改编后的熟语谚语互相交流，例如在kapook.com网推送的新时代泰国熟语谚语资料，具体如下：

@pangSberry	น้ำขึ้นให้รีบตัก น้ำหมักต้องป๊าเซ้ง
	水涨要速舀，墨水要桑姨牌
@iSinguto	ความรู้ท่วมหัว หาผัวไม่ได้
	知识溢脑，老公难找
@the_bunz	คัพซีอยู่ได้ คัพเออยู่ยาก
	C罩杯尚可活，A罩杯难生存
@ew3ew	มีทองเท่าหัว ไม่ต้องมีผัวก็ได้
	有金若头大，无夫也可行
@prem_sapan	ว่าแต่ดีแทค ทรูมูฟเป็นเอง
	有嘴说Datc公司，TrueMove公司也如是
@kannakab	จับแม้วชนมาร์ค

	抓他信斗阿披实
@ViewCUD	อ่านสคริปเป็นต่อ รูปหล่อเป็นฝ่ายค้าน
	（巴育）看稿发言有优势，（俊男）外表帅气是反方
@nicotines	ซื่อยังคงอด คดกินได้นาน
	老实要挨饿，奸诈吃得久
@Se7eN_JeD	เพื่อนกินหาง่าย เพื่อนจ่ายหายาก
	酒肉朋友易找，买单朋友难寻
@ikoppys	ที่ใดมีรับ ที่นั่นมีรุก
	哪里有迎合，哪里就有进攻
@OnionPenzz	ปั้นน้ำเป็นเงิน
	捏水成钱
@FilMyTT	จับเงินชนทอง
	抓银子敲金子
@OngChayAsuji	มือไม่พิมพ์ เอาเม้าส์ลากก๊อป
	手不打字，鼠标复制
@OngChayAsuji	สำเนียงส่อภาษา กริยามี 3 ช่อง
	语音展现语言，动词有3个时态
@pannathidar	คารมเป็นต่อ รูปหล่อเป็นเกย์
	辩才有优势，俊男是Gay
@nanotepeace	น้ำมันขึ้นให้รีบซื้อรถ
	汽油涨要速买车
@Graf_law	อย่าไว้ใจทาง อย่าวางใจแม้ว
	别信赖道路，别轻信他信
@OngChayAsuji	ชาติเสือต้องไว้ลาย ชาติชายได้กันเอง
	虎死留皮，男男相恋
@leedongeye98	มีทองท่วมหัว ไม่เท่ามีผัวเป็นซีวอน
	金子满屋高于头，不如有始源为夫
@TearsFate：	ผู้ชายท่วมหัว เอาเป็นผัวไม่ได้
	男人多如麻，拿来为夫却不可
@iTooN_O：	มีหนี้ท่วมหัว ดีกว่ามีผัวเป็นเกย์
	债台高筑，尤胜有夫为Gay
@teukkiez_TeenGa	ตำแทบเล็ต ละลายแม่น้ำ

	捣碎Tablet平板，融于江河
@mrbt_Yoseob：	รักวัวให้ผูก รักลูกให้ไอแพด
	爱牛要绑，爱子给平板
@ViewCUD：	สำเนียงส่อภาษา กริยามี 3 ช่อง
	语音展现语言，动词有3个时态
@jeansbb：	ชาติเสือต้องไว้ลาย ชาติชายได้กันเอง
	虎死留皮，男男相恋
@Protozoa_zoa	ไก่งามเพราะขน คนงามเพราะใช้โฟโต้ชอป
	鸡美靠羽毛，人美靠photoshop
@powpukka_gs	ไก่งามเพราะขน คนงามเพราะ camera 360
	鸡美靠羽毛，人美靠360相机
@Chaypetch：	ไก่งามเพราะขน คนงามเพราะโบท็อกซ์
	鸡美靠羽毛，人美靠肉毒杆菌
@TheIKnot	โจรปล้น 10 ครั้งไม่เท่าสรรพากรย้อนภาษีครั้งเดียว
	盗匪打劫十次，未及税务局收税一次
@nungning4：205	พูดไปสองไพเบี้ย นิ่งเสียเถอะพลอยเนอมาลย์
	说了两贝币，安静吧莱拉·邦雅淑
@vwiriya	อยู่บ้านท่านอย่านิ่งดูดาย สอนกังนัมสไตล์ให้ลูกท่านเต้น
	寄人篱下别置若罔闻，教他家孩子跳《江南Style》
@GeekJuggler	อยู่สภาอย่านิ่งดูดาย ปั้นไอเดียควายๆให้เราฮาเล่น
	身处议会别置若罔闻，捏造个笨主义让我们乐乐
@joeyen80：	มีทองท่วมหัว ไม่เท่าเสียผัวให้กะเทย
	金子满屋高于头，未及老公被人妖抢
@NongMc	อยู่บ้านท่านอย่านิ่งดูดาย ขโมยไวไฟท่านมานั่งเล่น
	寄人篱下别无所事事，偷连人家wifi来消遣
@Baby_Bbounce	เอาหูไปนา เอาตาไปพารากอน
	带耳下田，带眼去百丽宫商场
@anotherdaystk	อย่าไว้ใจทาง อย่าวางใจสาว
	别信任道路，别轻信女子
@gudamung	น้ำร้อนปลาเป็น น้ำเย็นปลาหนาว
	水暖则鱼活，水冰则鱼冷
@NIRKAS	ปลาหมอตายเพราะป่วย

@NIRKAS 攀鲈鱼死于病
เพื่อนเก้งหาง่าย เพื่อนชายหายาก
玻璃朋友易找，男性朋友难寻

研究所改编的新时代泰国熟语谚语，发现它们大部分来源于各式各样的社会潮流议题，可根据其主题对其进行分类，例子如下：

สำนวนเก่า 原熟语	สำนวนใหม่ 新熟语	แนวคิดหลัก 主题
คารมเป็นต่อ รูปหล่อเป็นรอง 辩才有优势，俊男是副手	อ่านสคริปเป็นต่อ รูปหล่อเป็นฝ่ายค้าน （巴育）看稿发言有优势， （俊男）外表帅气是反方	ด้านการเมือง 政治
จับแพะชนแกะ 抓山羊斗绵羊	จับแม้วชนมาร์ค 抓他信斗阿披实	ด้านการเมือง 政治
อย่าไว้ใจทาง อย่าวางใจคน 别信赖道路，别轻信人心	อย่าไว้ใจทาง อย่าวางใจแม้ว 别信赖道路，别轻信他信	ด้านการเมือง 政治
ยุงร้ายกว่าเสือ 蚊子恶于虎	นักการเมือง ร้ายกว่าเสือ 政治家恶于虎	ด้านการเมือง 政治
อยู่บ้านท่านอย่านิ่งดูดาย ปั้นวัวเป็นควายให้ลูกท่านเล่น 寄人篱下别置若罔闻，捏造黄牛成水牛给他孩子玩乐	อยู่สภาอย่านิ่งดูดาย ปั้นโครงการควยๆให้เราฮาเล่น 身处议会别置若罔闻， 捏造个笨项目给我们乐乐	ด้านการเมือง 政治
โจรปล้น 10 ครั้ง ไม่เท่าไฟไหม้แค่ครั้งเดียว 盗匪打劫十次，未及火灾一次	โจรปล้น 10 ครั้ง ไม่เท่าสรรพากรย้อนภาษีครั้งเดียว 盗匪打劫十次，未及税务局收税一次	เสียดสีสังคม 讽刺社会
ซื่อกินไม่หมด คดกินไม่นาน 老实吃不尽，奸诈吃不久	ซื่อยังคงอด คดกินได้นาน 老实要挨饿，奸诈吃得久	เสียดสีสังคม 讽刺社会

续表

สำนวนเก่า 原熟语	สำนวนใหม่ 新熟语	แนวคิดหลัก 主题
พูดไปสองไพเบี้ย นิ่งเสียตำลึงทอง 说了两贝币，沉默二两金	พูดไปสองไพเบี้ย นิ่งเสียเถอะพลอยเนอมาลย์ 说了两贝币，安静吧莱拉·邦雅淑	เสียดสีสังคม 讽刺社会
ปลาหมอตายเพราะปาก 攀鲈鱼死于嘴	ปลาหมอตายเพราะป่วย 攀鲈鱼死于病	ตลกขบขัน 幽默风趣
น้ำร้อนปลาเป็น น้ำเย็นปลาตาย 水暖则鱼活，水冰则鱼死	น้ำร้อนปลาเป็น น้ำเย็นปลาหนาว 水暖则鱼活，水冰则鱼冷	ตลกขบขัน 幽默风趣
กำขี้ดีกว่ากำตด 抓屎胜于抓屁（有胜于无）	กำขี้ดีกว่ากำตด แต่กำขี้สดๆ กำตดจะดีกว่า 抓屎胜于抓屁，但是抓冒着热气的屎还不如抓屁好一些	ตลกขบขัน 幽默风趣
ทำผิดเป็นครู 做错了是老师（失败是成功之母）	ทำผิดเป็นครู แต่ถ้าผิดอย่างกูเป็นคณบดี 做错了是老师，我这种错误可做院长	ตลกขบขัน 幽默风趣
แพ้เป็นพระ ชนะเป็นมาร 输了是僧侣，赢了是恶魔	แพ้เป็นพระ ชนะเป็นเจ้าอาวาส 输了是僧侣，赢了是方丈	ตลกขบขัน 幽默风趣

此外，为反映多维度社会现象，网民们还将泰国熟语谚语改编成诗歌，例如以下发表在OKnation博客的资料：

หยิบสำนวนไทยแท้มาแก้ต่าง　　คำพังเพยเอ่ยอ้างช่างสรรหา
择正统泰国熟语来改编　　　　俗语呀字斟句酌
สุภาษิต คิดขำขำ ไม่ธรรมดา　　แต่งเสริมค่า ให้ฮาป่วนแบบยวนยี
谚语 言之幽默 不简单　　　　创作以增值 卖弄风情 逗人大笑

เลี้ยงนกเขาเข้าประกวดตำรวจไล่	เพราะมิใช่นกเรา นกเขานี
养斑鸠来赛歌被警察追	因不是我们的鸟 是他的鸟①
วัวหายก็แจ้งความ ติดตามที	รำไม่ดีหมูไม่กินจึงสิ้นเปลือง
牛丢就报警 追踪	糠不好猪不吃就浪费
คบคนพาล พาลพาไปหาผิด	คบบัณฑิต บัณฑิตพาไปหาเรื่อง
交坏人 坏人带去作恶	交学者 学者带去滋事
คบคนให้ดูฐานะ จะรุ่งเรือง	ซื้อผ้าเหลือง ดูเสื้อแดง พวกแม่งมัน
交友看身份 将发达	买黄衫衣 看红衫衣 去你的政治
หวานเป็นลม ขมช่วยพาไปหาหมอ	คารมเป็นต่อ รูปหล่อเป็นเกย์ จึงเหหัน
甜晕倒，苦带去寻医②	辩才有优势 俊男里有gay 此即脱轨
พอน้ำขึ้นให้รีบอาบปลรดทราบกัน	ประปานั้น จะรื้อท่อ ไม่รอเรา
水涨要速洗浴 望周知	那自来水 要拆管 不等人
มือไม่พาย เรือไม่ไป จริงไหมพี่	รักผัวให้ผูก รักลูกให้ตี ไม่มีเหงา
手不划 船不走 对吗哥	爱夫要绑 爱子要打 不会孤单
ยุ่งเหมือนนักเรียนตีกันไม่บรรเทา	เสียทองเท่ากับหัว…เอาผัวไป
忙如学生 打个不消停	若失金如头大……，不如拿我夫去
ไม้ล้มข้ามได้เขาไม่ว่า	ถ้าแม้วมาล้มคะมำ ตึ๊บซ้ำไหม
树倒跨之其不言	如果他信倒了 要脚踩之吗
ไก่เห็นตีนงู อย่างรู้ใจ	งูเห็นนมไก่ได้อารมณ์
鸡见蛇脚 犹如见心	蛇见鸡奶 饶有兴致
ทำดี ได้ดี หรือมีทั่ว	แต่ทำดีได้ชั่วนั้นมีถม
善有善报 普遍如此	善有恶报 此为被咒
ซื่อกินเร็วหมดจะอดชม	คดสะสมกินล้างผลาญได้นานเอย
老实地迅速吃 穷尽再无人赞赏	奸诈地攒着吃 散尽家财能持久

上述现象说明，当今信息时代的互联网媒体能够轻而易举地融入广大人民群众，人们能够快速地获得新闻资讯，互联网的资料消费、信息消费或者知识查询都已经变成了人们生活方式的组成部分，与วิกันดา

---

① นกเขา：该词为นก（鸟）和เขา（他）两个音节，组合成词有歧义：1斑鸠；2他/她的鸟。
② หวานเป็นลม ขมช่วยพาไปหาหมอ：原谚语为หวานเป็นลม ขมเป็นยา（甜是风，苦是药），意为甜言蜜语令人失智，忠言逆耳引人深思。新编谚语中的หวาน（甜）和ขม（苦）是泰语人名昵称之意。

พรสกุลวานิช（2007：29）学术论文《泰国青少年使用互联网的动机和行为》研究结果相符，其总结认为："影响泰国青少年使用互联网的因素，按照其重要程度排序如下：1. 查询资料；2. 休闲娱乐；3. 交友聊天；4. 通信与合群。"

以上所改编的泰国熟语谚语体现了语言与文化之间密不可分的关联性，当我们把语言视为文化的组成部分，那么当代文化所拥有的属性，语言也必然同时具备。就像文化研究方面的学者就文化的重要性所提到的那样，语言是链接固定社会文化背景下的人们之间的联系的纽带，他总结说：

"当我们着眼于任何一个社会，我们将能看到那个社会文化特性或个性的价值所在，此种价值可区分为以下两个方面：1）肉眼可观察到的现象：行为、产品、工作互动模式，以及语言和各种风俗习惯；2）肉眼不可观察得到的现象，如：思想、信仰、需求、个人目标、价值观体系、社会价值等。"（จุฑาพรรธ์ ผดุงชีวิต，2007：10）

如果从语言学角度去分析互联网媒体背景下的泰国熟语谚语结构，可发现其字词和含义都有被改编，既有增字、删字，也有语序的重新编（ไขศิริ ปราโมช ณ อยุธยา，1983：4），如：玻璃朋友易找，男性朋友难找；别信赖道路，别轻信女子；攀鲈鱼死于病；爱牛要绑，爱子给平板；辩才有优势，俊男是gay；知识溢脑，老公难找等。

互联网媒体背景之下的泰国熟语动态研究这篇文章，主要从当代人类学和文化研究的维度去研究，旨在指出流行文化如何对网络社会的泰国熟语谚语产生动态影响，并就此次熟语谚语改编现象指出当代社会的人们可以创造性地将语言民族智慧与当今形势结合到何种程度。

（二）互联网媒体背景下的流行文化与泰国网络熟语谚语

"流行文化"相关研究如今受到学者们的广泛关注，许多研究机构举办讨论会、说明会进行流行文化知识交流，例如，2014年玛希隆大学亚洲语言文化研究院与湄公河次区域社会多元化研究中心、孔敬大学人文与社会科学学院、政法大学东南亚学院共同举办了以"2014年语言与文化"为主题的国家级学术会议，主要研究多学科视角下的流行文化或者主流文化，例如：音乐文化、互联网媒体文化、创意经济、流行文化与政治旅游文化、公共传媒、东南亚时尚流行文化，以及流行文化与教育。根据本次国家级学术会议的原则和宗旨，其对"流行文化"作了如下定义：

"原'流行文化'一词用于占社会绝大部分人数的底层文化，其产生时间与文化研究思想产生的时间相近，但直至20世纪末公共媒体对社会上人们的生活方式、文化生活交流方面有所影响之后才被人们所熟知。当文化研究思想致力于建立理论解释权威，给对人们生活或者文化产生影响的社会、政治、经济思路提出新概念时，流行文化一致被人们理解为其只关注流行时尚、事物之共性或者为大众所熟悉的、显而易见之事，比如饮食、服饰、媒体、文学、思想、观念等，这些非高等文化的属性使得流行文化变得触手可及，成为了公认的社会主流文化的组成部分。"（玛希隆大学亚洲语言文化研究院，2013）

研究互联网媒体背景下的泰国熟语谚语，发现其字词和含义均已发生变化，这些改编的熟语谚语都来源于当今社会各式各样的事件，它们反映了流行文化影响之下的多个文化主题，具体如下：

1. 新时代泰国熟语谚语反映了流行文化之消费主义

สำนวนเก่า 原熟语	สำนวนใหม่ 新熟语
เอาหูไปนา เอาตาไปไร่ 带耳下田，带眼下地	เอาหูไปนา เอาตาไปพารากอน 带耳下田，带眼去百丽宫商场
รักวัวให้ผูก รักลูกให้ตี 爱牛要绑，爱子要打	รักวัวให้ผูก รักลูกให้ไอแพค 爱牛要绑，爱子给平板
ตำน้ำพริกละลายแม่น้ำ 捣碎辣椒溶于江河	ตำแทบเลต ละลายแม่น้ำ 捣碎Tablet平板，融于江河
ปั้นน้ำเป็นตัว 捏水成形	ปั้นน้ำเป็นเงิน 捏水成钱
จับแพะชนแกะ 抓绵羊斗山羊	จับเงินชนทอง 抓银子敲金子

续表

น้ำขึ้นให้รีบตัก 水涨须速舀	น้ำขึ้นให้รีบตัก น้ำหมักต้องป้าแซง 水涨须速舀，墨水须桑姨牌
เสียทองเท่าหัว ไม่ยอมเสียผัวให้ใคร 宁损金若头大，不赠夫于人	เสียทองเท่าหัว ตูยอมเลิกกับผัวดีกว่า มีทองเท่าหัวไม่ต้องมีผัวก็ได้ 若损金若头大，吾宁离夫去；若有金若头大，无夫也可行

消费主义作为新时代资本主义生产方式的结果，其主要目的在于增加人们的消费需求，消费主义文化也由此广泛蔓延至各类人群之中成为当代社会文化现象，其以媒体作为中介推动、引导或说服人们产生日常商品消费和各类服务消费的需求感。由此可见呈现在新时代泰国熟语谚语之上的消费主义言论折射了人们的物质崇拜价值观，反映了泰国社会重视作为稳定和富足象征的"金银财宝"，上述熟语谚语所提及的百丽宫商场、平板、Tablet平板电脑等就都属于物质产品。在流行文化潮流之下，消费者对各类物质产品的消费并不注重物品本身的使用功能，而是更多地注重象征性消费，这里所说的象征性消费指的就是赶时髦。新时代泰国熟语谚语的改编体现了当代人与时俱进的学习能力，能够自我调节顺应时代变化，还能够以"玩"的姿态将当代人的消费主义文化与泰国民族民间智慧创造性地融合在一起。

2.新时代泰国熟语谚语反映了流行文化之性别多元化影响下的性取向

กฤตยาอาชวนิจกุล（2011：45）就泰国社会正在发生变化的性取向指出："自1997年以来，逐步壮大的互联网时代和媒体信息时代对个人性取向、性权力和性自由产生了深远影响。就个人角度而言，性取向在这个大环境中并非止步不前，而是一直都有在发生改变，在对抗还是墨守成规方面既有成长也有改变，性取向也因此成为个人悠长的生命历程；从社会体系而论，特定时间之内与他人的性关系或者与性伴侣的社会关系顺时而变，性取向终于打破陈规有了高出于政治、道德和性行为或性文化的地位。"

新时代的人们根据性别多元化现象对泰国熟语谚语进行改编，内容涉及各式各样的性取向群体，例如，男男之恋、人妖（第二性）、同性恋、人妖（第三性）群体，如以下示例：

สำนวนเก่า 原熟语	สำนวนใหม่ 新熟语
คารมเป็นต่อ รูปหล่อเป็นรอง 辩才有优势，俊男是副位	คารมเป็นต่อ รูปหล่อเป็นเกย์ 辩才有优势，俊男是Gay
ในน้ำมีปลา ในนามีข้าว 水里有鱼，田里有米	ในน้ำมีปลา ในบาร์มีตุ๊ด 水里有鱼，酒吧里有人妖
เหนือฟ้ายังมีฟ้า 天外有天	เหนือชายยังมีชาย 男上有男
มีผัวผิดคิดจนตัวตาย 嫁错男人忧伤至死	เล่นเพศผิดคิดจนตัวตาย 玩错性别忧伤至死
ชาติเสือต้องไว้ลาย ชาติชายต้องไว้ชื่อ 虎死留皮，男死留名	ชาติเสือต้องไว้ลาย ชาติชายได้กันเอง 虎死留皮，男男相恋
	ชาติเสือต้องไว้ลาย ชาติชายต้องได้เกย์ 虎死留皮，男男必有Gay
เสียทองเท่าหัว ไม่ยอมเสียผัวให้ใคร 宁损金若头大，也不赠夫于人	มีทองท่วมหัว ไม่เท่าเสียผัวให้กระเทย 金子满屋高于头，未及夫被人妖抢
	มีหนี้ท่วมหัว ดีกว่ามีผัวเป็นเกย์ 债台高筑，尤胜有夫为Gay
	มีผู้ชายท่วมหัว ทำเป็นผัวไม่ได้ 男人多如麻，却无可嫁为夫的

　　上文所改编的泰国熟语谚语反映了泰国社会主流性别取向之中的第三性别人群，他们从原先的被社会所排斥发展到了现在的人数逐年增长。被保守主义和独裁主义思维习惯所捆绑的泰国社会将性别区分为男性与女性

两大类,而这种区分方法就是将事物按照相互对立的含义进行区分,任何事物只要不在这相互对立的体系之中都将被视为"异类",第三性别人群由此被推到了男性界面人群,涉及第三性别的言论因此表现出了人们的负面感观。

假如新时代泰国熟语谚语中关于第三性别的言论能够脱离其原先的负面感观,当代人敢以身为男性的"自豪感"直白地采用熟语谚语"虎死留皮,男男相恋"与"Gay"开此玩笑,或者引用熟语"辩才有优势,俊男是Gay"来向他人明确表明自己是第三性别人士,那么,新时代泰国熟语谚语的改编就能"指出50年代以来,由跨性恋群体和同性恋群体组成的非常规性取向群体在持续地与社会权威对抗,他们并不是毫无生命意义的社会受害者和被压迫者,相反,他们能够利用经济和文化消费机会来创造个性,建立属于自己圈子的生活和文化模式"。(นฤพนธ์ ด้วงวิเศษ,2012:141)这一切都是因为他们与其他主流性别中的男性、女性一样,拥有同等的人权。

将第三性别改编到泰国熟语谚语中,尽管只是从语言角度去开的一个玩笑,并非旨在用改编后的句子去给第三性别人群下定义,但如果将上述现象联系起来可发现,当今社会对第三性别人群的接受度有所提升。2013年泰国调查中心(NIDA Poll)公开了一项关于"泰国社会如何看待第三性别"的民意调查结果,该项调查采用抽样调查的方式对全泰国1252位民众进行调查,调查对象涵盖了各学历水平和各行各业,其公布的民意调查结果显示88.49%的民众能够接受朋友或者同事是第三性人,因为他们并没有给他人造成困扰,并表示只要他们是社会的良人善士即可。

3.新时代泰国熟语谚语反映了流行文化之尚美文化

全球化进程能够促使各地文化成为世界文化,多元化的世界文化导致了消费主义崇拜的产生,资本主义生产体系商业美容的产生也正是由此应运而生。我们不可否认的是当今的商业美容在流行文化潮流影响之下得到极大的发展与壮大,再加上西方文化思想的影响,尚美文化以及对衰老、肥胖的厌恶和恐惧促使人类对美产生了非分之想,认为人的美并不像歌曲《天使化身》所呈现出来的歌词内容那样"或是前世,她得到了谁人祝福?应是前世功德无量,才生得如此国色天香",认为人的美貌既不是来自遗传,也不是来自积德行善。

假如当今世界的美，是人类拥有超自我的能力，能够借助现代医学和科技整形变成"天使化身"，那么，"正像好些人所说的那样，创建商业美容服务、整形美容场所/医院实现美容目的亦不再是件'荒谬'的事情。"（ชีวสิทธิ์ บุณยเกียรติ, 2006：1）

当代泰国熟语谚语中与美相关的言论折射了其与流行文化之间的关联性，由以下例子便可知晓：

สำนวนเก่า 原熟语	สำนวนใหม่ 新熟语
ไก่งามเพราะขน คนงามเพราะแต่ง 鸡美靠羽毛，人美靠衣妆	ไก่งามเพราะขน คนงามเพราะโบทอกซ์ 鸡美靠羽毛，人美靠肉毒杆菌
	ไก่งามเพราะขน คนงามเพราะโฟโต้ชอป 鸡美靠羽毛，人美靠photoshop
	ไก่งามเพราะขน คนงามเพราะ App 鸡美靠羽毛，人美靠App
	ไก่งามเพราะขน คนงามเพราะ camera 360 鸡美靠羽毛，人美靠360相机
คนจะงาม งามน้ำใจ ใช่ใบหน้า 人美，美于心，不在脸	คนจะงาม งามบิ๊กอาย ใช่ใบหน้า 人美，美于大眼，不在脸
คนจะสวย สวยจรรยา ใช่ตาหวาน 人美，美于德，非眼甜	คนจะสวย ติดขนตา ให้ดูหวาน 人美，美于假睫毛，眼睛甜
คนจะแก่ แก่ความรู้ ใช่อยู่นาน 人若老，知识渊，非年龄	งามแบบไทย ฉีดโบท็อกซ์ ให้คมคราม 泰式美，打肉毒杆菌，立体美
คนจะรวย รวยศีลทาน ใช่บ้านโต 人之富，富教养，非大宅	กลูต้าตาม ซิลิโคนต่อ...อย่าได้แคร์ 谷胱甘肽结束，硅胶接着用起，（美容美颜）不用怕

研究改编的泰国熟语谚语中的尚美文化言论发现，新时代的人们可谓帮忙"补充"和"创造"了"人美靠衣妆"的含义，使之具体形象且清

晰化。假如"衣妆"随着时代的变迁而发生改变，那么现代美则是通过诸如注射肉毒杆菌、谷胱甘肽美白、有机硅胶丰胸、大眼美容等科技和医学手段，抑或是通过360相机、App或Photoshop软件美化相片等手段实现外在美。网民们结合国外科学词汇来改编创作上文所提及的泰国尚美熟语谚语，既在感官方面赶上了时代潮流，也使得美容手段和谐地随着流行文化发生了改变。

4. 新时代泰国熟语谚语反映了流行文化之崇尚外来文化

全球化时代将世界文化多维度地联系了起来，并成为了支配文化的组成部分，强者文化也得以在世界文化背景下将其文化输送至另一领域的主流文化。（อุบลรัตน์ ศิริยุวศักดิ์，2007：38）例如，于上世纪侵入泰国社会的韩国文化现象。

ประภัสสร เสวิกุล（2013）在提及渗透至全世界的韩国文化消费和消费文化中说道：

"韩国有韩国文化部资金支持，制定了被称为《韩国2010：文化创意及内容》的方案，促进民营教育文化和文化产业的投资，建立知识和人员机构支撑商业娱乐的发展。接下来的2002年，韩国成立了韩国文化内容办事处促进文化输出，所输出的文化涵盖了电影、动画片、卡通、游戏、电视剧、音乐和表演。韩流使得韩国电影明星、电视剧明星、歌星受到全世界的追捧，韩国演员风靡全球。"

我们如今可以看到，韩国文化在持续不断地传入泰国社会。韩国将商业娱乐圈的明星、演员和歌星包装成"商品"以实现文化营销目的，此策略收获颇丰。此外，因为娱乐媒体所呈现出来的明星、歌星仅仅是为制造幸福感、增强想象力、制造华丽梦境而作出的人物设定，因此对韩国文化产业中的艺人、明星和歌星的喜爱和赞许，折射了特定社会环境之下人类对虚拟事物的崇拜。表象之下的真相是，我们所看到的都是资本主义生产体系中的商业娱乐，是娱乐制造者凭借艺术计谋制造出来的。至于对跨文化的艺人、明星、歌星的迷恋，从另一维度指出了"泰国社会或者泰国文化具有伸缩性、开放性，具备根据局势适当调节自我的能力，尤其是具备了融合多元文化以实现文化杂合的能力"。（พัฒนา กิติอาษา，2003：173）这就是泰国个性或者泰国特性中的重要特征之一。

从所改编的新时代泰国熟语谚语中可看到韩国当代文化渗透并融入了

泰国社会，人们将韩国文化潮流引编至原泰国熟语谚语之后形成了后缀，示例如下：

สำนวนเก่า 原熟语	สำนวนใหม่ 新熟语
อยู่บ้านท่านอย่านิ่งดูดาย ปั้นวัวปั้นควายให้ลูกท่านเต้น 寄人篱下别无所事事， 捏黄牛造水牛给其孩子跳舞	อยู่บ้านท่านอย่านิ่งดูดาย เปิดกังนัมสไตล์ให้ลูกท่านเล่น ดูอปป้าอย่านิ่งดูดาย เก็บไปจิ้นวายให้ฟินเล่น 寄人篱下别无所事事 播放《江南Style》给其孩子跳舞 看欧巴别置若罔闻，收入梦中臆想性福
เสียทองท่วมหัว ไม่ยอมเสียผัวให้ใคร 宁损大头金，不赠夫于人	มีทองท่วมหัว ไม่เท่ามีผัวเป็นชีวอน 金子满屋高于头，未及有崔始源为夫

　　原泰国熟语谚语旨在教导人们寄人篱下时不要"无所事事（置若罔闻）"，而是应该"捏黄牛扭水牛给其孩子跳舞"报恩，但是现代社会让"其小孩"玩得开心的娱乐活动已经变成了"播放《江南Style》给其孩子跳舞"，因此所改编的内容折射出《江南style》的旋律和舞蹈动作成功赢得了全世界的关注。同样的道理，改编的熟语谚语所提及的"欧巴"，或者超级巨星演员"崔始源"的价值高于"金子满屋高于头"，都是韩国文化与泰国民族民间智慧创造性结合的结果。

　　5.新时代泰国熟语谚语反映了流行文化之当代通信科技的盛行

　　当今社会通信科技和交通的进步是全球化的核心，新时代媒介知识变化浪潮加速了经济、社会、价值观和价值体系的变化进程，电信通信科技越来越受到关注。通信是国家发展的重要基础设施，发达国家已经拥有了现代化的电信通信系统，而他们的电信通信科技的发展在此基础之上又登上了新的台阶，给新时代的通信系统提供了大量的服务，所以这些科技都称得上是真正意义上的流行文化组成部分。

　　飞速变化发展的现代科技使信息科技的使用者数量日趋增长，进而成为现代人日常生活中必不可少的组成部分。这些引领时代的卓越科技在所改编的泰国熟语谚语中也得到了体现，如下文表格所示：

สำนวนเก่า 原熟语	สำนวนใหม่ 新熟语
ว่าแต่เขา อิเหนาเป็นเอง 有嘴说别人，伊瑙也如是	ว่าแต่ดีแทค ทรูมูฟเป็นเอง 有嘴说Datc公司，TrueMove公司也如是
อยู่บ้านท่านอย่านั่งดูดาย ปั้นวัวปั้นควายให้ลูกท่านเล่น 寄人篱下别无所事事， 捏黄牛造水牛给其孩子跳舞	อยู่ออฟฟิศอย่านั่งดูดาย โหลดบิทมากมายเอาไว้ดูเล่น 在办公室别无所事事，下载BT（变态软件）刷刷 อยู่บ้านท่านอย่านั่งดูดาย เปิดwifiให้เพื่อนบ้านเล่น 寄人篱下别置若罔闻，打开wifi分享邻里用 อยู่บ้านท่านอย่านั่งดูดาย ขโมยไวไฟท่านมานั่งเล่น 寄人篱下别置若罔闻，坐偷他家wifi来用用
มือไม่พาย เอาตีนราน้ำ 手不划桨，用脚划水	มือไม่พิมพ์ เอาเม้าส์ลากก๊อป 手不打字，鼠标复制
น้ำขึ้นให้รีบตัก 水涨要速舀（机不可失，时不再来）	น้ำขึ้นให้รีบถ่ายรูปลงเฟส 水涨速度拍照传脸书

可以看出，以上例子都有将新时代科技事物引用到原泰国熟语谚语的改编之中，例如，用原谚语"有嘴说别人，伊瑙也如是"来与TrueMove公司在互联网通讯服务和数字系统上的缺陷作比喻，以此奚落该公司的电话网络信号服务效能与Dtac公司一样在数据传输方面缺乏潜力；再如改编后的熟语谚语所说到的使用"鼠标复制"无须再次"打字"，也表现了在电脑方面的学术知识；再或者改编后的熟语谚语所说到的无媒介通信系统或者称之为wifi（无线上网）的盛行，以及时下流行的拍照发到脸书等，所有这些新生事物都投射出了在全球化浪潮之下当代人的价值观。现代通信技术的使用已成为人们日常生活中的组成部分，也成为了真正的流行文化。

总结

"在互联网媒体背景之下所呈现出来的泰国熟语谚语动态,可以说是被后现代思想所影响的结果,任何一切事物都必将追随文化、时代的浪潮而发生改变。尽管每一个人的满足感、知识面都无从比较,但是唯一能引证和坚持的只有自己的言论。"(ธีระ นุชเปี่ยม, 1998:291)此种后现代思想冲击将无可避免地持续对当代人的世界观和人生观产生影响,正如下文所言:

"后现代状态的产生也许可以从'后(Post)'这个词的含义来分析,首先,'后'为新时代的结束,其结果致使世界步入另一个被称为'后现代时期(Postmodern Era)'的时代,导致了典范转移(Paradigm Shift)的产生,也就是导致了价值观体系的转化,人们开始转身审视曾经信仰和崇拜的原则、信仰、思维方式、理论、思想观念和价值观等,它们如今有所动摇、受到了极大的挑战,与此同时,人们开始寻找符合当前实际情况的新模式和新方法。"(ศาสตร์ ชัยวรพร,2009:58-59)

泰国熟语谚语是一种以指点、训诫、劝告为其宗旨的言论,目的在于让信息接收者践行这些教义。同时,如果从语言和社会维度去研究泰国熟语谚语,还将能看到以各种形式持续变化的语言动态(Dynamic)。这是因为泰国熟语谚语是语言文化的一个组成部分,因此,"任何一种文化,如果没有与其他文化进行传播和交流,那就犹如一潭死水,最终将不可避免地枯竭,就像语言如果没有人使用也终将消亡。"(พระยาอนุมานราชธน อ้างถึงใน อัจฉรา ชีวพันธ์,2004:5)

改编并运用泰国熟语谚语使之符合流行文化的时代要求,被认为是对语言自身功能的利用,此即后结构主义思维方式视角,认为语言是社会中各类事物的标志性含义体系,不附属于人造体系和结构,而是可以依靠各式各样的释义将其分解再次创造。(กฤษดาวรรณ หงศ์ลดารมภ์ และจันทิมา เอียมานนท์,2006:8)

泰国熟语谚语所呈现出来的动态特性,反映了语言的功能不仅仅是人类思想交流的工具,改编后在语言、内容方面既新奇又具有差异性的新泰国熟语谚语还进一步展现了当代人"拆除"旧社会思想和信仰结构的能力,以此否认旧思想、旧信仰用"好""坏"定义诱导人们遵行和践行的计谋,这种洗旧革新现象可谓是一个奋力挣扎的过程,亦是当代人追寻自我文化的过程。泰国数字时代的人们于旧思想旧信仰中挣扎、抗争、抵抗，追求本源，追求自我文化的根源，因为在充满多样化和变动的社会浪潮之中，身陷言语之战的他们已经沦为防守者和执行者多时，他们站在充满多样性和变幻性的战场之上争辩、讨价还价、抢夺一席之地只为了更好地展现自我。

通过推特网传播改编过的泰国熟语谚语，可以说是现代人利用语言自身的功能创建了属于自己的语言文化模式来与政府部门争辩、谈判。另外需要注意的是，新时代泰国熟语谚语出现了很多非标准泰语的新词，融合了很多的俚语和外语借词，体现了特定群体的语言特性。因此被改编的新时代泰国熟语谚语语言，从另一维度体现了当代人们急需在当今社会浪潮中彰显自我以拥有一席之地的特性。

互联网媒体背景之下的泰国熟语谚语动态，除了表明新时代科技媒体与语言文化的融合产生了"文化杂合"，还投射出互联网时代的人们对泰语有着很好的理解能力，他们通过减词、增词、或者在原谚语之后加后缀句子的方式来改编原泰国熟语谚语，以音韵和谐的形式传达新概念，利用泰语的自然属性和特点"玩味"地将之与当今社会的各种形势完美融合。除此之外，互联网媒体上改编的泰国熟语谚语所呈现的流行文化，还指明了泰国语言文化或民族民间智慧能够很好的被二次创造和运用，以饶有兴趣的式与全球化浪潮相融合，将新旧事物创造性地结合在一起。

（原文载于《泰国商会大学人文与社会学学术期刊》2014年第4期）

帕雅（ผญา）谚语：沙功那空府社会文化的资本

Yawalak Saengchan[*]；Chainarong Srimanta[**] 著

何丽蓬 译

前言

泰国东北语言文学以口头和书面的形式展现了文化的多样性。口头文学或文字文学中的语言文化除了旨在达到沟通交流的目的，还旨在保护艺术文化，教导人们认知语言表达的准确性，并展现泰国东北人长期以来的生活方式，而帕雅（ผญา）便是口头文学的表现形式之一。泰国东北文化百科全书（1996：72）如此解释帕雅（ผญา）的含义："帕雅（ผญา）是泰国东北人喜用于谈话交流的习语、谚语，其以记忆传承、民间歌手传唱、佛法讲说、东北民间文学记载的方式传承至今。含义隐晦、犀利且丰富的帕雅（ผญา）主要用于男女青年间的对唱调情，称为卡叻帕雅（ผญาเครือ）而具有教育意义的帕雅则旨在实现对子孙后代的教育。"帕雅（ผญา）称得上是自古传承下来的地方民族智慧（Local Wisdom）遗产，是祖辈们为了实现教育目的而思索创造出来的格言谚语，也是古代教育子孙言行的指南，理应支持并将其作为无价遗产继续传承下去，正如สริพรทาชาติ（2006：ข）所言："พี่น้องเอย อันว่าผญาอีสานนี้ เสมอคำล้านค่าภูมิปัญญาความฮู้โฮมไว้ ให้สืบสานเฮามา

---

[*] Yawalak，泰国东方大学人文社会学院泰语系专任教师，泰国东方大学人文社会学院泰语研究专业哲学博士。

[**] Chainarong Srimanta，泰国东方大学人文社会学院宗教与哲学系。

ซอยกันช่วนซูส่งคำผญาให้ลูกหลานพัฒนาฮุ่งเฮืองไปภายหน้าเพื่อวัฒนธรรมภาษาอ่านเขียนเรียนรู้เด้อพี่น้องเอย（兄弟姐妹们啊，汇聚了东北部民间知识的帕雅（ผญา）是无价的民族智慧，因此，为了更深入地传阅、书写和学习东北语言文化，让我们一起保护帕雅（ผญา）并将其传承给子孙后代，共建繁荣社会吧兄弟姐妹们。）"该阐述旨在引导泰国东北民众明白帕雅（ผญา）的价值，明白帕雅（ผญา）凝聚了祖辈们留给子孙后代的地方民间知识和民族智慧，因此，加强泰国东北语言文化传承方面的学习和发展成为了非常有必要的举措。

帕雅（ผญา），语言优美、流畅、富有节奏韵律，是语言知识运用能力的体现，也是民族民间智慧的载体。正如พระวัชรานนท์ อริญชโย（พรมสมบัติ）（2011：2）所述："东北学者认为，东北先人将教育言论与口语相结合继而产生了帕雅（ผญา），使听众从中获得知识、思想、佛理和乐感。"帕雅（ผญา）谚语是用于教育和警示世人的帕雅（ผญา），对培养和教育泰国东北社会各阶层、各性别、各年龄层人士方面具有重要作用；同时，帕雅（ผญา）谚语是结构、内容和表现形式多样化的帕雅（ผญา）。祖辈们将佛教教义与原始信仰相结合创造出来的帕雅（ผญา）谚语不仅仅是用以实现娱乐效果，也是用于警示、教育、熏陶子孙后代的语言工具，让子孙后代具备正确的道德行为规范。帕雅（ผญา）是民间介质，或者也可以称之为传统介质（Tradition Media），其传承自有着虔诚佛教信仰的东北祖辈，因此，祖辈们在培养子孙的思想观念、价值观念和信仰观念时，必然会选择富含道德思想的帕雅（ผญา）谚语，将行为人置于佛理的美好道德框架之中。因为，美好的生活，除了有助于自我发展，还有助于社会与国家的发展；而当今世界的持续发展，是人的发展，人的发展又是所有事物发展的核心依据，该观点可从国家经济社会发展委员会编著的《国家社会经济发展计划》（第八版）（2007—2011）和《社会经济发展计划》（第十一版）（2012—2016）看到。计划书编写的时间正值社会经济环境快速发展变化并对泰国社会产生剧烈影响的时期，因而重视地方的持续发展显得必要且重要。在以"适足经济"哲学为指导的地方资源管理方面，地方民众有责任去寻找其相应的管理办法，用生活道德规范自我发展方向，而人类的发展将有助于人们实现美好生活，实现社会和平，这些均需要依托佛理来作为践行的依据，例如："ให้ตื่นเดิกคือกาให้หากินคือไก่"（像乌鸦般早起觅食分享他人，像母鸡般觅食哺育小鸡，比喻理应勤以谋生); "งานหลวงบ่ขาด งานราษฎร์บ่ไล" (教育人们要致力于工作,集体工作和私人工作均如是); "นาวาล้ำลำงามดูอาจคัน บ่พายถ่อ เท้าบ่มีได้แล่นไป" (将美好理想比喻为壮丽船只,壮丽船只不划不前行,美好理想不付诸行动事无成)。社会上的人们具备社会文明素质是可喜之事,这将有助于他们看到社会的关联性。就沙功那空府而言,拥有使用帕雅(ผญา)的历史也就意味着拥有了便于助其发展的社会文化资本。其中具有直观教育意义的帕雅(ผญา)就是帕雅(ผญา)谚语,它让人们更清晰地看到佛教影响下的生活方式,例如: "จงให้พากันเจ้าคองขุนให้ ตั้งต่อสู่คนแหล่วบุนนี้เป็นแก่นแท้พาขึ้น สู่สะหวันแหล่ว" (教导人们要行善,行善能使人进入天堂)。帕雅(ผญา)谚语教导人们要看到佛教的价值、人要成为完人必须学习和了解佛教,此即社会文化的资本,是以集体形式或者个体形式创建稳固公民社会或者社区的重要根基。สุจิตตราภรณ์ นาคะลักษณ์(2002: 68-70)指出了社会资本的重要性,可总结为: "泰国经济社会结构持续变迁,由原始农业到知识经济社会以来都强调以经济资本(Economic Capital)为主,尽管发展获得了阶段性成效,但同样也导致了诸多结构层面的问题,因此,必须重新审视发展方向,充分考虑所要面临的各种困难因素和条件,并将该困难因素和条件作为自我完善的经验教训,以发挥社会资本(Social Capital)的作用。"泰国因拥有各式各样的重要社会资本而闻名,如:思想方面的领导者、民族民间智慧、美好的传统习俗、泰国人特有的特性、乐善好施的社会、经济社会活动的合作发展,以及对社会民众价值观和言行举止等产生影响的优良价值体系,这些资本都是社会发展的根基,如若能将这些资本恰当地加以利用就会使其成为泰国社会与国家发展进程的重要推力。沙功那空府是令人向往之地,拥有丰富的自然环境,有作为多条河流发源地的普潘山脉,如:普河、恩河、嘎河等。这些河流是美好文明和传统文化的温床,更是佛教的发源地,佛教林居者们热衷于来此进行严格的佛法修行,多位圣僧便由此诞生于此地,沙功那空也因此被尊称为"东北佛法圣地",所有这些都与该府的口号"佛陀与家园相伴,普潘王宫与城相拥,农涵湖美名扬,蜂蜡宫邸光彩夺目,普泰姑娘天下最美,佛法稳固之圣地"相映成辉。沙功那空人与佛教有着密不可分的联系,是个多民族府份,有泰老族、泰嘎棱族、泰岳族、泰尧族、泰索族和普泰族。沙功那空还是个拥有传统习俗和艺术文化方面的著名传说的府份,同时还是一个交通便利之地,通过那空帕农府、乌汶府、廊开府、和莫拉限府能便捷地通往老挝人民民主共和国、越南社会主义共和国和中华人民共和国。除此之外，沙功那空府还拥有使用帕雅（ผญา）谚语的社会文化，并将其运用于培育子孙后代，在培养社会良人善士方面发挥着重要的作用。基于此，作者产生了将沙功那空府帕雅（ผญา）谚语作为社会文化资本进行研究的兴趣，以期助力于人力资产的发展和促进帕雅（ผญา）谚语的保存，寻求进一步保护和传承的途径。

一 研究目的

（一）挖掘和收集沙功那空府帕雅（ผญา）谚语，并对其进行分类。

（二）分析作为沙功那空府社会和文化资本的帕雅（ผญา）谚语所呈现的佛理、民族民间智慧和传统文化。

（三）研究帕雅（ผญา）谚语的作用及其保护传承的方式，使作为沙功那空府和泰国社会共同社会资本、文化遗产和民族民间智慧的帕雅（ผญา）谚语能够长存于世。

二 研究思想框架

（一）论文研究思路

1. 帕雅（ผญา）谚语是传承自东北祖辈的地方民族民间智慧，是对人类有重要作用的民间文学的组成部分，因而是文化的组成部分，其反映了东北人的思想观、价值观和生活方式，是祖辈们留给子孙后代的民族民间智慧遗产。

2. 帕雅（ผญา）谚语是东北部哲学，因而是具有研究价值的社会文化资本，暗含能够锻炼、熏陶、构建当地人心灵的佛理。

3. 研究了解祖辈的民族民间智慧，一能使人们认识到其遗产价值，二若能践行还可带来生活的幸福安宁，三也是对作为沙功那空社会文化资本的帕雅（ผญา）谚语的一种传承方式。

4. 沙功那空府历史悠久，有"佛法圣地"之称，有为大众所熟知的地方传说和文学作品，如：《帕当囊艾》（红崖艾娘）、《库鲁囊梧》（库鲁王与梧娘）。这些含有佛理和帕雅（ผญา）谚语教义的文学作品在东北民歌传唱中代代相传，产生了族群和文化的多样化，影响了古代帕雅（ผญา）谚语教义的变迁和保存。

5. 收集、整理作为社会遗产和资本的帕雅（ผญา）谚语，使其成为触手可得的、形成网络体系的储备资源，能够在学界和社会发展方面发挥其作用。

（二）研究方法

本次论文采用质性研究法，目的在于探寻、收集和分析沙功那空府社会文化资本之民族民间智慧帕雅（ผญา）谚语，步骤如下：

1. 考察和收集资料。1）作者分别从一手资料和二手资料获得帕雅（ผญา）语料，一手资料有录音片段、故事录音、光盘（CD），二手资料有书籍和论文研究相关资料；2）采用深入访谈法，从田野调查中收集语料。

2. 设计访谈调查问卷。

3. 带调查问卷进行田野调查，对专家进行结构式和非结构式的深度访谈。此次资料搜集途径：1）录音设备；2）照相机；3）记录本；4）访谈问卷。问卷内容有：受访者信息，包括姓名、性别、年龄、地址、职业；访问内容，根据研究目的分别对帕雅（ผญา）谚语的由来、佛理、民族民间智慧、习俗文化、保存现状和保护传承方式进行提问。

4. 将所收集的帕雅（ผญา）谚语按内容分类。

5. 分析社会文化资本帕雅（ผญา）谚语所体现的佛理、民族民间智慧、习俗和文化。

6. 采用目的抽样法，采访仍在使用帕雅（ผญา）谚语的10位专家，就沙功那空府帕雅（ผญา）谚语的作用进行提问，探讨帕雅（ผญา）谚语的保护方式和保存特点。

7. 总结研究结果。

8. 描述分析研究结果。

三 研究成果

（一）帕雅（ผญา）谚语的传承者

"关于帕雅（ผญา）谚语的历史纪事主要来源于尚未有证据证实的口头传说故事，有推断说其来自老挝裔东北人。"（อดิศร เพียงเกษ, 2010: 26-30）他们聪慧且善于观察，将所见所闻整理成具有警示和教育意义的帕雅（ผญา），但并没有文献资料明确记载它是如何产生的，只有口口相传其产生于口才能力了得的有识之士,尤其是像诗人这般。至于帕雅（ผญา）知识的始源,地方民众一致认为始于道行好的僧人,他们作为教育和佛法讲诵领域的有识之士,给听众留下良好印象的同时建立起了听众对他们的信任和信仰。喜爱和欣赏帕雅（ผญา）的人们由此开始学习帕雅（ผญา）,已经会说帕雅（ผญา）的人为了能够成为学徒也寻找机会接近僧人,女性们则往往通过观察（即偷师）以及自我学习的方式来习得帕雅（ผญา）,她们使用帕雅（ผญา）谚语的机会大多源于与男青年之间的打情骂俏,表现机会便是参加寺庙内部举办的帕雅（ผญา）竞技类活动,竞技主题有自我修行、家庭治理、婚嫁、人际社交、工作等,僧人则是活动的训练者和传授者。

（二）帕雅（ผญา）谚语的始源

帕雅（ผญา）谚语有熏陶社会之责任,也有给后辈树立道德观和文明观的责任,是管理社会、规范社会人士品行的有效工具,使人们能够正确地去想、去说和端正自我,并遵守社会条例。不管怎样,帕雅（ผญา）的产生有多个原因,正如พรทิพย์ ซังธาดา（2002：77-79）所述以下帕雅（ผญา）始源观点：

1.源于习俗,因习俗才有机会用帕雅（ผญา）交流

（1）室外露台纺棉习俗,女性在收获季节之后的冬季夜晚聚集于露台织布、纺纱的习俗。男女青年借机相见,用悦耳、押韵的帕雅（ผญา）打情骂俏取悦另一方。

（2）臼碓舂米习俗,旧时东北女性会在夜晚或清晨舂米,男青年则会前来帮忙,彼此因而有了交流机会。

（3）变工互助习俗,各类变工互助活动有耕种、割稻、建房等,体现了农民间的乐善好施和慷慨胸怀,创造了用帕雅（ผญา）娱乐的机会。

（4）读贝叶书习俗,是在丧礼"งันเฮือนดี（丧事娱乐活动）"和产后妇女坐月子时读贝叶书文学作品娱乐听众的娱乐活动。（丧事娱乐活动习俗,是东北人带死者去火化之后在家举办以求吉利的庆祝活动,时间持续3—7天,时间长短取决于主人的身份地位。）

（5）民歌对唱娱乐习俗,民歌歌手是帕雅（ผญา）的收集者和宣传者,他们将帕雅（ผญา）用于各类表演活动娱乐听众。

2. 源于社会教育，东北博学之士将佛教思想和自然界之事物相比较，编成帕雅（ผญา）谚语教育人们要团结、有优良品行，例如：

（1）佛教信仰方面的思想观点，多数来源于帕雅（ผญา）谚语，例如功德思想观点："บุญนี้บ่มีไผปันแจก คันสิคอยแต่บุญมาค้ำ บุญกุศลนี้มันบ่แม่นของไผ ไผทำทานลงไปจั่งสิมี"（功德不可代做，功德不能分享，谁做谁有功德。）（จักกรี ต้นเชื้อ, 采访, 2015.04.28）;"คันแม่นสังโมเจ้าบ่ถือคลองคำสวด แม่นสิบวชฮอด เฒ่าบุญเจ้ากะบ่มี"（教育僧人、责备僧人的言论。即便是僧人，如不遵守佛祖佛法纪律，即使出家至年迈也无益。）（สวาทบุตรเพ็ง, 采访, 2015.5.25）

（2）自然环境方面的思想观点，是源于与自然界的类比，将自然物与类比事物相关联，例如"อย่าไปเก็บดอกผักหวานบ้านเพินมาชม ให้ค่อยงอยวานมาเก็บดอก กระเจียวแคมฮั้ว"（知足常乐之教育。树仔菜是东北民众喜用于烹饪食用的美味作物，食用价值和价格与郁金相各不相同。以此教育人们与其羡慕别家树仔菜，不如拥有自家篱笆旁的郁金）；再如"คันได้กินปลาแล้วอย่าลืมปูปะปล่อย ลางเทื่อปลาขำดาของยังสิได้ปนบู"（莫忘恩情之教育）。

（3）规范品行方面的思想观点，出自博学之士的帕雅（ผญา），尤其是帕雅（ผญา）谚语往往隐含着规范人们品行的思想观点，例如：教育女性美好品行的自我规范，做家庭主妇也要做有价值、受欢迎的贤伉俪，"หญิงใด เฮ็ดกินพร้อม พอเกลือทั้งปลาแดก แมนเป็นข้อยเพิ่นฮ้อยขั้นควรให้ไถ่เอา"（精通厨艺的女子，即便是低微如仆人也要把她赎回娶之为妻）；教育人们言谈要彬彬有礼，不要自命不凡地去教导能人贤士，"อย่าได้วาจาด้านสอนหมำให้หอนเห่า สอนเต่ามุดน้ำคำนั้นบ่ควร"（比喻莫教狗吠，亦莫教龟潜水，此为班门弄斧之行为）。（ดำเกิง วงศ์กาฬสินธุ์, 采访, 2016.5.8）

3. 源于文学作品，用文学作品角色或故事来类比以加深听众对帕雅（ผญา）的理解。例如"เงาะฮูบฮ้ายยังได้กล่อมรจนา ยังได้เป็นราซาซ่ลือทั้งค่าย"〔不应看人以表，应观其内在，比喻红毛丹虽貌丑，但却能娶รจนา（文学作品女主角）为妻，成为有名的果中之王〕。

4. 源于泰国娱乐游戏，将某娱乐活动与正发生的某件事情进行类比，教导人们识时务、知该为和不该为。东北是娱乐型社会，人们常在特殊场合饮酒，如"กินพวมฮ้อน ฟ้อนพวมเมา"（教育人们要像"饭趁热吃才好吃，醉时跳舞更欢愉"般识时务）。（สายนิท แสนอุบล, 采访, 2015.5.25）

根据对帕雅（ผญา）专家的采访，可将帕雅（ผญา）产生原因总结为：其一，可能产生于对日常生活有影响的传统习俗、娱乐游戏，尤其是各类佛教仪式，例如吉庆活动中的招魂仪式、婚礼。就沙功那空府人的佛教教义而言，他们认为追随佛教踪迹极其重要，父母、长辈、亲戚也以此教育子孙们要做好事，目的在于教导人们行善、拥有美好品德。其二，可能产生于各种活动场合里男女青年的打情骂俏。

（三）帕雅（ผญา）谚语的分类

　　帕雅（ผญา）可分为两类，即按表现形式分类和按内容分类。

1. 按表现形式分类，以语言表达形式来做分类依据

　　研究发现此种类别的帕雅（ผญา）分为两种，即散文类帕雅（ผญา）和韵文类帕雅（ผญา）。散文类帕雅（ผญา）由于对用词进行了优选创作，因此尽管没有押韵，但却有文学韵味，其语言表达有声调的高低起伏、声音的拉长、词汇的重读、说话的停顿，使得说出来的帕雅（ผญา）悦耳动听、触动耳神经，能吸引听众产生共鸣；韵文类帕雅（ผญา）全诗各行连续押韵，有词的重复或重叠、押韵以及隐喻，分有以下几种创作结构：单小节帕雅（ผญา），如"กินเข้าโต อย่าโสความเพิ่น"（吃自家饭 莫说人闲话）；首字重复的帕雅（ผญา），如"อยากจนให้ขี้ถี่ อยากมีให้เฮ็ดทาน"（想穷就吝啬，想富做功德。不与人分享将导致缺吃少用。）（สมจิตรใจซื่อ，采访，2015.06.15）；咬文嚼字的帕雅（ผญา），如"คนหลักค้ำใกล้ คนใบ้ค้ำไกล"（智者经商就近，愚者投资择远。聪慧之人就"近"在熟悉的周边环境经商，而愚笨之人则择"远"投资，不知此举难有成效）；诗词帕雅（ผญา），如"น้ำต้องเพิ่งเฮือ เสือต้องเพิ่งดง พระสงฆ์ญาติโยม"（水依船，虎靠林，僧人靠睦邻。教育人们要学会互相依存）；"别"字帕雅（ผญา），如"อย่ามัวหมากหว้ามัน ซิซ้าคำทาง"（别自顾采蒲桃，夜黑将寻路难。若办事请尽快办完，急慢将可能导致损失）（คำเกิง วงศ์กาพสินธุ์ 2015.05.25）。帕雅（ผญา）是当地博学人士从经验中提炼，并将之与所学佛理相融合的产物，听之思之就将能看到世界和生命的真理所在，获得思考的方式，获得原则和方法，获得生活的哲学。

2. 按内容分类，可将帕雅（ผญา）谚语分为以下10类：

　　（1）饮食类，涉及食物的种类与饮食习性方面内容的帕雅（ผญา）谚语。"ของบ่เป็นตาจ้ำอย่าจุ่มลงตัก ของบ่เป็นตากัดอย่ากินสิพวนท้อง บองบ่เป็นตาส้มอย่ามา

กินสิส้มปาก มันสิยากคอบท้อง เที่ยวขี้หยั่งคืน"（不好吃的蘸料别蘸，不好吃的食物别吃，否则反胃；非馋嘴之物吃了也不解馋，为难肚子还跑厕所拉肚子。）（สวาท บุตรเพ็ง，采访，2015年5月28日）

（2）苦乐类，关于苦乐的特点及其产生缘由的帕雅（ผญา）谚语。如"สุขทุกข์นี้ของ กลางเทียมโลกบ่มีไผม้มสิลงทั้นสู่คน"（世上苦乐相伴，世人皆有苦有乐，无人能幸免。）（สายนิท，แสนอุบล，采访，2015年5月25日）

（3）自我类，直白式和类比式自我品行教育的帕雅（ผญา）谚语相对较多，如"ผู้ลางคนมีแต่ย้องว่าตั้งแต่โตดี ผู้อื่นแม่นสิดีปานใด กะบ่อมีแนวย้อง เว้าพื้นความดีนั้น ไผทำกะได้อยู่ ความชั่วเฮ็ดกะได้ ดีฮ่ายอยู่ที่เรา"（有人好自我吹嘘，不颂扬他人之好。如果好善乐施的教育便是"善有善报，恶有恶报"，那么成为善人还是恶人则在于人自心。）（บัวพา พรมวัง，采访，2015年3月18日）

（4）人性类，提醒人们与人社交时适当"回避"或"亲近"的帕雅（ผญา）谚语，是初级人际交往的精炼总结，是进一步认知人性的教导。如 "ผู้ญิงที่น่าเกียด คือผู้ญิงที่ตามใจตัว ผู้ชายที่น่ากลัว คือผู้ชายที่บ่เกรงใจผู้อื่น"（教育人们随心所欲的女人可憎，不尊重他人的男人可怕，这两种特性的人不应亲近。）（บัวพา พรา，采访，2015年4月8日）

（5）生计类，涉及工作、职业、谋生之道或者养家之道的帕雅（ผญา）谚语，分为"应为"和"不应为"两类：1）谋生中"应为"之事是勤奋认真，尽心于私人工作和集体工作，做好准备工作。工作中"应为"之事如："ตื่นแต่เช้ากินยอดฟ้า ตื่นสวยกินขวยขี้ไก่โป"（早起有笋尖吃，晚起吃鸡屎堆。即早起有好早餐，晚起就不剩吃的了。教育勤奋之人谋生机会比懒惰之人多）；2）工作中"不应为"之事，如：今日推明日，"เฮ็ดนำว่าปีหน้า ไปค้าว่าปีฮือ"（种田明年种，生意明年做。）（จักรีต้น เชื่อ，采访，2015年5月25日）

（6）事理类，涉及明事理、周密、不大意的帕雅（ผญา）谚语，教导人们在做决策前三思而后行，饮食、说话和工作方面均应如是，如"เห็นว่ายาวเฮือกเฮื้อยอย่าฟ้าวว่า ปลาไหล ลางเทื่อเป็น แนวงู สิตอดตายบ่ทันฮู้"（见爬来一长条别急说是鳝鱼，有可能是蛇，不然被蛇扑咬怎么死都不知道。）（บัวพา พรมวัง，采访，2015年4月8日）

（7）善恶类，涉及功德—罪孽、业报类的帕雅（ผญา）谚语较多，这是缘于佛教信仰所致。何人种下何种业绩，必将得到相应的业报，行善业获善报，行恶业获恶果。即使死去了其因果业报也未终止，业报未尽之人必须生死轮回于世上直至业报尽。如："บาปอยู่ผู้อยู่นำ กรรมอยู่นำผู้สร้าง"（罪孽与恶行者同在，业报与施行者相伴。）（พระธรรมพิมล，采访，2015年4月28日）

（8）社交与人际关系类，选择性交友是隐藏在帕雅（ผญา）谚语古代哲学中的又一项重要内容。这是因为乐善好施的东北人比较重视人际社交，而人际社交进一步促进了生活的繁荣发展，是人们彼此间互相信任的体现。如："คบคนให้เบิ่งหน้า ซื้อผ้าให้เบิ่งเนื้อ"（交友看脸，买布看料）；"คบคนดีเป็นจรีแก่ตัว คบคนชั่วอปราชัย"（交友佳则吉祥，交友损所遇皆不利。）（ดำรง วงศ์กาพสินธุ์，采访，2015年5月26日）

（9）德行与道义类，帕雅（ผญา）谚语是用于教育的帕雅，因此有很多反映德行与道义、父母子女和一家之长之间行为规范的内容，听众从中可获悉何为"善者"，并将"善"当成规范自我品行以成为社会之善者的指南，促进国家的繁荣与安康太平，如："เผิ่นยังว่าลมปากหวานคืออ้อยสามสวนบ่อหวานทอ มือถือสากปากถือลีลดีแต่เว้า ใจนั้นฮ้ายกั่ว โจร"（比喻三甘蔗园甜不过甜言蜜语，然嘴之甜在于是否真心，若口蜜腹剑则与盗匪无异。）（สวาท บุตรเพ็ง，采访，2015年5月28日）

（10）求学与智慧类，重视对各类事物地学习的帕雅（ผญา）谚语，认为人必须有"师"，第一位教师便是自己的父母，长大之后外出求学进修，因为知识的源泉大多在家之外；学成之后用所学知识去工作，为自己和赖以生存的社会创造利益，如："คันบ่ออกจากบ้านเห็นด่านแดนไกล คันบ่ไปหาเอียน กะบ่มีความฮู้"（如不离家远行就不见祖国之辽阔，如果不学习就将没有知识。）（พระสมราพ โชติปัญโญ บวชเพื่อพัฒนาชรวิตแผ่น CD3）。研究以上各类帕雅（ผญา）谚语内容发现其意义和宗旨在于感化社会、培育德行、实现教育或禁令，人们在用道德规范约束自我时若有违背（违背传统习俗法则）就将犯错。为实现个人生活的美好发展和社会中人与人之间的和谐共处，此举称得上是有效规范人们行为的社会管理办法。

（四）帕雅（ผญา）谚语：社会文化资本

帕雅（ผญา）谚语是沙功那空府社会文化资本，而国家经济社会的变化强调以经济发展为重，正如สุจิตตราภรณ์ นาคะลักษณ์（2002：70）所述"社会资本的转化应当是将抽象资本进一步具象化，而正确有效运用社会资本的前提是必须先评估现有资本。泰国拥有多种作为社会发展重要根基的社会资本，其影响着人们的价值观和行为，是推动社会发展的助力"。作者就此研究了以下三个内容：

1. 帕雅（ผญา）谚语所反映的佛法信仰

佛法的含义，根据《帕拉查沃拉穆尼（พระราชวรมุนี）》（修正扩充版）（ประยุทธ์ ปยุตโต，1982）的释义，佛法即佛祖的教义原则，不仅仅是寻找慧学真相，更是要付诸行动；

研究发现东北人有极深的佛法信仰，并将佛法思想践行于生活之中，其佛法思想有：（1）真理思想；（2）佛教三学思想；（3）知足常乐思想；（4）舍弃烦恼、爱欲、三欲思想；（5）善恶思想；（6）生死轮回思想；（7）天堂与地狱思想；（8）龙王信仰思想。

2. 帕雅（ผญา）谚语所反映的东北博学之士民族民间智慧，具体如下：

——与语言相关的民族民间智慧，即语言押韵和谐而具有艺术性，遣词用字和声调富有创造性；

——与大自然相关的民族民间智慧，即关注大自然的民族民间智慧、与自然共处的民族民间智慧、利用大自然来锻炼坚韧意志的民族民间智慧，并将民族民间智慧践行于人与自然的相处之中；

——与教育相关的民族民间智慧，加强子孙后代对教育的重视；

——与政治统治相关的民族民间智慧，可借鉴于国家管理方面。

3. 帕雅（ผญา）谚语所反映的习俗文化，如下：

——"十二习俗，十四戒律"风俗，帕雅（ผญา）谚语内容涉及"十二习俗"（即每月的功德习俗，与沙功那空府人民的生活方式有着极深的联系），该习俗旨在传播各月份的功德习俗及相关知识，邀约人们组织各类习俗活动。"十二习俗"，分别有正月节—思过别住节，二月节—祭稻魂节，三月节—供奉烤糯米团节，四月节—诵《本生经》节，五月节—淋福水节，六月节—放高升节，八月节—入夏节，九月节—祭品节，十月节—祭祀节，十一月节—解夏节，十二月节—迦絺那衣节；至于"十四戒律"则是统治者的行动指南；

——阅读贝叶书习俗。

4. 社会文化的资本

（1）社会资本的含义

社会资本，指的是与美好道德相符的、正确的价值观，明确指出如果所述价值观与美好道德相违背则不归入社会资本之列。因为社会资本注重亲密的人际关系和信仰价值，而亲密的人际关系和信仰价值将促使人们在优良准则和传统习俗背景下相互关心、相互尊重、相互帮助、相互信任、相互感恩，并系统的体现在具有共同利益的组织或团体之内。

（2）"社会资本"组成要素

从以下社会资本组成要素角度解析帕雅（ผญา）谚语，可发现其具有成为社会文化资本的特性，具体如下：

——结构和功能视角（Structureal/functional based）；

——集成或结果视角（Integration/result based），有1）佛教学；2）地方意识；3）地方民族智慧；4）个人和集体资源；5）自然资源资本；6）社区文化生活的共性和特性；7）互尊互助品质。

（五）帕雅（ผญา）谚语的作用与保存，如下：

（1）帕雅（ผญา）谚语与东北人生活方式的联系：帕雅（ผญา）谚语促进了社会人际交流、熏陶品行督促人们行善，并培育人们自觉行善并实现幸福的生活，由此可见帕雅（ผญา）谚语与东北人生活方式之间的密切联系；

（2）帕雅（ผญา）谚语的作用：创造娱乐、愉悦心情、教育和传播知识、激发思维、教导和管理社会、链接人际社交的媒介、记录事件以及反映社会情况，是坚定精神意志和增进信心的工具；

（3）帕雅（ผญา）谚语的保存有以下特点：1）僧人之于帕雅（ผญา）谚语的保存：僧人通过传播帕雅（ผญา）谚语，促进传统美德、习俗和文化习惯的保存；2）家庭妇女与帕雅（ผญา）谚语的保存：家庭妇女带着美好的愿望将帕雅（ผญา）谚语传授给子孙后代；3）广播电台工作人员与帕雅（ผญา）谚语的保存：广播电台工作人员是将帕雅（ผญา）传播给听众的传媒，旨在实现语言的艺术性，吸引听众追踪节目；4）宗教仪式主持者与帕雅（ผญา）谚语的保存：招魂术士作为传播帕雅谚语的自媒体，他们往往是年长者，也是宗教仪式的主持者，因而在用帕雅（ผญา）谚语的教育言论教导后辈的同时也将帕雅（ผญา）谚语传授给了后辈；5）政治家和主持人；

（4）帕雅（ผญา）谚语的保护与传承方法：1）体系之内的学习；2）体系之外的学习；3）以兴趣为导向的学习。

四 论文讨论

分析《帕雅（ผญา）谚语：沙功那空府社会文化的资本》发现：帕雅（ผญา）谚语形式多样，简单不复杂，具有诗词特性，表现形式随着帕雅（ผญา）内容和类型的变化而变化，遣词用字悦耳优美、韵律恰当而不拘谨，所用习语为东北部老挝裔方言，因而使得沙功那空府帕雅（ผญา）谚语用词特性与其他东北习语没有太大的差异性。沙功那空府虽是个多族群的府份，但是各族群都有的一个共性便是使用具有共同思想内容的帕雅（ผญา）谚语。这些帕雅（ผญา）谚语除了词汇与口音存有差异性，其内容类别以及所反映的东北人世界观则具有相似性，都是以教育为宗旨，而相似的原因在于沙功那空人遵循"十二习俗，十四戒律"以规范生活，并以此规范人们成为有道德的好人。在帕雅（ผญา）谚语的使用方面也是如此，乌汶叻差他尼东北老挝后裔突出的帕雅（ผญา）谚语使用能力使得产生于沙功那空府的帕雅（ผญา）谚语与乌汶叻差他尼的帕雅（ผญา）谚语具有相似性。

帕雅（ผญา）谚语，民间博学者所创造之产物。帕雅（ผญา）谚语以遵循佛理为其主要思想观点，由此可见它的产生主要源于佛教影响，其通过行善除恶让人们明白生命的真理，懂得知恩图报、明白业报的定律、拥有勤奋和忍耐的品质、知晓自己才是自己的靠山，遭遇复杂混乱之事懂得理性解决，重要的是懂得维持和约束自我行为，如此这般便是很好的悟到了佛理的本质。帕雅（ผญา）谚语该佛理观点与ประคอง กองทุ่งมน（2001）论文《论普泰族佛教信仰社会现象》中关于生死轮回、业报、地狱、天堂信仰和善有善报的研究结果相符。学习帕雅（ผญา）谚语，将能使人知道和了解藏于帕雅谚语之中的地方民族民间智慧与佛理一样暗含着对人们的行善思想的培育。帕雅（ผญา）谚语特有的民族民间智慧是语言运用方面的民族民间智慧，是玩词弄字的押韵，也是不拘泥于韵律学的诗词。此外，因为语境和社会形势对帕雅（ผญา）谚语的使用具有重要的作用，因此，呈现持守戒律之民族民间智慧的帕雅（ผญา）谚语使人们具备了正确的、符合社会形势的生活方式。从帕雅（ผญา）谚语语料来看，还可发现帕雅（ผญา）谚语以简单易懂的方式择近身之物作为切入点以实现对各类事物的解释和类比。

除此之外，呈现在帕雅（ผญา）谚语中的传统习俗体现了人与人共处的社会人际关系，其中以帕雅（ผญา）谚语所呈现出来的地方优良传统习俗之"十二习俗，十四戒律"最为突出。东北人或沙功那空人对仪式典礼有着很深的信仰，至今还能看到以招魂术士和巫师为媒介建立人鬼神之间联系与信任的仪式。沙功那空之所以拥有帕雅（ผญา）谚语作为社会文化资本，是得益于当地人谨以佛教戒律约束自我，自我约束思想和戒律也就由此顺势发展成为当地社会文化资本。

通过研究帕雅（ผญา）谚语的作用和保存现状发现帕雅（ผญา）在当今的作用日趋减弱，这种现象的产生缘于青少年后代认为帕雅（ผญา）谚语的使用不仅复杂且落伍。现代社会发展进程的浪潮影响着东北的子孙后代，有着重要作用和社会地位的僧人不再是百姓所能依靠的对象，僧人作为曾经的社会发展引领者的地位已不复当初。此外，诸如家庭与寺庙之间的功德活动等传统习俗活动及其作用也在减少，迫使帕雅（ผญา）谚语的个人运用能力成为了帕雅（ผญา）谚语发挥作用的决定性因素。

保留至今的帕雅（ผญา）谚语是短句式帕雅（ผญา）群，以直观的方式反映其思想观点使之便于记忆和运用。此外，必须把强调教育、重视智慧的帕雅（ผญา）群及其保护和传承方式归入教育系统的一部分，只有如此才能使其永存于世。保护和传承帕雅（ผญา），就应当将帕雅（ผญา）知识运用于教育教学之中，包括系统内外的教学以及以个人兴趣爱好为导向的学习。系统之内的学习即将帕雅（ผญา）知识落实于课程设置之中，形成教学体系；至于系统之外的教育教学则举办与帕雅（ผญา）相关的活动，开办各种形式的学习场所乃至兴趣基地。单位管理部门必须要看到作为东北人遗产和民族民间智慧的帕雅（ผญา）谚语的重要性。

五　论文应用成果及后续研究建议

（一）应用成果

1. 将所搜集到的帕雅（ผญา）谚语作为泰语学习内容，引入泰语教学活动中；

2. 将本研究提供的思路应用于帕雅（ผญา）谚语的保护之中；

3. 地方民族民间智慧保护部门制定传承帕雅（ผญา）谚语的传承方案或政策；

4. 有效宣传帕雅（ผญา）谚语，发挥帕雅（ผญา）谚语培育青少年的作用。

（二）后续研究建议

1. 研究将社会资本最高限度加以利用的具体途径；

2. 研究传承帕雅（ผญา）谚语的途径，将之应用于民族民间智慧的培养；

3. 研究其他区域的帕雅（ผญา）谚语，探寻、了解各地社会环境，宣传和传承帕雅谚语。

（原文载于《泰国东方大学人文社会学术期刊》2017年第48期，参开文献省略）

壮语谚语的结构、修辞特征及其文化内涵探析

——以广西靖西县果乐乡壮语谚语为例

李秀华[*]

谚语是文化现象中最简练、最经济的语言符号，它是一种定型的语言表达形式，其内容涵盖生活常识、生产经验、人生哲理、道德观念等各方面。"它用简单通俗的话语反映出深刻的道理，是语言使用者智慧的结晶和经验的总结，是语言的精华。"[1]谚语的语料不仅是语言学研究的重要素材，也是民族学研究的重要素材。通过谚语研究我们还可以进一步去了解一个民族的精神面貌、风土人情和历史文化。

关于谚语的界定，学界众说纷纭。[2]笔者在这里把具有大众化、口语化、定型化、通俗化特点的语句都归为谚语，认为谚语是人民群众在日常生活中广泛地进行口耳流传并约定俗成的固定语句。壮语谚语是壮族语言词汇系统中非常有特色的一种语言形式，历来主要由口头相传，没有文字传承，缺乏文献记载。随着时代的变迁，使用壮语谚语的壮族人群日益减少，对其挖掘与记载日显迫切。笔者以广西靖西县果乐乡壮语言语为基础，对壮语谚语的结构修辞特点和文化内涵做初步描写和分析。

一 壮语谚语的结构特征

谚语是由具有定型性的词组或短语组成，结构简单，句式简洁，通俗易懂。谚语有自己的习惯用法，不能望文生义。它在结构上一般不能随

---

[*] 作者：李秀华，壮族，广西财经学院教师，讲师，文学博士，主要从事壮侗语言文化研究。

意切分，如若切分，谚语的原有含义将会消失。壮语谚语同样具有这些特征。在语句结构上，壮语谚语还有其自身特点，它语句长短不一，有停顿的，也有不停顿的。这里把没有停顿的语句归为单句式谚语，把有停顿的语句归为多句式谚语。现以靖西县果乐乡壮语谚语为例简要描述。

（一）单句式

单句式的谚语中，每一句谚语都是一个完整语句，中间不用逗号隔开，说出时也无须停顿，例如：

1. meu^{31} $\theta a{:}m^{45}$ kha^{45}.
　　猫　　三　　脚
　　意译：停不下来。（引申：失去平衡，晃个不停。）

2. ηau^{213} thu^{34} meu^{31}.
　　恶心　豆　猫
　　意译：惹人恶心。（引申：人们认为蚕豆吃多会引发恶心、呕吐。）

3. meu^{31} ke^{34} tok^{55} $khjəŋ^{55}$.
　　猫　老　掉　碗橱
　　意译：出乎意料。（引申：经验丰富却突然失利。）

4. $khjei^{55}$ lut^{55} $khət^{55}$ $thəŋ^{34}$.
　　屎　内急　挖　洞
　　意译：临时抱佛脚。（引申：未做准备，来不及。）

5. $ka{:}\eta^{55}$ $va{:}m^{31}$ pai^{45} tei^{213}.
　　说　话　去　地方
　　意译：语无伦次。（引申：说话找不到思路。）

6. dau^{45} dei^{34} tok^{55} $zəu^{31}$ mu^{213}.
　　星星　　掉　孔眼　石磨
　　意译：极其吝啬。（引申：星星掉进去磨孔并不可能，意指为人小气到极点。）

7. kin^{45} po^{33} $tha{:}i^{45}$ $la{:}i^{31}$ pei^{31}.
　　吃　不　死　反而　肥
　　意译：不干不净，吃了没病。（引申：没必要讲究太多。）

（二）多句式

目前收集到的多句式壮语谚语主要为双句式，这类谚语的语句要分前后两部分，说出时需停顿，书写时需用逗号隔开。例如：

1. pat^{55} po^{33} kjai^{34}, məu^{45} po^{33} ma^{45}.
   鸭子 没有 鸡　猪　没有 狗
   意译：一穷二白。（引申：家里一无所有。）

2. la:ŋ^{213} po^{33} la:n^{31}, pa:k^{55} po^{33} təu^{45}.
   牛棚 没有 闩　嘴巴 没有 门
   意译：滔滔不绝。（引申：形容一个人说话没完没了。）

3. ton^{45} lut^{55} ton^{45} le^{33} ma^{31}, ton^{45} ka^{31} kəm^{55} le^{33} ʐon^{213}.
   屁　急　屁　就 来　屁　夹住 屁股 就 叫嚷
   意译：习以为常。（引申：放屁是正常现象，不必大惊小怪。）

4. ʐa:i^{33} phei^{45} ʐa:i^{33} ʐa^{213}, ta:m^{45} kok^{55} jəu^{34}.
   凶　鬼　凶　瘟疫　连接 角落 住
   意译：穷凶极恶。（引申：人生短短几十年，不必如此过分。）

5. dei^{55} dei^{55} meŋ^{31} ʐən^{213}, tha^{45} tha^{45} ŋa:u^{213}.
   胆子 胆子 苍蝇　墨蚊　眼睛 眼睛 小虾
   意译：鼠目寸光。（引申：胆小也就罢了，目光还短浅。）

6. nok^{33} dai^{45} dai^{55} khon^{45}, kən^{31} dai^{45} dai^{55} naŋ^{45}.
   鸟　好　得　毛　人　好　得　皮
   意译：人靠衣装，美靠靓装。（引申：外表美是可通过打扮而来。）

7. ŋa:m^{34} ʐəu^{33} ŋa:m^{34} kwa:i^{45}, ŋa:m^{34} kwa:i^{45} ŋa:m^{34} ljeu^{33}.
   刚刚 知道 刚刚 聪明　刚刚 聪明 刚刚 完蛋
   意译：为时已晚。（引申：刚知晓如何做却已没机会。）

8. mei^{31} than^{45} phei^{45} tha:m^{55} nam^{33}, mei^{31} ʐəu^{33} tha:i^{45} naŋ^{31}.
   不　见　鬼　挑　水　不　知道 死　活
   意译：不见棺材不落泪。（引申：鬼挑水指的是阴间生活。）

由此看出，无论是单句式谚语还是双句式谚语，壮语谚语都是以通俗易懂的词语表达深刻的道理，其结构简单，句式简洁。

二 壮语谚语的修辞特征

修辞是指在语言使用过程中,运用多种语言手段来获得良好表达效果的语言活动。谚语多以人们所熟知的形象、比喻及易于记忆的表达方式呈现人们世代积累的经验和形成的价值观。[3]壮语谚语同样如此,它之所以能够简练明快、富有节奏感,除了得益于它的句式工整对仗外,还归功于它对修辞的运用,修辞的大量运用使得这些谚语语句具有独特的韵律美,从而便于诵读、易于记忆、广泛流传。

(一)语音修辞

壮语谚语运用了整齐押韵的语言方式,读起来朗朗上口,听起来和谐悦耳。这种极富音乐美的谚语语句,其押韵方式是灵活多样的。笔者收集到的谚语的语音修辞方式主要有各音节皆韵、间隔押韵和首尾押韵等。

1. 各音节皆韵

各音节皆韵,是指谚语语句中,各个音节的主要元音相同或相似,赋予押韵的节奏。如下:

(1) ma^{45} hau^{34} ha:i^{45}.
　　狗　吼　月亮

意译:装腔作势。(引申:没多大用处。)

(2) tha:i^{45} pha^{55} pa:k^{55}.
　　死　片　嘴巴

意译:咎由自取。(引申:爱嚼舌根惹来麻烦。)

(3) nam^{33} kwa^{34} laŋ^{45} pat^{55}.
　　水　过　背后　鸭子

意译:徒劳无功。(引申:丝毫记不住,浪费口舌。)

一个音节是否足够响亮,取决于韵母,韵母是否足够响亮,关键在于韵腹,而韵腹是由主要元音来充当的。在以上各音节都押韵的谚语例句中,每个音节韵母的主元音都集中在开口度很大的a上,押的都是"a"韵,使句子读起来清澈响亮。

2. 间隔押韵

间隔押韵是指在谚语语句中,押韵的音节中间有其他词来隔开。笔者收集到的壮语谚语的间隔押韵句有单句式谚语,也有双句式谚语,比如:

（1）khau⁵⁵ θaŋ⁴⁵ jau⁴⁵ θaŋ⁴⁵.
　　　米饭　什么　担忧　什么

意译：各有烦忧。（引申：吃什么饭，愁什么活儿。）

（2）tot⁵⁵ kho⁵⁵ zon²¹³ o⁵⁵ o⁵⁵, tot⁵⁵ pha⁵⁵ zon²¹³ a⁵⁵ a⁵⁵.
　　　脚藓　指节　嚷　噢噢　脚藓　成片　嚷　啊啊

意译：表里如一。（引申：该是什么就是什么。）

以上的单句式谚语间隔押的是"au"韵，双句式谚语间隔押的是"o"韵和"a"韵。

3. 首尾押韵

首尾押韵是指谚语语句的首尾音节有押韵现象，它可分为脚脚押韵和脚头押韵两类。其中，脚脚押韵的谚语是指前一句的尾字与后一句的尾字押韵；脚头押韵的谚语指的是前一句的尾字与后一句的首字押韵。如以下例句：

（1）脚脚押韵：

① hai⁵⁵ khu⁴⁵ hai⁵⁵ khu⁴⁵, khjei⁵⁵ kjai³⁴ tam⁴⁵ khau⁵⁵ nu⁴⁵.
　　 哭　笑　哭　笑　　屎　鸡　舂　米饭　糯米

意译：阴晴不定。（引申：一会哭一会笑，让人摸不着头脑。）

② θui³⁴ na⁵⁵ po³³ θui³⁴ khjəu⁴⁵, ləm³³ laːm²¹³ le³³ kwa³⁴ həu⁴⁵.
　　 洗　脸　不　洗　耳朵　　抚摸　　就　过　无实意

意译：粗枝大叶。（引申：做事不够认真细心。）

（2）脚头押韵：

① pan³¹ le³³ ʔau⁴⁵, nau⁴⁵ le³³ ja³⁴.
　　 成　就　要　没有　就　了

意译：顺其自然。（引申：不必强求。）

② meu³¹ ʔok⁵⁵ təu⁴⁵, məu⁴⁵ hat⁵⁵ siŋ³⁴.
　　 猫　出　门　老鼠　做　戏

意译：无人管制。（引申：因无人管制而无拘无束。）

在这里，脚脚押韵的韵脚主要见于尾韵"u"和"əu"；脚头押韵的韵脚较多的是脚头韵"au"和"əu"。

（二）语义修辞

壮语谚语常以口语化、形象性的语言形式表达深刻的道理，修辞格的灵活运用传达出了丰富的语义内涵，也使谚语的形式趋于多样化，并具有很强的说服力和感染力。

1. 比喻

比喻是果乐壮语谚语中最喜闻乐见的一种修辞方式，它把具体的事物与抽象的事物在意义上联系起来，使被描写的事物更加的鲜明生动形象。例如：

（1）θam^{45} khon^{45} pei^{55} zok^{33} mo^{31}.
　　　心　　毛　　这样　杂草　黄牛

意译：心狠手辣。（引申：心地就如同喂牛的杂草一样。）

（2）vo^{31} luŋ^{45} zəu^{31} ŋeu^{213}.
　　　脖子　大　孔眼　茶壶

意译：小气吝啬。（引申：胸怀就如茶壶孔一般大。）

（3）ma:k^{55} khoŋ^{55} tai^{213} kjam^{213}, pan^{34} θa:ŋ^{55} khja:ŋ^{34}.
　　　果子　　敲　　很　　敲打　　转　　如　　陀螺

意译：调皮受惩罚。（引申：形容小孩打坏东西受惩罚。）

（4）kjon^{33} taŋ^{31} phik^{55} me^{213}.
　　　没熟　如　芋头　母

意译：非常顽皮。（引申：人们认为芋头分公母，母芋很难煮熟。）

2. 对偶

对偶是指句子前后部分结构相同、音节数量相等、意义上密切相连并能对称地排列在一起。对偶借助这种整齐对称的形式，让谚语语句变得匀称和谐。例如：

（1）ʔəm^{34} pa:k^{55} jak^{55} toŋ^{33}.
　　　饱　　嘴巴　饥饿　肚子

意译：胃口不佳。（引申：虽感觉饿，却不想吃。）

（2）si^{55} θi^{55} phoŋ^{45} khwa^{34}.
　　　拉　上衣　补　裤子

意译：非长久之计。（引申：拆东墙补西墙，临时勉强应付。）

（3）noi^{45} jam^{213} khau^{55} ʔok^{55}.
　　　早上　夜晚　进　　出

意译：人情世故。（引申：平日里的礼尚往来。）

（4）tha⁴⁵　mei³¹ than⁴⁵，θam⁴⁵ mei³¹ kai³¹.
　　　眼睛　没有　看见　　心　没有　难受

意译：眼不见，心不烦。（引申：某事不堪入目。）

（5）θam⁴⁵ po³³ kjei⁴⁵，mok⁵⁵ po³³ θai⁵⁵.
　　　心　没有　簸箕　　肚子 没有　肠子

意译：心中无底。（引申：对某事没底，心里空落落。）

有的谚语是对偶与对比的兼用，从内容上看是对比，从形式上看是对偶，如：

（1）nam³³ lai⁴⁵ to³¹ loŋ³¹，kən³¹ phjai⁵⁵ to³¹ khən⁵⁵.
　　　水　流　向着　下　　人　走　向着　上

意译：水往低处流，人往高处走。

（2）khau⁵⁵ khjəu⁴⁵ θai³³，ʔok⁵⁵ khjəu⁴⁵ θa⁴⁵.
　　　进入　耳朵　左边　　出去　耳朵　右边

意译：左耳进，右耳出。

3. 拟人

在壮语谚语中，人们也善于借助丰富的想象，把事物摹拟成人的特性。如下例句：

（1）kəm³⁴ kap⁵⁵ ŋaŋ³¹ zəu³³ khu⁴⁵.
　　　屁股　青蛙　仍然　知道　笑

意译：谁都会嘲笑。（引申：形容傻到了极点。）

（2）ma⁴⁵ kjan³⁴ jan²¹³ thaŋ⁴⁵.
　　　狗　短尾　赞　尾巴

意译：自吹自擂。（引申：尾短本是缺点，却还炫耀。）

（3）mak⁵⁵ tha⁴⁵ luŋ³¹ kwa³⁴ toŋ³³.
　　　果子　眼睛　大　过　肚子

意译：贪心不足。（引申：眼睛比肚子还大。）

4. 夸张

在壮语谚语中，人们还乐于对事物的特征、形象与程度等进行扩大或缩小的描述，从而使原事物的形象更富感染力。例如：

（1）ma:k⁵⁵ ta:u³¹ θin⁴⁵ kəm³⁴ daŋ³⁴，ko⁴⁵ ma:k⁵⁵ fa:n²¹³ kja:ŋ³¹ ŋan³¹.
　　　果子　桃子　神仙　屁股　末处　棵　果子　万　两　　银子

意译：仙桃值万钱。

（2）ʔaːm³⁴ tsi³⁴ nau²¹³, vaːi²¹³ taŋ³¹ paːn³¹.
　　　口　肉　腐烂　坏　全部　盘子

意译：集体受牵连。（引申：一点小毛病坏了整件事。）

（3）thei⁴⁵ pja³³ kja⁵⁵ meŋ³¹ zən²¹³.
　　　拿　刀　杀　苍蝇　墨蚊

意译：大材小用。（引申：不能充分发挥其作用。）

5. 顶针

壮语谚语也常常会运用顶针这一修辞手法，以简单的词语表达具体的事物形象，其特征是用前一句的尾字作后一句的首字，使相邻的语句蝉联。比如：

（1）kin⁴⁵ ton³⁴, ton³⁴ bau³⁴.
　　　吃　顿　顿　空的

意译：吃了上顿没下顿。（引申：懒于安排，随心所欲。）

（2）hat⁵⁵ θai²¹³, θai²¹³ ma⁵⁵.
　　　做　什么　什么　成长

意译：心灵手巧。（引申：养什么，什么都长得好。）

综上，壮语谚语是一种高度精练的艺术语句，它用通俗易懂的词汇揭示深刻的道理。各种修辞手法的灵活运用，使语句读来顺畅和谐，便于口头流传，易于人们理解。

三　壮语谚语的文化内涵

谚语是民族文化的重要组成部分，它具有鲜明的地域性和民族性。壮语谚语是壮族人民生活社会实践经验的总结，它句式灵活，通俗活泼、生动形象，其涵盖的内容广泛而丰富。它以多种形式把人们在日常活动中的精神状态折射出来，并在一定程度上反映了壮族人民的生活智慧与文化底蕴。

（一）劳动经验

壮族是一个传统的农耕民族，靠耕田种地达到自给自足的人们，常年从事田间生产劳作，在劳动过程中，人们常常乐于编造出与气候、生产方式、劳作态度等有关的各种谚语，有关注气候变化的谚语："poŋ²¹³ pi²¹³ nem⁴⁵ tam⁴⁵ phon⁴⁵ te³³ loŋ³¹（蜻蜓低飞，雨要下了）"；有反映干活不用心、懒惰不得食的劝告："ka:ŋ⁵⁵ jen³¹ na³¹ la³³ kha⁵⁵ kjai³⁴（讲田边却捞鸡腿）"、"kjan³³ kjəu²¹³ le³³ tsam⁵⁵ kui⁴⁵（懒惰的人就如牛戴上口罩，没有东西吃）"；也有反映丰收时节的忙碌景象，例如"ba⁵⁵ thu⁴⁵ po³³ dai⁴⁵ tha:ŋ⁴⁵（忙首顾不了尾）"；还有反映劳动所带给人的快感与乐趣，如"tho³¹ the³¹ θa⁵⁵ mai³³, kjau⁴⁵ ʐut⁵⁵ tot⁵⁵ pəm²¹³（伐木就如屁声一样清脆悦耳）"等等。

（二）处世之道

壮语谚语中有关处世道理的句子尤为丰富。这些谚语多数反映出当地人们为人处世的人生观念与性格态度，内容涉及人际交往、品德行为、婚姻家庭等方面。包括出门在外交友要慎重，"jəu³⁴ ʐun³¹ paŋ³¹ po²¹³ me²¹³, ʔok⁵⁵ təu⁴⁵ paŋ³¹ paŋ³¹ jau³³（在家靠父母，出门靠朋友。）" "kjap⁵⁵ ŋəu³¹ khau⁵⁵ ʐuŋ³¹ khwa³⁴（捡蛇进裤裆，自找麻烦。）"；人与人之间既要讲究信任，"than⁴⁵ naŋ⁴⁵ mai³³ po³³ than⁴⁵ θam⁴⁵ kən³¹（知人知面不知心。）"；也要讲信用，"khjo⁴⁵ van³¹ khjo⁴⁵, kam³³ van³¹ kam³³（有借有还，再借不难。）"。当然，人们不仅重视日常交友，也很看重家庭氛围与子女的教育问题，比如："au⁴⁵ mi³¹ mei³¹ men²¹³ do⁵⁵ θa:m⁴⁵ ta:i³¹（娶不好媳妇穷三代。）" "po²¹³ po³³ θon⁴⁵, me²¹³ po³³ kja:u³⁴（没有教养。）"意指孩子若无父母管教会很粗鲁，没有教养。

（三）社会生活

关于社会生活中的谚语主要有训诫、警示、鼓励等内容。有对美好生活的向往与积极追求，如："kjai³⁴ tok⁵⁵ boŋ⁴⁵ khau⁵⁵ θa:m⁴⁵（鸡掉箩筐米，正合心意。）" "nam³³ lai⁴⁵ to³¹ loŋ³¹, kən³¹ phjai⁵⁵ to³¹ khən⁵⁵（水往低处流，人往高处走。）"；有做人不能过于浮夸、小气、贪婪的训诫，如："ma⁴⁵ kjan³⁴ jan²¹³ thaŋ⁴⁵（短尾自夸）" "vo³¹ luŋ⁴⁵ ʐəu³¹ ȵeu²¹³（脖大如茶壶眼）" "mak⁵⁵ tha⁴⁵ luŋ³¹ kwa³⁴ toŋ³³（眼比肚大）"；也有做人要脚踏实地、安分守己的警示，如"θui³⁴ na⁵⁵ po³³ θui³⁴ khjəu⁴⁵, ləm³³ la:m²¹³ le³³ kwa³⁴ həu⁴⁵（粗枝大叶）" "lau³³ θa:m⁴⁵ lau³¹ θei³⁴（油嘴滑舌）"，等等。

（四）审美价值

俗话常说，爱美之心，人皆有之。壮语谚语蕴含丰富的审美内容与审美价值。有反映人们审美价值观念的谚语，从"nok^{33} dai^{45} dai^{55} khon^{45}，kən^{31} dai^{45} dai^{55} naŋ^{45}（人靠衣装，美靠靓装）"可看出人们对外在美的理解与注重，也有对"θam^{45} khon^{45} pei^{55} ʐok^{33} mo^{31}（心狠手辣）"丑恶心灵的鄙夷与批判。人们也常以"vo^{31} ʐei^{31} ba^{34} taŋ^{55}（颈长肩秀）""na^{55} laŋ^{31} daŋ^{45} ka:i^{34}（脸巧鼻挺）"来形容一个人的俊俏与秀美，也有"kwa^{45} thən^{45} nap^{55}（石夹脸）""daŋ^{45} ma:k^{55} ka:m^{55} pem^{55}（扁鼻子）"来喻指相貌丑陋的人。有对"tən^{45} mən^{31} θai^{45} θam^{33} θam^{33}（技艺了得）"麻利勤快的赞赏，也有对"kin^{45} ton^{34}, ton^{34} bau^{34}（上了上顿没下顿）"懒散行为的嘲讽。

总之，语言既是人类认知事物的工具，也是文化信息的载体，语言与文化密不可分的关系在谚语中体现得尤为明显。[4] 作为一个民族语言的重要组成部分，谚语是一种最为精炼的民族文化现象，它在生活中的频繁运用体现的是人们的思维模式与价值取向。壮语谚语是壮族人们的日常生活调味品，这种民间集体创造出来的艺术语句幽默、简练而富有哲理，谚语中所反映出来的文化特性呈现了当地人的生活姿态与精神意蕴。

参考文献

［1］ 寇福明：《论谚语的语义特征》，《内蒙古民族大学学报》2009年第1期。

［2］ 汪少华：《谚语·架构·认知》，《外语与外语教学》2008年第6期。

［3］ 罗圣豪：《论汉语谚语》，《四川大学学报》（哲学社会科学版）2003年第1期。

［4］ 曾宝芬：《居都仡佬语俗语的语言特点及文化意蕴》，《贵州民族研究》2014年第3期。

（原文载于《文山学院学报》2017年第2期）

第三部分

文学篇

壮泰谚语中的中国形象

刘俊彤[*]

壮族是中国境内人口最多、汉化程度较高的少数民族，由于与汉族文化融合时间较早、融合程度较高，所以在壮族人的观念里自己和汉族一样，都是组成中华民族的重要成员；泰族是泰国的主体民族，国内外学者从人种学、语言学、历史学、文化学、社会学等诸多方面进行深入考证后认为：泰族是从中国南方迁出后分化形成的民族，与中国壮族、傣族同源异枝。

壮族观中国实为内部如何审视全局，泰族观中国实为友邻如何看待强邦。本文试图从谚语的角度解读壮泰两族的中国形象的特征与表现方式。既然壮泰民族同根异枝，语言、文化、习俗相似相近，那么他们将如何以"当局者"和"旁观者"的视角来塑造中国形象？他们与中国构成何种想象的文化关系？他们如何在中国形象中确认自我文化身份认同？而中国又应该采取哪些举措来构建与传播中国形象？

谚语是一种以简洁方式提供建议和揭示寓意的、传统的格言，被认为是纷繁复杂人类生活图景的活化石。谚语既是语言的重要组成部分，也是一种文化现象。谚语反映道德观念、宗教信仰、价值取向、生产经验、生活常识、哲学理念，蕴含丰富的民族文化精髓。

壮泰谚语来源于生活经验、自然环境、古代文学、宗教和文化传承，语言精练生动，贴近生活。本文选取的壮泰谚语主要来自谚语集成和民间口传，有相当一部分现在还在壮泰民族中使用，也有一部分已经退出时代

---

[*] 作者：刘俊彤，侗族，百色学院泰语教师，讲师，广西民族大学2020级亚非语言文学博士研究生。从事泰国文学、文化、翻译研究。

舞台。不管是正在使用的还是不再使用的谚语都间接地反映了壮泰民族对中国形象的认知，因此在文章中对具体时代不加以细分，只描述一个整体概貌。

形象是表现主体思想感情的一种审美手段，负载着一定的思想情感内容，但形象并不是事物本身，而是人对事物的感知。国内的比较文学界一般认为形象是"一国文学中对'异国'形象的塑造或描述"，"在文学化，同时也是社会化过程中得到的对异国形象的总和。"[1]

一 壮族—百越后裔

公元前221年，秦始皇完成兼并六国的统一大业。在平定荆江南地，降越郡，置会稽郡后出兵岭南，意在扩张统治区域及获得岭南地区闻名已久的贵重土产。为解决粮食补给，秦军开凿灵渠沟通湘、漓二江。面对秦大军压境，越人顽强抵抗，相持达三年之久。公元前214年秦军取陆梁地，于岭南置桂林、南海、象郡三郡，但越人不降，坚决抵抗。为稳定岭南局势，秦始皇以任嚣为南海尉、赵陀为龙川令，领流徒罪犯等50万人留守岭南，并从中原征调75000名未婚女子与留守将士成婚。此外还有大批被强迫迁入岭南的中原劳动人民，成为古代中原向岭南的一次人口大迁徙。秦军与越人杂居共处，有的成为岭南地区最早的汉族居民，有的则融合为越人的一部分。[2]

公元前207年，秦亡，赵陀出兵吞并桂林、象郡，自立为南越武王。自建国到公元前112年国亡，南越自立近一个世纪，但极力奉行汉制。在广州等地出土的西汉早期文物均使用秦统一后推行的小篆体；[2]南越地区墓葬中出土的货币也均是秦两半和汉初半两钱；广西贵县罗泊湾一号墓出土的度量衡器经实测也与汉制大体相同，充分说明南越与中原关系密切。

南越亡国后，苍梧王等闻讯而降，广西桂林监还谕告瓯骆40余万人口归入汉的统治，岭南在汉朝以后、宋朝以前都是以中原文化为主导。14世纪壮族名称开始出现，14世纪后期壮族已基本上分布于广西各地。1952年建立桂西僮族自治区，1956年改称自治州，1958年改为广西壮族自治区。

二 壮谚—情感的投射，国家的认同

综上所述，在长期的历史发展过程中，壮族与汉族不断融合，在保持自己鲜明文化特性的同时也认同于先进的汉文化，认同自己是中华民族的重要一员，并反映在精简凝练的民间谚语上。

壮族谚语中的"中国形象"是对祖国现实的认识或再现，包含壮族人的想象和欲望投射。因此往往在塑造的过程中采取仰视视角，把中国放在重要的位置，用理想化的形式来描述，同时赋予其发达、进步、文明、强大、先进等诸多特征。

表达对中国的认同和热爱。壮族的国家认同经历了从自在到自觉、从朦胧到清晰、从局部到全局、从低级到高级、从松散到聚合、从各个支系到整个民族的发展过程。[3]唐宋时期推行羁縻州和土官制促使壮族的国家认同逐步形成；元明时期实行吐司制增强了壮族的国家认同；明清时期至民国十八年（1929年）全部完成在广西的改土归流，进一步增进壮族的国家认同；清代的抗法战争和近代的抗日战争使壮族的国家认同空前高涨；新中国成立后民族政策的贯彻与落实进一步提升壮族的国家认同。壮人对国家的认同和热爱也充分地反映在谚语之中，如：Bid gyaez byaifaex rwi gyaez va, Lwgmaenz gyaez guek lumj gyaez gya（蝉爱枝头蜂爱花，人民爱国如爱家）、Gwnz seiq aen mbwn hung, Ndaw biengz guekcoj caen（世上天空大，人间祖国亲）、Guekgya guekgya, ndei beij bohmeh（国家国家，好比爹妈）。

表达对祖国的归属感。农耕社会的自给自足状态，丰衣足食的田园牧歌生活是壮家人的普遍理想。宁静、平和、淳朴导致了壮人浓重的恋乡情结，树高万丈，落叶归根的思想在谚语中表露无遗，如：Byaraiz dai dieg gaeuq（乌鳢老死在故地）、Vunz laux vunz bae mbwn, Ngwz laux ngwz byok naeng（人老人归国，蛇老蛇脱壳）、Lwg mboujyiemz daxmeh couj, bouxyouz mboujyiemz guek gungz（儿女不嫌母丑，游子不嫌国贫）。

表达国家利益高于个人利益。壮族是中国的重要成员，壮族的生存、发展与国家休戚相关，国家是壮族利益的代表，壮人反过来也会为维护和捍卫国家的利益而奋战到底，这样的民族气节多表露于谚语之中，如：Nyienh dang boux louzlangh, Mbouj guh boux gai guek（宁当流浪汉，不做亡国奴）、Ngienh doxeuq baenz fangz goengq gyaeuj, Mboujnyienh gai guek mouz fatcaiz（宁做反抗断头鬼，不做叛国发财人）、Senq miz guek, laeng miz gya, Senq miz mbaw heu cij miz va（先有国，后有家，先有绿叶才有花）、Miz guek mbouj miz gya, Miz raemx fouz bya gungq（无国没有家，无水没鱼虾）。

表达对领袖的崇敬。壮人对国家的热爱推衍到对统治国家的领袖产生信任和崇拜，体现在谚语中则有：Ruz byaij baengh boux cauh, Ceih guek baengh bouxdaeuz（行船靠舵手，治国靠领袖）、Vuengzdaeq sim ndei, laj deih onjdingh（皇帝明贤，天下太平）、Ranz fouz cawj, guek fouz vuengz, Gaeq hwnj cauq, ma hwnj congz（家无主，国无王，鸡上灶，狗上床）、Guek ndei miz vuengz cingq（好国出好王）。

表达对国家安宁、兴旺发达的祈盼。国泰则民安，国富则民兴，作为中华民族的一员，壮人祈盼赖以生存繁衍的国家能安定富强，人民安居乐业，这些朴素的心愿散落于民间谚语之中：Guek an bak nieb vuengh, Gya huz fanh saeh hwng（国安百业兴，家和万事旺）、Guekgya doenghluenh, beksingq sim vueng Guekgya onj dingh, beksingq sim cing（国家动乱，百姓心慌；国家安宁，百姓心静）、Gya mbouj huz hab gungz, Guek mbouj huz hab mued（家不和该穷，国不和该亡）。

表达对国家法制的尊崇。法治社会要求以法律治理国家，国家政治、经济、社会等方面的活动必须依照法律进行，不以个人意志为转移。"理国要道，在于公平正直"，壮人期待公平正义，折射出社会和谐发展对法治的更高要求，体现在谚语中则为：Mbwn hung namh hung, guekfap gengq hung（天大地大，国法更大）、Leih guek leih maenz lai miz naj, Haih guek haih maenz fap mbouj nyiengh（利国利民多光荣，害国害民法不容）、Saeu mboujcingq ranz caix, Hak mboujcingq guek baih（柱不正房歪，官不正国衰）、Ranz miz cauq miz giengz, biengz miz leix miz laeh（家有锅头有锅撑，世有法理有范例）、Vunz cix aeu laix, faex cix aeu maeg（做人守法理，锯木依墨线）。

表达对社会不公现象的讽刺。法治固然追求公平公正，但社会难免存在不公不正的情况，壮人将对此类现象的讽刺和不满发泄于谚语之中：Guen gangj mbouj doiq lingh gangj, minz gangj mbouj doiq daj caekhaex（官讲不对重新讲，民讲不对就打屁股）、Laj riengh mbouj miz mou, laeg haeuj fouj gauq saeh（栏下没有猪，莫进府告状）、Lwg ndeu ndaej vuengz aen, Daengxranz miz gwn daenj（一子受皇恩，全家吃天禄）。

表达资源的分配不均。随着社会经济的发展，出现了边疆与内地、民族地区和汉族地区发展的不平衡，壮人感受到这些不平衡并幽默地体现在谚语中：Bouxcuengh dieg gwn dieg ninz youq gyangbya, bouxhak dieg gwn dieg ninz youq gyangdoengh（生活在山区是壮族，生活在平地是汉族）、Bouxcuengh youq gwnzbya, bouxhak youq gyangdoengh（壮居上山，洋居田峒）、Bouxhoj hoj daengz faen daengz leiz, Bouxmeiz meiz daengz cien daengz fanh（穷人穷到分到厘，富人富到千到万）、Bouxmiz daenj haiz youh gwihmax, Bouxhoj duetdin caij namhboengz（富人穿鞋又骑马，穷人赤脚踩泥巴）。

综上所述，壮族谚语中的中国形象是祖国母亲的形象：中国是富强文明的国家；壮人对中国有强烈的归属感并愿意为国家利益献身；中国是安定友好的大国；中国是注重法治的国家；中国社会同时存在不公平不公正、资源分配不均的现象。总而言之，壮语谚语中体现的中国形象是强大、美好的，尽管也有些许瑕疵和不完美，但是壮人依然深深的热爱并认同中国。

三　泰族—壮族的血亲，中国的友邻

据史料记载，中泰两国的经济文化交流已有两千多年的历史。自西汉平帝元始年间（公元1—5年）就有航船到达泰国境内；三国时期（公元245年），吴国官员朱应、康泰奉命出访东南亚，著作《扶南异物志》和《吴国外国传》提及金邻国，是迄今为止泰国地区古代国家的最早记载；南北朝时期（公元420—589年），盘盘国（泰国南部古国）三次遣使访问刘宋政权、三次遣使访问梁朝；隋朝大业三年（公元607年）中国第一次正式遣使出访泰国地区赤土国；宋朝与泰国境内古国登流眉、罗斛、真富里交往密切；元明清三朝中泰贡赐、贸易往来频繁；1975年7月1日中泰两国正式建交。两国关系世代友好，更凸显了中国形象在泰国的重要性。

泰国有近一千万华人，占泰国总人数的10％左右。中国古代史上华侨出洋出现两次高潮：第一次在宋末元初，大批南方人为逃避战乱南徙海外；第二次是明永乐、宣德年间，中国海上经济繁荣，文化程度较高的国人出洋从事生产和贸易活动。其中有大批闽、粤籍华人流寓泰国，并与泰国当地泰人世代友好杂居，为泰国经济社会发展和中泰两国的友好交往做出了卓越的贡献。

泰国远离中国实体，泰国民众很难实际感受到具体的中国是什么。他们心中构建的中国形象基本源于所接触的华人或亲历中国的泰人。对泰人而言，中国既是一个遥远庞大的国家，又是身边华人的故乡。泰国的中国形象既是超级大国的形象，也是身边邻里华人的形象。泰国文学作品、神话、谚语中都有中国形象的体现。

泰国神话中的中国形象：中国是泰国的友好邻邦（《槟榔花郡主》）；中国强大富庶（《玛尼皮才》）；中国人具有智慧、勤劳、正直、孝顺、守信等美德（《瓶沙王》《林默娘圣母》）；中国物品精美（《最好的丝绸》）；中国商人具有贪婪的本性（《昭公君》）。

泰国文学作品中的中国形象：中国富有强大、贸易繁荣、工商业发达（披耶玛哈奴帕《广东纪行诗》）；中国人与泰人同受难共成长（西巫拉帕《童年》）；展示中国风土人情、秀丽河山，但对国难当头的中国人民缺乏同情心（索·古拉玛洛赫《北京，难忘的城市》）；华人吃苦耐劳、被剥削、从事商业、零售甚至低级体力（高·素朗卡娘《风尘少女》）；中国人勤劳、精明（杜尼·绍瓦蓬《魔鬼》）；展示中国风土人情，歌颂新中国成就（素瓦·哇拉迪罗《红鸽子》）。

四　泰谚—华人的投射，中华的感知

如果说泰国神话中的"中国形象"代表古代泰人对中国的认知，泰国的文学作品代表泰国知识分子阶级对中国形象的认知，那么泰国谚语中的"中国形象"无疑是泰国民间对中国形象认知的代表。

中国是一个与泰国具有兄弟情谊的友好邻邦。中泰关系源远流长，并保持快速健康发展的势头。不仅政府积极寻求双方和平友好往来，两国民间来往也日益密切。泰语谚语中thai chin phi nong kan（中泰一家亲）的说法由来已久。

中国是一个幅员辽阔、国力强盛的大国。泰人对中国的第一印象多是地大物博，在民间谚语中称中国为：phaen din mang korn（龙之国）、daen mang korn（龙之疆），寓意疆域辽阔。另外有一句谚语意指中国国力强盛，能够建造恢宏如长城的建筑：yao pen kam phaeng muaeng chin（跟中国长城一样长，比喻非常长）。

中国是一个军事力量强大、精于兵法的国家。中国古典文学名著《三国演义》风靡泰国，其经典桥段更是家喻户晓。泰国是唯一由国王下达谕令，并由官方组织翻译的国家，翻译初衷出于一种战争实用性的考虑，由此可见中国兵法和运筹帷幄的指挥艺术得到泰国的认可。对中国兵法谋略的认可反映在民间谚语中有：an sam kok chop khrop sam khrang khop mai dai（读三回《三国》之人不可交）、konlayud thi 36 lop ni（三十六计走为上计）、son siang burapha fa ti prachim（声东击西）、chap chon ao hua chok（擒贼先擒王）、kan ti khit wai ko triam wai phronm sap yang khat yu ko tae lom tawan ook（万事俱备，只欠东风）、kon son kon（计中计）。

中国是一个造船业极其发达的国家。中国造船史绵亘数千年，到唐宋、元明时期到达高峰。元朝时期，阿拉伯航海业逐渐衰落，中国四桅远洋海船一统南洋、印度洋。随着中泰两国朝贡贸易和民间贸易往来的频繁，泰人逐渐认识到中国先进的航海技术。在泰国很早就有中国人参与船舶制造，曼谷王朝拉玛一世时期泰国的造船业几乎完全由华人掌控，除造船外泰国还雇华人驾船航海。对中国帆船及航海技术的认识反映在谚语中为：me muaeng chin ruae taek（吼声巨大像中国帆船破裂）、log ruae pae tam chai pae（上阿伯〈对老年华人的称呼〉船，顺阿伯意）。

华人吃苦耐劳、勤奋努力。历史上，中国人曾多次主动或被动地向泰国地区迁移。华人侨居泰国主要有政治和经济两种原因，政治包括政权更迭、国内战乱，但促使华人大量移民的主要是经济因素。由于地缘上的毗邻、泰国政策对华人的厚待，使泰国成为中国移民的最佳迁徙地和避难所。在侨居泰国的华人中有相当一部分是贫困的农民和破产的手工业者，他们漂洋过海挤在狭小的船舱内，不得不面对沉船、疾病、饥饿等种种威胁，在抵达泰国后往往从事矿工、码头工人、人力车夫等地位低下的体力劳动。但华人通过自己的勤奋努力不断积累资产，过上富足的生活，泰语反映华人一穷二白、艰险渡海的谚语有：suea phuen mon bai（一张席一个枕）；反映华人勤奋努力、早起干活的谚语有：tuen tae kai ho（闻鸡起床）。

华人擅长经商。第二次世界大战前，泰国经济由民族农业经济、华人经济和西方殖民主义经济组成。在这泰国经济结构中，华人处于中层，主要从事商品零售业、服务业、运输业、食品加工业、饮食业、杂货业等，逐渐形成华人的传统行业。第二次世界大战后，殖民主义经济衰弱，华人经济实力增强，开始逐渐向金融业、房地产业、工业、商业、航运业等方面发展。早期泰国华人社会结构按社会地位可分为三个等级：上层华人：主要是从事各种行业的老板，是泰国经济的垄断者，或泰国贸易组织的高官；中层华人：一般的商人、小店老板、艺术工匠、大公司职员；下层华人：从事体力劳动、文化水平较低的华人。总体来说，华人从事商业活动的人数较多，特别是零售行业，在泰国谚语中有明显的显现，如：chek khai khuat（华人〈此处用词为蔑称〉卖瓶），指华人喜欢从事商业买卖；chek tuen fai（华人〈此处用词为蔑称〉恐火），华人住房多为商业中心的联排楼房，下层为店铺或工厂作坊，上层住人，因此一旦发生火灾损失巨大，所以"华人恐火"这个谚语从侧面反映华人擅长买卖。

华人尊敬长辈、崇拜祖先。泰语中出现不少关于亲属称谓的中文借词，说明中国的家庭伦理观念或多或少的对泰人产生一定的影响。中国是一个非常现实的民族，在对待神的态度上中国人相信只有祖宗神最亲近，祖宗神会一心一意地保佑子孙后代，因此中国人十分重视祖宗祭祀，泰国有不少反映中国人祭祖活动的谚语，如：chek wai chao（华人〈此处用词为蔑称〉祭祖）、wai phra sia plao wai chao yang dai pho kin bang（拜佛白白费，祭祖有得吃）、chao mai mi san somphan mai mi wat（无祠堂的祖宗，无庙堂的主持）。

华人身体特征与泰人有明显区别。泰族属于蒙古利亚南亚人种，棕色皮肤，双眼皮，深目，是典型的面部特征型民族。而华人或华裔后代则与泰人在身体特征上有较大差别，体现在谚语中的有：khao suai muai uem（白美丰腴），形容华人女子皮肤白皙，体态丰腴；ta chan diao（单眼皮），华人的大多为杏仁眼，两眼分开较远，俗称"凤眼"，眼睑较厚，具有蒙古褶（单眼皮）。

部分华人具有莽撞、说话大声、胆小、赌博、抽大烟等恶习。泰国谚语中用sum sam mueang chin mai（鲁莽得像新来的华人）形容人做事莽撞；用chek prasai mueang thai ti kan（华人说话像泰人吵架）形容说话大声；用chin khuan oon（华人胆小）、chai chek（华人心）形容胆小的人；用chin ram phat（华人跳扇子舞，意指打牌）形容华人热衷赌博；下层华人因每天繁重的体力劳动要耗费极大的体力，靠吸食鸦片驱赶疲劳、恢复体力，故被称ai tit fin（鸦片鬼）。

华人受到不公正的待遇。华人作为泰国的"异族"并不是一开始就受到公平公正的待遇，体现在谚语中为：thai pa ruean chek mai thuk dck lek mai tong prap mai chek pa ruean thai phi ruean tok chai prap mai song tamlueng〔泰人（用石头）掷华人屋，没击中小孩，不用罚款；华人（用石头）掷泰人屋，使土地公受惊，罚款二钱〕，表明同样的案例华人受到不公正的判决；ti hua ma da mae chek（打狗头，骂华人），比喻在无力还击的人面前耀武扬威，表明华人的地位与泰人有差距。

综上所述，泰国谚语中体现的中国形象为：中国是与泰国兄弟情深的友邦；中国是一个幅员辽阔、国力强盛、军事力量强大、精于兵法、造船业极其发达的大国；华人吃苦耐劳、勤奋努力、擅长经商；华人尊敬长辈、崇拜祖先；华人身体特征与泰人有明显区别；部分华人具有莽撞、说话大声、胆小、赌博、抽大烟等恶习；华人受到不公正的待遇。

五 结语

壮泰民族是两个同根异枝的兄弟，在"中国形象"的塑造上有不同的视角和立场。通过上文的剖析发现，壮族更倾向于把中国塑造成一个强大、先进、发达、文明、法治的祖国母亲的形象，同时也暗含对社会不公、资源分配不均等现象的讽刺。壮族力求在国家认同中确立自我认同、民族认同，建立民族自信心和自尊心。壮族的国家认同对维护民族团结和国家统一，有十分重要的作用。

在一个多民族聚居的国家里，各个民族的国家认同需要经过长时间培育、积累。国家认同是国家的软实力，处理得当可增强各民族的内聚力和向心力，维护国家的安定统一；处理不当则会挫伤或淡化各民族国家认同的热情，进而产生离心力，危及国家统一和社会稳定。因此，国家应该尊重各民族，认可各民族的平等地位，切实为各民族提供生存、发展与安全保障。

泰族因其"旁观者"和"局外人"的视角，以及两国长期传统友好关系的优势,使得呈现的"中国现象"更客观真实,符合实际,也易于被大众接受、信任。泰族将中国塑造成一个幅员辽阔、国力强盛、军事力量强大、造船业发达的友邦形象;对生活在周遭的邻里华人则客观地评价为吃苦耐劳、擅长经商、尊敬长辈同时也包含种种陋习的普通人。

在这个日新月异的信息化时代,外国人对中国的了解不仅仅局限于来自身边的华人或到访过中国的国人的讲述,对中国的了解更多源于大众媒介或其他信息化平台。中国作为举足轻重的大国,应该思考如何充分利用大众媒介的传播优势构建和传播"中国形象"。中国应充分利用本国媒介对其他国家民众施加影响,并学会与外国大众传媒接触与交往;[5]在传播过程中应注重体现正负面消息的平衡性,而不是一味鼓吹正面形象;每一个中国人都直接或间接地塑造了外国人心目中的中国形象,无论是在本国接触外国人,或在外邦接触外国人,中国人的行为举止都直接决定外国人对中国印象的好坏,因此应该注重培养和提升公民个体的素质修养,使每一个中国人都成为合格的中国形象大使。

参考文献

[1] 孟华:《比较文学形象学》,北京大学出版社2001年版,第2、4页。

[2] 王钟翰:《中国民族史概要》,山西教育出版社2010年版,第486页。

[3] 陈直:《广州汉墓群西汉前期陶器文字汇考》,《学术研究》1964年第2期。

[4] 覃彩銮:《壮族的国家认同与边疆稳定——广西民族"四个模范"研究之二》,《广西民族研究》2010年第4期。

[5] 王菲:《泰国华文报刊的中国国家形象分析》,硕士学位论文,山东大学,2012年。

(原文载于《广西民族师范学院学报》2015年第5期)

壮泰谚语中女性性别定型的女性主义阐释

覃 丹

在壮人和泰人的发展历程中,虽然都存在过漫长的母系社会,但后来随着生产力的发展与生产方式的转化,从农耕时代开始,由于社会生存条件的限制,男性在体力方面的优势使之成为社会的主体,父系社会取代了母系社会,男性文化就此成了社会的主流文化,而女性则成为男性的附属。在这个过程中,跟世界上的绝大部分民族一样,壮人和泰人都按照他们认定的社会伦理、社会道德、社会标准逐步形成针对男女两性的品质、典型特征、行为规范等方面的社会文化制约和预设,也就是所谓的"性别定型",这种现象一直持续到现代社会。其中,属于从属地位的女性的性别主体特征尤其被做了各种刻板定型。对女性的这些性别定型也必然真实地反映在语言、文化、文学中,作为"民族之明镜""语言的活化石""小型百科全书"的谚语概莫能外。但目前尚未有任何文章从女性性别定型的角度对壮、泰谚语进行研究。基于此,本文将深入探讨和比较壮、泰谚语中的女性性别定型,并从女性主义的视角揭示男权社会对女性所做的这些性别定型的深层次原因。

一 壮泰谚语中的女性性别定型

"定型"概念最早见于美国社会科学家利普曼(W. Lippmann)的著作《舆论》(Public Opinion),后来人文学科的许多学者对这一概念的内涵进行了探讨和阐释,并在该概念的基础上衍生出了多种定型理论,如"文化定型"论、"思维定型"论、"交际定型"论、"性别定型"论,等等。对于"性别定型",学者们给出了各自的解读。威廉姆斯(Williams)认为性别定型是指"人们对男性或女性所扮演的社会角色和所从事的活动一般说来是否合适的看法","社会认为的更符合某一性别群体的特征的总和"。[1]布里斯林（Brislin）则认为性别定型是"任何对个体特征的归类，而这种归类往往掩盖了个体特征之间的差异，它也是一种概括的形式，涉及某一群体的名称以及有关这一群体的描述"。[2]由此可见，女性性别定型是指人们对同一社会文化或同一群体中的女性在行为、性格特征等方面予以的归纳、概括和总结，它会直接影响到这个社会或群体中女性的知觉、归因、动机、行为以及职业的选择，它往往不以直接经验为依据，不以事实材料为基础，也不考虑个体的差异，是存在于人们头脑中的一些固定的看法，它未必与事实相符，甚至有时是错误的，但会对人们的认知和行为产生重大影响。[3]女性性别定型主要包括三个方面：外表形象、性格特征、角色行为，这些都在壮、泰谚语中得到了体现。

（一）女性的外表形象

泰人对女性外貌的审美定型是脸蛋要美丽，皮肤要光滑白嫩，身材要柔弱纤细，壮人对女性外貌的审美定型是眉毛要细细弯弯，脸庞要丰满圆润。同时，两者都强调女性要注意打扮来提高自身形象，壮语有谚语Roeg gyaeu youq gwnz bwn，Vunz gyaeu youq geu buh*（鸟美在于羽毛，人美在于衣裳），泰语也有ไก่งามเพราะขน คนงามเพราะแต่ง（鸡美靠羽毛，人美靠化妆）。壮人和泰人以两个相似的句子表达了同一个意思：女人漂亮还得靠得体的妆容和美丽的衣裳。但壮、泰谚语对于女性如何打扮却有着不同的侧重。壮语谚语说Bouxsai gaej laeuh caiz，Mehmbwk gaej hai ndang（男人莫露财，女人莫露体）；Aeu seuqcingh gaenx swiq，Aeu gyaeundei gaenx roi（要干净勤洗，要漂亮勤梳）；Siengj gwn coux caux，siengj mbauq coux cang（想吃就造，想俏就妆）。从这几句谚语可以看出壮人对女性打扮的要求：衣服不能暴露，要爱干净，头发要整齐，要适当化妆。而泰语谚语则以反讽的方式对女性的穿着打扮提出要求，如กาคาบพริก（乌鸦叼着辣椒，比喻皮肤黑却穿着鲜艳的女子，显得很不搭配）；เขียวๆ แดงๆ（绿绿红红，比喻女人穿着多种鲜艳颜色于一身，太过花枝招展）；แหม่มกะปิ（黑色皮肤的西方小姐，形容爱模仿西方女人打扮的肤色黑的女子，比喻

---

* 本文中的壮语谚语引自周艳鲜《中国壮族谚语》，世界图书出版公司2014年版。

穿着打扮不得体）。由此可以看出泰人对女性的着装非常重视，要求风格和色彩搭配都要得体。

（二）女性的性格特征

壮语谚语对于女性性格的表述多是负面的。谚语Sim mehmbwk, fwj gwnz mbwn（女人的心，天上的云）表明女人是善变的；Gag haenh ceiz ndaw coeng, Gag haenh goeng baenz mbauq（自赞袋中模好，自赞丈夫俊俏）表明女人是虚荣的；Rumz doing rumz namz rumz saebaek, Mbouj lumj rumz byai rwz mehyah（东风南风西北风，不及婆娘耳边风）表明女人是多嘴的。与壮语相似，泰语谚语对于女性性格的描述也是以负面居多。首先，女人善于说谎，如谚语มารยาร้อยเล่มเกวียน（女人有一百辆牛车的诡计，比喻女子诡计多端）。其次，女人水性杨花，这类谚语很多，如น้ำกลิ้งบนใบบัว（水在荷叶上滚，比喻女人用情不专）；ไม้เลื้อย（蔓生植物，比喻女人作风轻浮）；ดอกไม้ใกล้ทาง（路边野花，比喻女人不洁身自爱）；จีบปาก จีบคอ（撅嘴缩拢脖子的女人，比喻喜欢用肢体语言勾引男人的女人）。

由于被赋予了这些性格特点，所以女性往往被认为是不值得信赖的。壮语有谚语Bouxsai gangj vah dingfaz dok, Meh mbwk gangj vah rog daek raemx（男人讲话大钉钉，女人讲话瓢舀水），意思是男人不虚言，不空谈，简洁，一诺千金，说出的话就如同板上钉钉，而女人说话则如同瓢舀水，随便舀，随便倒，说话很多却不经大脑，未必可信。泰语也有谚语ฝนตกอย่าเชื่อดาว มีเมียสาวอย่าเชื่อใจแม่ยาย（下雨不要相信星星，有年轻媳妇不要相信她）。人们常常会根据星象来判断是否下雨，但有时雨说下就下，没有规律可言，而把年轻的媳妇比喻成雨，那就是表示她们也是不可预知、不可读懂、不可相信的。类似的谚语还有ช้างสาร งูเห่า ข้าเก่า เมียรัก อยาไว้ วางใจ（别太相信强壮的大象、眼镜蛇、老佣人、爱妻）。大象可能会踩人，眼镜蛇可能会咬人，老佣人可能会偷东西，所以这些人和物都是不能让人太放心的，而把爱妻与他们并列，这就说明妻子也是不可信赖的，不要过于相信她。

不仅如此，壮人和泰人还认为女人的这些性格特点会给男人带来噩运。壮语的两句谚语Bouxmbwk bak lai, bouxsai gyaeuj congh（女人嘴多，男人头破），Maexyah nyex bak lai, Bouxgvan hix gwn vei（老婆惹是非，老公也吃亏）就形象地说明了这一点。泰语也有谚语รักเมียเสียญาต（疼爱妻子失去亲人）。泰人认为，女人是长舌妇，爱耍嘴皮子也爱斤斤计较，如果男人太过于爱自己的妻子，往往就会偏信她，就可能会挑起家庭矛盾，会使自己的亲人逐渐疏远，所以就会疼爱妻子失去亲人。

（三）女性的角色行为

角色行为，是指人们按照特定的社会角色或与特定的社会地位相适应的社会规范和期待与他人发生联系的行为、活动。它是以社会的整体需要为轴心，以特定历史环境中人们的现实关系为客观基础，由社会的法律法规、伦理观念和文化习俗所规范，是交往活动的坐标系统、准则，往往会控制和规范个性行为。[4]在谚语中，壮人和泰人主要是规范了女性的家庭角色行为，即她们在家庭中的地位和职责。

1.女性的家庭地位

从农耕时代开始，泰国男性在家庭中就掌握着主导权，而女性只是处于从属地位。古谚语ชายข้าวเปลือก หญิงข้าวสาร（男人是稻谷，女人是大米）就是泰人早期稻作文化中男女关系的精辟总结：男人如稻谷，落地可发芽，是家庭的根本，而女人只是大米，所起的作用自然不如稻谷。谚语สามีเป็นช้างเท้าหน้า ภรรยาเป็นช้างเท้าหลัง（丈夫是大象的前脚，妻子是大象的后脚）也形象地说明了泰国妇女在家庭中的地位：大象的前脚是控制方向和速度的，丈夫是前脚，说明丈夫是领导者，妻子是后脚，说明妻子只是追随者，只能跟随在丈夫的后面。类似的谚语还有คุณพ่อบ่าซ้าย คุณแม่บ่าขวา（父故如篙折，母逝如筏散），失去父亲犹如竹篙断了，失去母亲犹如竹筏散了，这就意味着父亲是引领着这个家庭的竹篙，是家庭的主心骨和顶梁柱，而母亲则如竹筏般，要受这根竹篙的指挥，维系着整个家庭。

同为农耕社会的壮人对女性在家庭中的地位是持相同观点的。所以有谚语Fouz boh noix gwn, fouz meh noix daenj（无父少食，无母少衣）。没有父亲就没有粮食吃，没有母亲就没有衣服穿，而粮食是人生存的最根本，这就意味着在农耕社会里父亲的地位无疑要高于母亲。类似的谚语还有Mbouj miz daxboh ranz lak, Mbouj miz daxmeh ranz nit（没有父亲屋崩，没有母亲家寒）。没有父亲整个家就都没了，没有母亲家里就缺乏温暖，孰重孰轻，一目了然。也正因如此，壮人也说Bouxsai dwg saeu liengz, Meh mbwk dwg ciengz humx（男人是柱梁，女人是围笆），男人是家里的顶梁柱，女人则只是围笆，虽然维护守护着家庭，但作用和地位都低于男性。

2. 女性的家庭职责

女性在家庭中的首要职责就是做贤妻，当好男人的贤内助。对此壮语谚语讲得很明确：Hong naek baengh gvan, hong ranz gauq yah（重活靠夫，家务靠妻）；Sai gaenx raeq, mbwk gaenx gyaez, Meiz daenj youh rim gwn（男勤耕，女勤织，足衣又足食）。很明显，男人要负责十重活即耕田，女人要负责纺织和干家务，也就是所谓的男主外女主内、男耕女织，这是壮人从古至今典型的生活方式。而女人成为丈夫贤内助的最重要标志就是勤劳节俭，因为只有勤劳节俭的女人才能把家庭打理得井井有条，保证全家过上好日子，如谚语所言：Gvan gaenx maez hix gaenx, Namhsa bienq ngaenxhau（夫勤妻也勤，河沙变白银）；Miz boux gvan gaenx, Lij aeu miz mehyah mbaet（有勤的丈夫，还要有俭的婆娘）。能娶到一个好妻子对壮人来说那就是Cawx ndaej mou ndei mbouj yungh saeu, Aeu ndaej yah ganq mbouj you cai（买得好猪不愁潲，娶得好妻不忧债）。至于泰人，两句谚语แหวนหัวจะงามเพราะพานรอง（钻石因为托盘而愈加美丽，比喻好男人背后有一个好女人），ภริยาดีเป็นศรีแก่ผัว ภริยาชั่วพาผัวเสื่อมเสีย（好妻旺夫，恶妻败夫）也表明了一个好妻子对于男人的重要性。至于如何当好贤内助，那就要ชายหาบหญิงคอน（男挑女扛），也就是妻子要帮助丈夫一起承担养家的责任，一起挣钱，努力使家庭富足。

除了做好贤妻，女性还要当好良母。壮语谚语Duzsae nanz liz naz, Lwgnding nanz liz meh（螺蛳难离田，婴儿难离娘），Faex hung daj goek heij, Lwg ndei baengh meh ciengx（树大从根起，人大靠娘养），以及泰语谚语มีลูกกวนตัว（有子缠身）都表示了女性肩负着养育子女的职责：一旦有了孩子，她们就要以孩子为中心，照料孩子，把孩子养育成人。更重要地，她们还要把自己的子女调教好。壮语谚语Boh guenj lwgsai, Meh aiq lwgmbwk（父管教男孩，母调教女孩）说明了母亲的主要职责是调教女儿。壮人和泰人都认为女儿所受到的教育多来自母亲的言传身教，什么样的母亲教出什么样的女儿，所以母亲要尽心尽力地把女儿教育好，只有这样，女儿到了谈婚论嫁的年龄时才不会被人嫌弃，才能够顺利地嫁出去，因为壮人会ndaem faex yawj miuz, Aeu mbwk yawj meh（种树看秧，娶女看娘），泰人也会ดูช้างให้ดูหาง ดูนางให้ดูแม่（看大象要看尾巴，看女儿要看母亲）。

二　女性性别定型的女性主义解读

如前所示，壮、泰谚语对于女性的性别定型可以说是大同小异，这主要归因于壮人和泰人有着相似的农耕文化背景。而农耕文明的出现恰恰就是男权社会的发端，男性开始掌握经济大权，有了发号施令的权力，女性不得不依附于男性而生存。于是掌握了经济大权和话语权的男性无论在政治、经济还是文化上都加强了对女性的支配权，并按照他们的期待对女性进行了性别定型，企图以此来影响现实中的女性，使其朝着男性理想的方向发展，从而达到塑造女性的目的。因此，壮、泰谚语中的女性性别定型其实就是男权思想的产物。

（一）以男性为中心的视角

在以男性为中心的社会里，男性和女性之间基本上表现为二元对立的关系，在主体与客体、塑造者与被塑者、观看者与被看者、再现者与被现者等对立的双方中，男性永远代表着前者，而女性则永远代表着后者。也就是说，在男性书写的历史中，女性永远是以"他者"而存在的。壮、泰谚语中的女性性别定型从根本上就是男性从自身出发，以"自我"为视角，对作为"他者"的女性所做的各种规范和准则。

泰人以"美丽的脸蛋，光滑白嫩的皮肤，柔弱纤细的身材"，壮人以"细细弯弯的眉毛、丰满圆润的脸庞"作为女性外貌的审美定型就是典型的男性视角，带着庸俗的性感成分：注重女人的美丽外表，以满足自己的感官享受。同时，壮、泰谚语都强调女性以化妆为美，这其实就是传达了女性在社会中十分重要的一条价值——以男人的标准为准绳、与男人的喜好相适应、以美丽的容颜取悦男人。壮语谚语Bouxsai aeu caiz guh mbauq, Dahsau aeu ndang guh caiz（男人以财为貌，女人以貌为财）非常明确地说明了女性的价值就在"貌"上，男性如果富有，即使面貌丑陋也不会遭人嘲笑，而女性则必须依靠她们的容貌、仪表博得人们的欢心，以求嫁个好男人。泰语谚语ไม้งามกระรอกเจาะ（松鼠喜欢在美好的树木上钻洞）则表明非常美丽的女人一般会有很多男人追随，虽然这个句子含有贬义，意指美丽的女人大多不纯洁，但它也正好从反面说明了男人非常注重女人的容貌，见到美丽的女人就趋之若鹜。壮、泰的这两个句子都反映出了在男权社会里作为"他者"的女性的无奈处境，她们只能按照男性制定的满足他们审美的女性容貌仪态准则来取悦男性，但一旦她们太过引人注目，又往往会被贴上"不洁"的标签。

女性的角色定型——"贤妻良母"是壮、泰男性从自身角度为女性制定的另一个准则。如果说"美丽外表"是男性为女性树立的一面镜子，那么"贤妻良母"就是男性为女性安上的一个紧箍咒。在这个紧箍咒下，女性必须严格遵守遵循男性制定的种种规范，否则就会被"喋喋不休"。作为"贤妻良母"，女性的首要任务就是生儿育女，没有生养儿女的就会被告诫：Fouz sai fouz mbwk beij saenzsien，Miz bingh miz dot hemq vuengzmbwn（无男无女赛神仙，有病有痛喊皇天），Bingh daeuj cij rox lwg bengz，Ranz gungz cij rox yah ndei（病来才知儿女贵），泰语谚语则直接把无子女的人定义为ตาลยอดด้วน（断顶的糖棕），意思是没有子女的人就没什么发展。除了生养子女，女性还担负有辅佐丈夫、侍奉老人、操持家务等职责，勤劳节俭、贤良淑德、温柔体贴成为了男性们对她们的期待，也成为约束她们性格和品行的标准，如果女性偏离了这种期待和标准，便会被冠上种种负面的评价，诸如"懒妇娘""馋婆娘""泼妇""荡妇""红颜祸水"，等等，以此反反复复地警醒女性：这样的女人是不合格的！不要做这样的女人！不要成为男人期待之外的女人！

壮、泰男性们就是这样以"美丽外表"和"贤妻良母"这两个由男性根据自己的体验、理解、欲求创造出来的虚幻镜像对女性进行了由外至内的种种规范，其目的就是为了满足男人的期待。可以说，壮、泰谚语中对女性外貌形象、性格特点、角色行为的定型处处都体现出以男性为中心，对女性的各种评价也都是以男性的感受为出发点，属于典型的男权话语。

（二）被边缘化的女性形象

女性边缘化是指女性的被压抑、被忽视、被歧视、被排斥，直至被逐出社会生活的中心，是男权社会的必然产物。在壮、泰谚语对女性的性别定型中，女性边缘化主要是以显性和反向两种形式体现出来，并表现在以下三个方面：女性性格的被异化，女性能力的被忽略，女性社会角色的被缺失。

女性显性边缘化是指对女性进行负面界定，以期达到否定女性的目的。在壮、泰谚语对女性的性格定型中，壮、泰女性的性格特征都被赋予了负面评价，壮女性被描述成善变、虚荣、多嘴，泰女性则被描述成善于说谎、好管闲事、水性杨花，女性特质被有目的地遮蔽、扭曲、异化，女性也因此被认为是不可信赖的甚至可能会带来噩运。显而易见，这是男权社会出于维护自身的统治地位而对女性进行了公开贬抑，把女性异化为道德上劣等的群体，以便把她们逐出社会生活的中心。

与显性边缘化相比，反向边缘化是性别压迫和歧视中更为深层、隐蔽和更具欺骗性的形式。所谓的女性反向边缘化就是通过神化与歌颂女性的某些特征和功能，把女性局限在某个特定的领域，从而制约女性的发展。[5]对女性外貌的赞美就是一个典型的例子。壮、泰谚语中有不少谚语是赞美女性外貌的，这是男权社会对女性外表的定型，目的就是通过对女性外貌的赞美，反复向女性灌输外貌美的意识，使得女性把大部分精力和焦虑都集中到对自己外貌的关注上，为了取悦男人而塑形和修饰自己的外表，却忽略了做人的广泛而深刻的意义和实现自身价值能力的培养，也就限制了自身社会生活的能力。另外，男权社会为了让女性远离社会生活的中心，从根本上也一直忽略女性社会生活的能力。在这双重因素的影响下，在壮、泰谚语中几乎找不到跟女性才华和能力相关的表述，也就是说，女性的才华和能力在壮泰谚语中被完全忽略了。

女性反向边缘化在壮泰谚语中更为突出的体现是"贤妻良母"定型。在"贤妻良母"的颂歌里，男权社会通过赞美和神化"母性"和"妻性"崇高无私的奉献精神，使女性自愿地放弃了自我实现的一切愿望和努力，"母职"和"妻职"成为女性生存的一切意义，成为女性存在正当性的证明，于是，女性会自觉选择管理家务、维持家庭，并自觉地用传统性别模式来规范自己的行为，循规蹈矩地履行家庭主妇的刻板性别角色，这直接导致了壮、泰谚语女性性别定型中社会角色的缺失。性格被异化，能力被忽略，再被"贤妻良母"的名号禁锢在家庭生活里，壮、泰谚语中的女性形象就这样被逐离了社会生活的中心，被彻底地边缘化了。

（三）性别平等的微弱显现

壮、泰谚语中的女性性别定型虽然可以说是男权社会从自身立场出发而有目的有意图地边缘化了女性，但不可否认的是，其中其实也有性别平等的体现。在对女性角色行为的定型中，壮语谚语有Gvan gaenx maez hix gaenx，Namhsa bienq ngaenxhau（夫勤妻也勤，河沙变白银），泰语谚语则说ชายหาบหญิงคอน（男挑女扛），在这里，女性和男性起着同样的作用：共同承担养家糊口的责任，也处于平等的地位：一样都是生活的主体，没有主客体之分，女性已经不再是弱者，不再只是顺从、依赖、被动地遵从男性，而是和男性一样有责任有担当，男性也不再是高高在上的指挥者，而是和女性一起肩并肩地站在一起共同承担，这正是性别平等的内涵：发展自我，成长个性，分担世界，共享世界。

  壮、泰女性对家庭的这份担当是基于她们对婚姻的自主性上的。泰语谚语ปลูกเรือนตามใจผู้อยู่（按照居住者的心意来建房，这里比喻婚姻自主）表明了在泰国男女双方对婚姻都有自主决定权，壮语谚语Gvanbaz cijmiz song doxgyaez，Gyawz miz cugdwk bae guhsong（婚姻只有两相爱，哪有捆绑去成双）也表明了壮人的婚姻是建立在两人相爱的基础上，因此壮、泰女性在某种程度上是有自主选择丈夫的权利的。但在强大的男权文化里，性别平等在壮、泰谚语女性性别定型中的体现是何其微弱，而男权社会对于性别平等的容忍又何其有限，女性一旦有逾越他们为女性建构的规范和准则的行为，他们绝对会毫不留情地鞭挞。就如壮人和泰人都允许女性在一定程度上对婚姻有自主权，但是一旦女性因离婚或丧偶改嫁，那就是违犯了他们为女性设定的"贞洁"规范，就要受到谴责，壮语谚语说Mbwk ndie mbouj guh song baez bawx，Mbwn ndei cix ndaem song cin haeux（好女不做两次媳，好天才插两造秧），泰语谚语也说ชายสามโบสถ์ หญิงสามผัว（出家还俗三次的男子、嫁三家的女子都不是好人）。

三　结语

  法国女作家西蒙·波伏娃（Simone de Beauvoir）曾从历史文化的角度指出，"女人不是生就的，而是逐渐形成的"。[6]壮、泰谚语中的女性性别定型本质上就是男权制社会意识形态对女性的一系列文化设定，其目的就是要引导女性朝着顺应男权社会的方向发展。应该说这些定型对构建社会道德、规范女性行为、维持社会秩序、促进家庭和谐曾起到过积极作用。然而，从女性主义的角度来看，以男性中心为视角的这些定型是以维护男权社会为出发点的，其以异化女性性格，忽略女性能力，把女性禁锢在家庭生活中等种种方法设法对女性进行边缘化，使她们最终远离社会生活的中心，在男权社会中只能充当"客体""他者""被塑者"等次性别角色，虽然在这期间似乎也有些性别平等的光芒闪耀，但毫无疑问地，壮人和泰人要真正实现性别平等都尚需时日。

参考文献

［1］ George A. Borden, *Cultural Orientation: An Approach to Understanding Intercultural Communication*. Englewood Cliff: Prentice Hall, 1991, P. 145—146.

［2］ Richard W. Brislin, "Prejudice in Intercultural Communication", *Intercultural Communication: A Reader*（Sixth Edition）, Belmont: Wadsworth Publishing Company, 1991, P. 370.

［3］ 马锦华：《性别刻板印象与性别教育》，《教育评论》2000年第6期。

［4］ 陈荣杰：《角色行为与个性行为——交际学二论》，《华东理工大学学报》（社会科学版）2001年第1期。

［5］ 杨凤、田阡：《性别政治下的女性发展边缘化》，《思想战线》2006年第1期。

［6］ 西蒙娜·德·波伏瓦：《第二性》，陶铁柱译，中国书籍出版社1998年版，第251页。

（原文载于《齐齐哈尔大学学报》2017年第11期）

壮泰传统伦理道德观之比较

——以《传扬歌》与《帕銮箴言诗》为例

覃 丹

壮、泰两族都是历史悠久的稻作农业民族，在漫长的生产劳动过程中，两个民族逐步形成了各自以稻作文化为本源的伦理道德观，作为规范本族人民的道德准则和处世原则。世世代代以来，壮泰两族人民谨守本民族的伦理道德观以处理和调节人与人、人与社会之间的关系，并通过民间文学、节日习俗、民间歌会、宗教集会等各种形式对其进行传播、传承和发展。

壮族民间伦理道德长诗《传扬歌》和泰国伦理道德诗《帕銮箴言诗》显而易见就是为了维护和传承本民族的伦理道德而创作的。《传扬歌》最先是通过口口相传的方式广泛传唱于壮族民众之间，后经若干代民间诗人不断完善加工，在明朝基本定型而成；《帕銮箴言诗》也是在流传的几百年间经不断传抄加工和增补内容，最终在曼谷王朝三世由文人收集整理而成。这两首诗通篇由本民族的谚语、格言、俗语连缀而成，用简洁的语言表达了壮泰两族人民对善与恶、美与丑、真与假的鲜明态度，它们所传达的伦理道德观已深深根植于本族人民的心灵，影响着他们的言行举止，成为民族的精神烙印。因此，对《传扬歌》和《帕銮箴言诗》中就个人修养、家庭伦理、社会道德等伦理道德的阐述进行梳理，必然可以看到壮泰传统伦理道德观异同的些许脉络。

一 个人修养

社会是由亿万个个体组成的，个人的道德水准非常重要，它是社会得以正常运转的根基，因此壮泰民族都非常注重个人修养的培养，《传扬歌》和《帕銮箴言诗》都把很大的篇幅放在对个人修养的阐述上，但在个人修养内涵的理解上，两者的侧重点有相同也有差异。

（一）壮泰民族都主张的个人道德规范

首先，壮泰民族都主张为人要正直善良。《传扬歌》中反复劝诫年轻人"行为要端正""人要走正道"，[1]并强烈谴责赌博、偷盗、抢劫、欺诈等行为，如："生儿会赌钱，父母心忧虑"；"偷遍众相邻，临死谁不快"；"专靠抢靠偷，一生不到头"；"懒汉不可怜，常去骗人钱"。[1]在《做人》篇中还列数了为人不正的后果："儿女会做人，地是聚宝盆。生个败家子，有多也无用。""儿行为不正，必连累双老。儿行为不轨，惹祸家难保。"[1]以生动形象的语言、条理清晰的寓意说明了不良行为对个人和家庭的危害：假如为人不正派，纵有多少家财也终会随风而逝，甚至可能弄得家破人亡。崇信佛教尤其相信"善有善报、恶有恶报"的"因果报应"说的泰人，认为做了善事必有善报，若今生不报，来世必报，因此也非常强调正直善良这一品质。[2]《帕銮箴言诗》中反复告诫：ผิดอย่าเอาเอาแต่ชอบ（恶莫为，善为之）[3]，ประพฤติตามบูรพระบอบเอาแต่ชอบเสียผิด（行事循规矩，亲善而远恶）。[3]并劝诫不要做以下这些行为：อย่าใฝเอาทรัพย์ท่าน อย่าริร่านแก่ความ（勿谋他人财，勿惹是生非）[3]，อย่าได้รับของเข็ญ เห็นงามตาอย่าปอง（勿收意外财，美物莫窥觑）[3]，ของฝากท่านอย่ารับ（他物莫收受）[3]，อย่าขุดคนด้วยปาก อย่าถากคนด้วยตา（勿以言毁人，勿以眼讽人）[3]，อย่าพาผิดด้วยหู（勿以讹传讹）[3]，因为这些行为都是不正当的，非正人君子所为。不仅如此，还要注意สร้างกุศลอย่ารู้โรย（行善莫荒废）[3]，这样来世才有好报。

其次，壮泰民族都主张待友要真诚有礼。壮族是个热情好客的民族，在他们的传统观念中，真诚地对待朋友也是个人修养中很重要的一部分。对结交朋友，《传扬歌》中主张："交友重交心"；"交心重情义，朋友不分开"。[1]同时主张对朋友要讲礼节："出门交朋友，相敬不相扰"，"入座先让席，亲朋乐开怀"。[1]前一句的意思就是作为朋友既要互相尊敬又尽量不要给对方添麻烦，后一句的意思就是入席吃饭时作为朋友要互相礼让。总而言之，壮人认为真诚、有礼是对待朋友的正确之道。泰人的传统伦理道德观也非常重视友谊，《帕銮箴言诗》中明确地说道：ปลูกไมตรีทั่วชน（广植友谊树）[3]，ที่รักอย่าดูถูก ปลูกไมตรีอย่ารู้ร้าง（亲情莫轻视，友情莫放弃）[3]。同时，泰人也认为朋友之间要真诚、和睦、互助、以礼相待。[2]正如《帕銮箴言诗》所言：เมตตาตอบต่อมิตร（仁慈待朋友）[3]；พรรคพวกพึงทำนุก ปลูกเอาแรงทั่วตน（朋友当互助，竭尽自身力）[3]；ที่ไปจงมีเพื่อน ทางแถวเถื่อนไคลคลา（所到有朋陪，荒处同前往）[3]；อย่ากอปรกิจเป็นพาล อย่าอวดหาญแก่เพื่อน（勿为不义事，勿吹嘘朋前）[3]。当然，值得尊敬、以礼相待的朋友必然是正直善良的好人，因此在交友对象上，壮泰两族都强调要结交正直善良的好人，《传扬歌》中说："劝你众男儿，善恶要分明。野牛出外荡，千万莫去跟。"[1]《帕銮箴言诗》中也说อย่าผูกมิตรไมตรี（莫结交恶人）[3]，อย่าผูกมิตรคนจร（勿与浪人交）[3]。

（二）壮泰民族各自强调的个人道德规范

除了正直为人、真诚待友之外，壮泰民族在其他个人道德规范上也有着不同的侧重。

1. 壮族强调自我要勤劳节俭，待人要友善

壮族人民自古生活在自然环境比较恶劣的岭南地区，一向以吃苦耐劳著称，"耕种纺织，讴歌为乐"，并以此为美德。也因此，《传扬歌》把勤劳提到做人的头等重要地位[4]，反复赞颂"勤劳无价宝""勤劳是头条"。[1]更用"薄田苗不旺，多收靠人勤"；"不怕草茂盛，好苗靠人勤"；"人勤我不懒，早晚不偷闲"；"双手造甘泉，终身用不完"[1]褒赞了勤劳致富：只有辛勤劳动的人才能创造出自己的成果，自己创造出的成果才能取之不尽用之不竭。对懒惰则是极力批评："人懒地长草，何处来吃穿"；"邻家借衣裙，懒人遭憎恶"；"人家有酒肉，谁让懒人沾"。[1]

壮人还推崇节俭，反对铺张，极力反对"家贫不节俭，摆席装豪门，狸猫充老虎，骗己又骗人"这种不顾家贫装门面摆阔气的做法，[5]对好吃懒做的行为更是憎恶："背过家人面，嘴比猫还馋。只想鱼想肉，吃穷一家当。"[1]在壮人的心中，只有勤劳再加上节俭才能过上富足幸福的生活，勤俭持家的人是被视为楷模并赞赏有加的："贤妻会打算，应酬各

种人,种地又缝衣,夜忙到三更。"[1]

此外,壮人强调待人要友善。壮族传统上主要是以村寨的形式集群而居,村寨规模小则几户到几十户,大则几十户上百户,人数则成百上千人不等,因此搞好邻里之间的和睦关系非常重要,正如《传扬歌》中所唱:"几姓共一村,和善做睦邻";"既然做邻居,相敬如亲友"。[1]邻里之间如何做到和睦,《传扬歌》也有说法,既要友善待人:"莫为鸡相吵,莫要猪相斗。莫为树相争,莫为菜动手。"[1]更要互帮互助:"左邻或右舍,早晚常相逢。有事当相助,莫用话伤人。"[1]

2. 泰族强调自我要谨慎谦虚,待人要宽容

泰族人认为小心谨慎的秉性是一个人的宝贵财富,它能够使人们过着安逸的生活,因此谨慎成为泰人最为强调的个人道德规范。《帕銮箴言诗》中有不少教人小心谨慎的句子,如日常生活中要小心谨慎:เข้าออกอย่าวางใจ ระวังระไวข้างหลัง เยียวผู้ชังจะคอยโทษ(出入莫轻心,提防身后事,谨防身后鬼)[3],ที่ชุ้ม(สเื่อ)จงประหยัด จงเร่งระมัดฟืนไฟ(险处当小心,切警惕烛火)[3],เดินทางอย่าเดินเปลี่ยว น้ำเชี่ยวอย่างขวางเรือ(出门莫独行,水湍莫阻舟)[3];在战争时期就更要小心谨慎:ข้างตนไว้อาวุธ เครื่องสรรพยุทธอย่าวางจิต(武器随身携,勿掉以轻心)[3],เข้าเถื่อนอย่าลืมพร้า หน้าศึกอย่านอนใจ(入林莫忘刀,敌前莫轻心)[3],ที่ขวากหนามอย่าเสียเกือก ทำรั้วเรือกไว้กับตน(荆棘莫卸甲,设卡护自身)[3],ที่มีภัยพึงหลีก ปลีกตนไปโดยด่วน(危地需远离,脱身要迅速)[3]。总而言之,无论是日常生活还是战时状态,无论是在家里还是出远门,无论是陆地还是水上,为人处世一定要小心谨慎,这至今仍是泰族人民重要的处世准则。

在泰人的传统伦理道德观中,谦虚也是个人修养中非常重要的一部分,他们主张无论任何人都应该谦虚做人,不要自以为是,不要骄傲自满,就如谚语รวงข้าวสุกน้อมลง รวงข้าวลีบชูขึ้นฟ้า(稻穗成熟弯低腰,稻穗青青高昂头)所寓意的:有内涵的人往往都谦逊,就像那成熟的稻穗弯低自己的腰,没内涵的人才会自以为是,就像那青青的、没成熟的稻穗高昂着头。《帕銮箴言诗》也说道:เป็นคนอย่าทำใหญ่(为人勿自大)[3],อย่าตื่นคนยกยอ(勿恃傲自满)[3],โอบอ้อมเอาใจคน(谦虚善待人)[3]。尤其是在老师和长辈面前更要谦虚:ครูบาสอนอย่าโกรธ โทษตนผิดพึงรู้(师训莫盛怒,自省方进步)[3],เมื่อพาทีจึงตอบ จงนบนอบผู้ใหญ่(他问必答之,谦虚向长辈)[3]。

崇信佛教的泰人认为宽容待人是佛教积德行善观念的一部分。คนโหดให้
อื่นดู ผิดอย่าเอาเอาแต่ชอบ（坏人需宽待 当弃恶从善）[6]，他们认为即使
是坏人坏事也应该以宽容的心态去对待。《帕銮箴言诗》中的อย่าจับ
ลิ้นแก่คน（勿挑他人错）[3]，อย่าตีสุนัขห้ามเห่า ข้าเก่าร้ายยอดเอา（勿击犬止吠，
恶仆需忍待）[3]都是教诲民众以宽容待人处世的。宽容待人的为人准则
对泰国人的影响极深，也正是有这种胸怀和心态，泰国人才能常常以笑容
面对他人，并以此著称于世，冠上了"微笑国度"的美称。

二 家庭伦理

家庭是一个社会的基础，家庭的和谐对社会的稳定非常重要。壮泰两
民族都非常重视家庭，对如何拥有一个和睦的家庭，他们很有体会，也因
此《传扬歌》和《帕銮箴言诗》中都有家庭伦理道德的阐述，尤其是《传
扬歌》用了很大的篇幅来阐述长辈与晚辈、夫妻、兄弟、妯娌之间的相处
之道。

（一）壮族的"孝敬父母"与泰族的"敬重长辈"

壮族人非常重视家庭伦理道德，而在家庭伦理道德关系当中又以孝
道为核心。父母长辈为了养育子女，从十月怀胎到成家立业，可谓是几十
年如一日含辛茹苦地倾注自己全部的心血。《传扬歌》中就反复咏唱了儿
女从出生到成长期间父母的艰辛："十月怀胎苦，为娘心自知。生死难料
定，烦恼不肯食"；"煲饭盼他长，壮实又不傻。儿幼怕不长，儿长怕败
家"；"又怕犯鬼神，处处陪小心。骨肉白不壮，样样愁煞人。"[1]子
女在父母的羽翼下茁壮成长，但当双亲年老时，儿女就要尽赡养之责，
《传扬歌》在《孝敬》一篇中的"莫忘父母恩，辛苦养成人。如今能自
立，当孝敬双亲"[1]表达了壮族人对孝道的总体要求。对于不孝的行为
则严厉斥责："父母不赡养，儿女昧良心。""疼妻嫌父母，贱如狗蜷
身。"[1]

在泰国，尊敬长辈是传统家庭伦理道德的重要部分。在家族里，小
辈必须尊敬、顺从长辈，日常生活中看到长辈，要先合十致敬、问安，每
逢家里举行重要的节日或宗教仪式时，必须请资历高、辈分大的老人来主
持。《帕銮箴言诗》中明确指出了小辈对长辈应有的态度：นอบตนต่อผู้เฒ่า

（恭顺对长辈）[3]；จงนบนอบผู้ใหญ่（谦虚向长辈）[3]；อย่าขัดแข็งผู้ใหญ่（勿顶撞长辈）[3]。另一方面，泰族人要求小辈不要事事依赖长辈，不要好高骛远，要自力更生、脚踏实地，努力过好自己的生活，正所谓อย่านั่งชิดผู้ใหญ่ อย่าใฝ่สูงให้เกินศักดิ์（勿坐靠长辈，勿好高骛远）[3]。

（二）壮族的"家庭和睦"与泰族的"防备家人"

壮人一贯强调家族和睦，其中，夫妻和睦是首要的。壮人主张夫妻相敬如宾，相互扶持，在壮族村寨中和睦的夫妻关系往往得到人们的赞赏，反之则会受到取笑。《传扬歌》中的《夫妇》篇开头唱道："一家两夫妻，相敬不相吵。有事多商量，和睦是个宝。"[1]作为丈夫应爱惜妻子，只有"恶狗才咬鸡，打妻非好汉"。[1]妻子也不应背弃丈夫，不可"为妻不知羞，贞节送他人"。[1]同时，壮人还强调兄弟之间要相互理解、相互扶持。《传扬歌》告诫人们"兄弟拧成绳，外侮不临头"，"兄弟不齐心，不如老朋友"。[1]由于妯娌间的关系常常会到影响兄弟关系的好坏，所以《传扬歌》还告诫道："妯娌相劝勉，莫要心相违"，"兄弟妯娌间，商量办事情。一家共团圆，和睦度光阴"。[1]时至今日，兄弟互敬互助妯娌互容互让仍是壮人最基本的家庭伦理观念。

泰人也非常重视亲情，正如《帕銮箴言诗》所言：ที่รักอย่าดูถูก（亲情莫轻视）。他们也非常重视家庭和睦，主张泰人亲属或宗族成员彼此间和睦相处、互助友爱。[2]《帕銮箴言诗》中的พึ่งผันเผื่อต่อญาติ（慷慨馈亲友）[3]就是家族成员的相处之道：自己有钱有能力的时候，一定要大方地馈赠亲友，这样才有助于家庭的和谐、和睦。但另一方面，作为王权国家，在古代泰国，君主的利益是高于一切的，家庭利益也必须服从于君主利益，因此那时候甚至会有君主强娶民间普通人家妻子的事情发生，也因此《帕銮箴言诗》中会出现คนรักอย่าวางใจ（勿信任爱人）[3]这样的教义，因为她也许今天是你的妻子，明天就未必是了，不能完全地信任她。当然，泰人小心谨慎的处世态度也必然对他们的家庭伦理道德产生影响，他们不仅认为妻子不能完全信任，连自己的亲生儿子也不能完全信任，所以《帕銮箴言诗》还出现有ลูกเมียอย่าวางใจ（妻儿莫信任）[3]，ลูกเมียยังอย่าสรรเสริญเยียะเทินจะอดสู（妻儿莫推崇）[3]等教义。泰人对家人的如此防备，与壮人所推崇的父母子女、丈夫妻子、兄弟姐妹、姑嫂妯娌全家上下同心同德的观念可谓是大相径庭。

三 社会道德

社会中人与人之间关系的伦理道德规范就是社会道德。在这方面，壮泰两族由于受政治体制、经济结构、宗教信仰、外来文化等诸多影响，表现出了巨大差异。

（一）壮族的"藐视王权"与泰族的"忠心侍君"

从唐代开始到清代长达一千多年的时间里，中原封建王朝在壮族的主要聚居地推行"土官制度"，即由中央王朝委任当地民族首领为府、州、县的文职土官，其实质就是"以夷治夷"，要从政治和经济两方面压迫少数民族，政治上巩固其统治，经济上让原来的生产方式维持下去，满足其征粮纳贡。土官代表着王权，是当地政治上的最高统治者，掌握着军、政、财权，对农民有着"生杀予夺"的权利，对壮族普通人民进行残酷剥削。这样的剥削和压迫必然引起壮族人民的反感和抵抗，《传扬歌》中明确地藐视王权，要求"掌印为民"，对"掌印不为民"、残酷压榨百姓的行为进行了愤怒的谴责。[1]诗中不仅对王权的代表——官员进行了猛烈抨击："官家掌大印，百姓最可怜，养肥猪牛羊，为他添利钱。我不种田地，叫你肚子扁。""做官忘国事，掌印不为民。妻妾陪下棋，淫乐度光阴。倘若六畜少，心机他用尽。养肥众官人，今生享不尽。"[1]对皇帝也毫不留情："人们当醒悟，天下属帝王。十五妃簇拥，白银烂在仓。""凭是官是皇，怕病入膏肓。花钱如流水，还得见阎王。钱买不到命，皇帝也难当。天让人末路，不怕你嚣张。"[1]在壮族百姓的眼里，压迫他们的皇帝和官员已经毫无威严可言。

泰族在往南迁移的过程中不断与当地的民族交流、融合，逐渐在中南半岛扎根繁衍，并最终建立起了以泰族为主体民族的君主专制国家。从古至今，泰国国王作为全国各地区各民族人民的精神和政治领袖，具有至高无上的地位，因此忠心侍君是深深根植于泰族人民心中的非常重要的伦理道德观念。而这道德规范在《帕銮箴言诗》得到了赤裸裸的体现：เผ่ากษัตริย์เพลิงงู อย่าดูถูกว่าน้อย（君主权在握，切莫轻视之）[3]；ท่านไท้อย่าหมายโทษ คนโหดให้เอ็นดู（王者莫指责，弱者当体谅）[3]；หิ่งห้อยอย่าแข่งไฟ อย่าปองภัยต่อท้าว（飞蛾莫扑火，勿蓄谋害君）[3]；อาสาเจ้าจนตัวตาย อาสานายจงพอแรง（奉主当至死，效主当尽力）[3]。概而言之，就是要人民从内心尊敬赞颂君王，不做任何有损君王的行为，效忠君王要尽心尽力甚至可以付出生命的代价。

（二）壮族的"反对土豪"与泰族的"敬畏权贵"

除了藐视王权，壮族人民对地主土豪的残酷剥削也是很不满的，《传扬歌》中一方面对地主土豪的贪婪和凶狠进行揭露："三都众财主，富贵又霸道。一买百峒田，三妾共侍候"；"他有钱放债，利越多越爱。穷人苦难言，财主乐开怀"；"今生他享福，一味占肥田。新装年年买，享用总不完。"[1]另一方面，则对地主土豪提出了警告："劝你有钱人，莫欺穷家汉。人皆父母生，家贫人不贱"；"家有点米粮，人前莫逞强。家有钱放债，莫要乱逞狂。大路还长草，石崇*也饥寒"；"当初田满峒，穷来也潦倒。当初门如市，穷来也像瑶。"[1]以此告诫地主土豪们，财富不是永恒的，即使是像石崇这样富可敌国的，最终也家破人亡，所以要好自为之，给自己留条后路。

传统的泰族社会则不仅具有浓厚的忠君爱主的观念，还存在着严重的等级观念，权贵之人很受尊崇。权贵之人在公众场合常显示其高人一等，其下属或公众媒体也常加以追捧，他们自己也以此为荣，不仅普通老百姓甚至连富豪都对他们敬畏三分。《帕銮箴言诗》中就有คนเป็นไทอย่าคบทาส อย่าประมาทท่านผู้ดี（奴仆莫结好，勿疏忽权贵）[3]，意思是千万不要跟奴仆结交，也千万不要对权贵有所疏忽，赤裸裸地表达了他们的等级观念。此外还有ข้าคนไพร่อย่าไฟฟุน คบขุนนางอย่าโหด（奴仆勿迁怒，结贵莫愚笨）[3]阐明了与权贵交往要毕恭毕敬，千万不要显得笨手笨脚；อย่าเข้าแบกงาช้าง อย่าออกก้างขุนนาง（勿欲持象牙，勿抵抗权贵）[3]则阐明了不要抵抗权贵，他们有权有势，抵抗他们无异于以卵击石，就如同从象嘴里拔牙。

（三）壮族的"公正平等"与泰族的"与而求报"

壮族人民自古生存的岭南地区，以连绵山地而闻名，自然环境恶劣，历史上具有南蛮之地的称谓，亚热带气候使得该地森林茂盛、野兽丛生。在这样恶劣的生存环境中进行生产活动必定需要依靠集体的力量才能克服

---

* 西晋时期富豪，生活奢侈，曾娶相貌美丽、多才多艺的壮族姑娘绿珠为妾，后因富被杀，绿珠也跳楼自尽。

环境对人的束缚。比如，挖水渠引水灌溉、开山铺路以及搭桥过河等活动既是集体项目也是惠民工程，在这些活动中每家每户出钱出力责任平摊。在这种社会生产生活方式背后，必然要求分配的公平性，例如，资金投入、人力投入以及任务分配的公平合理等。此外，这种集体责任精神催生了分享利益的平均原则即在物质分配及个人需求等方面要求平均性，因此处世的公正平等就显得非常重要了。《传扬歌》有这样的描述："办事要公正，不要坏名声"，"若以上补下，搭配才公平"，[1]表达了壮族人强调社会中人与人之间公正平等的伦理道德观念。

而在素有"黄袍佛国"之称的泰国，93.4%的民众信仰佛教，佛教在社会生活中占有主导性地位，佛教文化也是泰国文化的核心和主要影响因素。[7]佛教教义对泰人社会观念的影响是巨大的，其中影响最大的是"因果报应"和"生死轮回"观。"善有善报，恶有恶报"的观念深植于泰人的心中。受此观念影响，泰人非常注重积功德。他们认为向僧侣布施是一种功德，向社会捐助、做善事等也是一种功德，这些功德都是为了得到相应的回报，这就是"与而求报"的观念。而与此观念相对应的就是要求人们要知恩图报。《帕銮箴言诗》有言ทดแทนคุณท่านเมื่อยาก ฝากของรักจงพอใจ（受恩知图报，竭力报恩情）[3]，ท่านรักตนจงรักตอบ ท่านนอบตนจงนอบแทน（受宠当回报，受敬当敬回）[3]，都是教诲人们得到恩惠、宠爱、尊敬都要给予相应回报。

20世纪80年代末以来，壮泰两个民族的渊源关系受到越来越多中外学者的关注，他们从语言学、民族学、民俗学、考古学、地名学和人类学等多个角度论证了壮泰民族都是古代百越民族的后裔。但不能否认的是，经过千里迁徙，沧海桑田，壮泰两民族今天的关系诚如范宏贵教授所言：虽然仍然积淀着若干共同的文化，但毕竟经过长期的历史发展，已经形成生活在不同国度的不同民族，在文化上已有很大差异。[8]壮泰传统伦理道德观的异同无疑也说明了这一点，由于受政治体制、经济结构、宗教信仰、外来文化等诸多影响，在《传扬歌》和《帕銮箴言诗》中，无论是在个人修养、家庭伦理或社会道德的规范上，壮泰两族的侧重只能说是既有相同点但也有很多的差异之处了。

参考文献

[1] 梁庭望、罗宾：《壮族伦理道德长诗传扬歌译注》，广西民族出

版社2005年版，第24、111—123、125—133页。

［2］ 戚盛中：《泰国民俗与文化》，北京大学出版社2013年版，第195、198页。

［3］ 教育部学术厅：《帕銮箴言诗研讨》，库鲁撒帕拉佬出版社1999年版，第15—25、54页。

［4］ 梁庭望：《中国壮族》，宁夏人民出版社2012年版，第217页。

［5］ 梁庭望：《壮族〈传扬诗〉的伦理道德观》，《学术论坛》1983年第3期。

［6］ 兰达娜·萨迪嗒南：《文化视角下的〈帕銮箴言诗〉分析》，诗娜卡琳大学1977年第10期。

［7］ 陈晖、熊韬：《泰国概论》，世界图书出版公司2012年版，第95页。

［8］ 范宏贵：《同根异枝的壮泰族群》，广西民族出版社2013年版，前言第13页。

（原文载于《湖北民族学院学报》2017年第3期）

壮语与泰语谚语中的"雨"意象

周艳鲜

一 引言

雨（水）是人类赖以生存的基本条件，特别是对于古老的农业民族，雨（水）是永恒的生命之源。壮泰先民是古老的稻作民族，雨水对于粮食生产、农田耕种、禾苗成长具有决定性作用，壮语谚语Baengh mbwn gwn haeux，baengh reih hwnj ranz（靠天吃粮，靠地住房），Yungh vaiz baengh bien，naz rengx baengh mbwn（用牛靠鞭，旱田靠天）和泰语谚语ทรัพย์ในดิน สินในน้ำ（土里有财产，水里有钱财），ข้าว คอย ฝน（禾苗等雨稻等雨）等反映了壮泰民族自古以来依赖、珍视、崇拜（雨）水的传统观念。壮泰民族有大量关于雨的谚语：气象谚语主要记录雨气候特征，总结农事活动的雨天气规律，说明适时农事的重要意义；隐喻性谚语中的"雨"是一种隐喻意象，和其他文学形式中的"雨"意象一样，被赋予了人类的情感内涵，具有丰富的象征意义；在记录、描述传统节日活动、宗教仪式的谚语中，"雨"是一种被崇拜的神灵之物，反映壮泰民族的传统习俗和宗教信仰。

关于"雨"意象的研究大多以唐诗宋词、现当代中外诗歌、现当代小说等文学作品中的"雨"意象为对象。张美丽将东坡词中的雨意象分为描述性意象和象征性意象，并分析其所蕴含的"喜雨"和"苦雨"两种情感内涵[1]；庄超颖认为张爱玲小说的雨意象与人物的遭际命运交涣浑融，揭示了人生苍凉的小说主旨；[2]刘倩分析唐诗中雨意象的情感模式、审美特点以及艺术表征，她提出，在中国古典诗词里，雨由自然表象上升为艺术意象，是诗人感情表达的有效载体；[3]黄田田研究唐诗中风雨意象所积淀的丰富情感内涵和独有时代精神，认为唐代诗歌的一个特征就是"风雨"从纯粹的自然物象发展为文人心情的象征，与诗人建立了稳定的情感对应模式。[4]这些研究大多从文学、美学、文体学等视角，对"雨"意象的审美内蕴、审美价值、原型批评、建构类型、精神指向以及人生意蕴等进行论述与评析。

谚语是民间口头传统的一种主要类型，壮泰谚语是壮泰民族民间口述文学的重要组成。在长期的生产生活实践中，壮泰民族在谚语中创造了丰富的"雨"意象。这些"雨"意象具有多重角色，在主题、内容、表现形式不同的谚语中有着不同的意义与内涵。经文献调查显示，关于谚语中"雨"意象的论著几乎没有，谚语中"雨"意象研究尚未得到人们的关注与重视。为此，本文以谚语为研究语料，解读壮泰气象谚语、隐喻性谚语和与宗教信仰相关谚语中的"雨"意象及其思想内涵与文化信息，不仅可以丰富"雨"意象研究的视角，也可以为壮泰民族民间口述文学比较研究提供可借鉴的个案。

二 壮、泰气象谚语中的描述性"雨"意象：作为一种自然物象

（一）气象谚语

在漫长的劳动生产实践中，人类对天气进行了细微的观察，不断总结关于天气的经验与智慧，并用精炼简洁、易于记忆的语言代代相传下来，形成了丰富的气象谚语。气象谚语总结了人类历史上关于农业生产中适时农事的气象规律，至今仍然发挥着指导农业生产劳动的作用。西班牙谚语"The weather rules the field"（天气治理田地）说明了天气影响农业生产劳动的重要意义。Stewart Kingsbury编撰的《Weather Wisdom：Proverbs, Superstitions, And Signs》（1996）收集了4435条气象谚语，他认为气象谚语的主要功能是预测天气，他说，"Weather proverbs are a sub-genre of the larger class of proverbial wisdom. Their function is to predict the weather so that people might be able to plan the daily affairs of life without too many climatic uncertainties or surprises."[5]

气象谚语通常包含预言式的陈述，因此常常被称为预测式习语、天气

规律、劳动准则或天气迹象。关于气象谚语的内容，Richard Inwards将其分为时间（年份、季节、月份、日期），自然现象（太阳、月亮、星星、云、雨、雪等）和动植物等三种类别。[6] 壮泰民族先民在长期的农业生产劳动实践中，创造了丰富的气象谚语，记录了他们对于气象的认知、经验与智慧。这些谚语被视为农民的劳动准则，为农民的农业生产活动提供可靠的建议与劝告。尽管一些气象谚语因为缺失科学性而引起争议，还有一些谚语仅仅是对气象的简单描述被视为缺少生动性而不具备谚语性，但是毋庸置疑，很多自然现象谚语是人类先民关于自然界知识的总结和生态智慧的传播。

壮语气象谚语大多与农业活动相关，涉及的自然物象主要有日、月、星、云、风、雨、雷、雪、雾、霜、雹等。例如：Doengceiq ok daengngoenz, haeuxgoek ndaej fungsou（冬至出日头，谷米得丰收），Cousawq bungz fwn rieng cou rengx（处暑逢雨秋末旱），Danhngoz miz fwn dwg bi fung（端午有雨是丰年），Seizdoeng sied haucan, bi naj haeux rim cang（冬天雪茫茫，来年谷满仓），Cib it mwi lai, bi moq go haeux rengx（十一月霜多，来年五谷旱），Mbiengj mbwn hoengz doengdoeng, lwgrit couh daeuj daengz（天边红通通，冰雹就要来），Fwj coh sae fwn soegsoeg, fwj coh baek ndei dak gaeux（云往西雨凄凄，云往北好晒谷），Ban haet mok baenz benq, mbwn rengx ndei dak haeux（早上一片雾，晴天好晒谷），Cou mok mbwn rengx daih, doeng mok siet mbin lai（秋雾大旱天，冬雾雪花飞），Loeg nyied ci rumzsae, ganjhaeux heih ok non（六月起西风，稻秆易生虫），Cin raez yiengj byai ndwen, naz raihraih miz raemx（春雷响月尾，块块田有水）。

泰语谚语中较为频繁出现的自然意象有日、月、星、风、雨、雪等。例如，ฝน ตก แดด ออก（雨后日出）、ดาว ล้อม เดือน（星星包围月亮）、เร็ว ปาน ลม พัด（快似风吹）、ซื้อ ร่ม หน้า ฝน（雨季买雨伞）、ยกเมฆ-เดาเอา, นึกคาดเอาเอง; กุเรื่องขึ้น（举云）、หิมะ ที่ เป็น นิมิตมงคล（雪是有吉祥）、ฟ้าไม่กะเทือนสันหลังไม่รู้สึก（雷击后才有感觉）等，这些谚语大都具有丰富的隐喻意义。我们发现，在所收集到的泰语谚语资料里，几乎找不到记录或描述农业活动的气象谚语。这或许是以往收集者、研究者对于气象谚语的偏见，他们或认为，气象谚语缺乏科学性，其研究价值不大，或认为气象谚语是对气象的简单描述而缺少生动性，因而失去了谚语本身具有的本质。

（二）壮泰谚语中的描述性"雨"意象

在众多的气象谚语中，"雨"是被频繁描述的天气现象，这显然是因为雨对于人类生存的特殊意义。壮泰气象谚语中的"雨"意象，一般是作为自然物象来进行描述与记录的。它以描述为手段，以记录为目的，具有烘托和造境的审美意义，因此可以称之为描述性"雨"意象。这些气象谚语详细记录了壮泰民族居住环境中雨气候特征和雨气象下的农耕活动及其规律，有的谚语总结雨气象特点及其在一年四季中产生的不同价值，有的描述雨天迹象，有的总结雷雨气象和农耕活动的关系。

壮族居住地区属于亚热带季风气候，水热条件好，降雨充分，有稻田种植得天独厚的条件。壮语谚语记录了春、夏、秋、冬不同季节的雨气象特点，体现了春雨对粮食丰收的重要价值，例如：

春雨：Laebcin doek fwn daengz cingmingz（立春落雨到清明），Byaj cin yiengj sing ndeu, bak ngoenz dingq fwn doek（春雷一声响，百日听雨响），Sam nyied fouz fwn mbouj baenz cin（三月无雨不成春），Cin miz byaj, fwn gaen daeuj（春打雷，雨相随），Fwn cin cuk, haeux rim rug（春雨足，谷满屋）。

夏雨：Hahceiq byajraez miz fwn hung（夏至闷雷有大雨），Cin gyaeuj rengx, fwn hah lai（春头早，夏雨多）。

秋雨：Laebcou fungz fwn cin daeuj caeux. 立秋逢雨来春早。

冬雨：Ndwen lab fwn lai ndwencieng rengx. 腊月多雨正月旱。

在泰国，流行着典型的热带气候，其特点为：热季长，潮湿多雨，稻田耕种主要依靠雨水。以"雨"为意象的泰语谚语很多，形象生动地描述了泰国大部分地区雨气象的特点。ประเทศไทยฝนตกสม่ำเสมอ（泰国下雨均匀）是对泰国多雨天气的总结，คลุ้ม ฟ้า คลุ้ม ฝน（乌云密布）描写了大雨来临之前的景象，ฝน ตก ไม่ มี เค้า（下雨无预兆）和ฝน ตก แดด ออก（雨过天晴）总结了雨天的一般规律。

三 壮泰隐喻性谚语中的象征性"雨"意象：作为一种隐喻意象

当"雨"被赋予人的情感内涵，它就变成了一种富有思想内涵的文学意象。"意象是融入了主观情意的客观物象，或是借助客观意象表现出来的主观情意。"[7]意象可以说是诗词中最小的单位符号，其构成包含了客观形象和主观情感两个方面，是作者以自我感受的情感诉诸形象思维的一种形式，读者通过意象对作品中所表现的情感有更进一步的了解。雨从一种自然物象发展为一种文学意象，是从原始先民对雨的崇拜而开始的，当雨被赋予了一定的情感内涵之后，遂进入文学作品之中，成为文人吟咏的对象，其文化内涵不断丰富。在物象转换为意象的过程中，直接赋予物象以情感特征，托物寓意，将客观的物象与主观的意绪融合起来，创作者深入到物象本身，来体察人的情感意绪。这种将"物象"自然地转换为"意象"的文学修辞手段，即是比兴。

象征性"雨"意象是一种隐喻性意象。它以比喻为修辞手法，以象征某种特殊含义为目的，具有隐喻和象征的美学意义，而且被赋予了丰富的思想内涵与文化特色。壮泰谚语中有大量的谚语，因其具有丰富的哲理性与隐喻性，而被称为隐喻性谚语。隐喻性谚语中的"雨"意象常常具有特殊的象征意义。这些谚语基于人们对雨气象特征、规律的认识与经验，采用比兴手法，将"雨"作为隐喻意象，或映射出人的行为、心理、情绪、情感等，或反映现实生活的一些现象，揭示日常生活中的道理。

（一）壮语谚语中的象征性"雨"意象

以下几组壮族谚语采用比兴手法，由喻体联想到主体，取两者的相似之处，寓意深刻，意味深长，生动形象，极具哲理性与说服力。

1.友善建议或励志之语

——Ok dou daiq aen liengj, mboujlau mbwn bienq naj（出门带把伞，不怕天变脸）将下雨比作天公变脸，反映雨天多变的规律，建议人们出门要做好防雨。

——Bak ngoenz bumz fwn cungj miz ngoenzrongh（百日阴雨总有一晴）说明运势多变的道理，失败不是永远，总有成功的一天，是常用来劝勉、安抚失意之人的句子。

2.委婉批评或劝诫之言

——Byaj maenj mbouj doek fwn, meuz hemqmbouj gaeb nou（光打雷不下雨，猫光叫不捉鼠）批评那些只说不做，言行不一的人。

——Gawj caj deng rwed fwn, gawj ninz bingh heux ndang（瞎等遭雨淋，昏睡病缠身）警示懒惰之人没有好结果。

——Gvaq donq cij ra ringz, fwn dingz cij cimhliengj（过餐才找吃，雨停才寻伞）比喻为时过晚，委婉地批评没有时间观念之人。

——Mbwn fwn nanz ciq liengj, loeg nyied nanz ciq beiz.（雨天难借伞，六月难借扇）比喻不合时宜。

——Conghndaeng gwngj dauq gwnz, rox deng fwn guenq dai（鼻孔眼朝上，会给雨灌死）、Rumz boq couh miz fwn, vunz guengz couh miz nanh.（风狂有雨，人狂有祸）比喻傲气之人没有好结果，用以批评骄傲之人。

——Doxndaq gvaq raq fwn, mbouj baenz un gvaqciuh（吵架犹如一阵雨，不必记仇一世人）、Gvanbaz doxceng, fwn gvaq fwj gvengq（夫妻争吵，雨过云消）将争吵比作阵雨，来得快去得也快，劝告人们处理好人际矛盾关系。

3. 颂扬优良品质

——Gwnz mbwn doek fwn mbouj doek haeux（天上下雨不落米），与"天上不会下毛毛雨"同义，说明幸福不是空从天上掉下来，只有努力付出才会有收获。

——Cienzcaiz bohmeh dwg raq fwn, song fwngz guhhong dwg goek mboq（父母财产是阵雨，双手劳动是源泉）将父辈辛苦积攒的收入比作来去容易的阵雨，劝诫子孙儿女要靠自己的双手创造财富，父辈的财产一旦挥霍不再有。

——Cin hah sai hanh lumj fwn, cou gvaq haeux daeb lumj bya（春夏挥汗如雨，秋后粮食如山）将汗水比作雨水，说明辛勤劳动会有好收成。

——Daihhaij mboujlau raemxfwn lai, hauhhanq mboujlau sinhoj daih（大海不怕雨水多，好汉不怕困难多），Duzyiuh mboujlau rumzfwn, vunzak mboujlau lae lwed（山鹰不怕风雨，勇士何惧流血），采用比喻手法，以自然对象之美来比喻、象征君子之美德，从大海容得雨水与山鹰经得风雨联想到勇士不惧困难与流血牺牲，以大自然的本质比喻勇士的坚韧不拔、坚强勇敢的精神与品质，具有深刻的象征意义。

4. 感悟生活哲理

——Fwn doek moenq nanz hix raemx dumh（毛毛细雨下久也成灾），

Fwn iq gyoeb baenz dah, naed haeux rom baenz loz（细雨流成河，粒米积成箩）, Fwncin foegfoeg, oep vaih nazgyaj（春雨绵绵，沤烂秧田）比喻积少成多。

——Fwn cin bengz lumj youz, rom raemx baujfungsou（春雨贵如油，蓄水保丰收）比喻春雨珍贵。

——Mbwn mbouj goeng, deih mbouj bingz, mbiengj neix fwn doek mbiengj haenx rengx（天不公，地不平，这边下雨那边晴）比喻不公之事。

——Fwn moenq ndang ndaek, vah saek sieng vunz（小雨湿身，恶话伤人）, Raen rumz couh naeuz fwn, luenhgangj haih swhgeij（见风就说雨，闲话害自己），比喻闲言碎语。

——Ngoenz ndit buq ndei roen, ngoenz fwn mbouj caij namh（晴天铺好路，雨天不踩泥）和Dwk fwnz re fwn doek, ciengx lwg re ngoenz laux（打柴防下雨，养崽防年老），比喻未雨绸缪。

（二）泰语谚语中的象征性"雨"意象

泰国是典型的热带气候，雨季显得更长，"雨水"与泰族日常生活更是息息相关。在长期的劳动生产生活中，泰族人创造了大量的"雨"谚语、熟语与词语，其中的"雨"意象有的描述雨季特征，总结雨气象规律，反映雨对人类生产生活产生的影响，更多的"雨"谚语则是对生活哲理的总结，因而具有丰富的隐喻意义和文化含义，映射了现实生活的一些普遍真理，凸显了泰族隐喻思维的一些特征。

ซื้อ ร่ม หน้า ฝน（雨季买雨伞）比喻不合时宜的行为。人们在雨季来临之前没有提前准备，待下雨之后再去买雨伞，雨伞的价格自然会比往时贵。

ฝน ตก แดด ออก（雨过日出）与"雨过天晴"同义，是众所周知的自然规律。在不同语境中，这句谚语有不同的象征意义，表达丰富的话语功能。对于经历失败者，它是激励之言；对于心情悲痛者，它是安抚心灵之话；对于革命者而言，则比喻政治由黑暗到光明。

ฝนตกขี้หมูไหล คนจัญไรมาพบกัน（下雨猪屎流，恶人来相伴），将猪的生活习性与恶人相比。猪吃饱后会排泄并在地上留下成堆猪粪，下雨时猪粪流泥相伴，坏人聚集起来做坏事，就像这与泥泞相伴的猪粪，实在令人恶心。该谚语从动物的生活习性联想到人的不良品行，总结了自然界中人以群分，物以类聚的行为特征或规律。

ฝนตกอย่าเชื่อดาว มีเมียสาวอย่าไว้ใจแม่ยาย（下雨别相信星星，有少妻别相信岳母），说的是布满星星的天空晴朗无云，看起来不会下雨，但不久以后下起雨来也是有可能的；尽管岳母已经同意你向她女儿求婚，不过她也会改变主意将她改嫁给比你更好的男子。该谚语将天气的多变比作人的变化无常，以此告诫人们不要轻易相信别人。

诸如此类的泰语象征性谚语还有很多，例如，ฝนตกไม่ทั่วฟ้า（雨下不均匀）意为下雨没有遍及天下，比喻厚此薄彼，并非一视同仁，ฝนตกก็แช่งฝนแล้งก็ด่า（雨下也诅咒 干旱也咒骂）比喻怨天尤人，พลอยฟ้าพลอยฝน（连带天连带雨）比喻受到牵连，น้ำสั่งฟ้า ปลาสั่งฝน（水告别天 鱼告别雨）比喻惜惜相别，等等。

有趣的是，我们发现壮泰谚语中的"雨"意象也有极其相似的隐喻意义，说明了壮泰民族隐喻思维的相似之处。如，壮语谚语Fwn doek mbouj genj ngoenz, vunz dai mbouj genj seiz（雨下不择日，人死不择时）和泰语谚语ฝนตกไม่มีเค้า（下雨无预兆）。从字面上看，两句谚语均总结了雨气象无常多变的规律，对于说话者来讲，其真正的用意却是比喻突如其来。

四 壮泰谚语中反映民间信仰的"雨"意象：作为一种自然崇拜

风雨这一自然现象因为与农业生产的密切关系而备受远古先民的关注，人们怀着对自然的敬畏心理，描写对及时风雨的期盼和对凄风苦雨的畏惧。及时风雨有利于作物生长，而不适时风雨则会对农作物造成极大的破坏。进入人类审美视野的风雨，因为自身与农业生产的关系而成为包含人类最朴素情感、凝聚人类智慧与愿望的原始意象，代表着人类的精神指向与精神寄托。

（一）雨水的美好寓意

雨作为生命之水，作为生命的符号，带着先民的感激之情积淀于原型世界。壮族谚语Dajndaem baengh fwn raemx, gaicawx baengh aen bak（耕种靠雨水，买卖靠把嘴），Fwn cin bengz baenz youz, gaej hawj raemx beg lae（春雨贵如油，莫让水白流）表达了壮族先民对于雨水的朴素情感。他们认识到雨水是自然万物的生命之源，并将这种感知转化为一种对雨的祈盼和渴望。他们相信雨水会带来喜气和运气，谚语Gwih max caj fwndoek（骑马等下雨）记录了壮族先民在出行前"万事俱备，只欠雨水"，等待雨水来临以保佑他们出行顺利平安，而谚语Cin rumz doeng, fwn cojcoeng（春东风，祖宗雨）反映了壮族先民对风调雨顺的天气的一种感激之情。壮族地区属于亚热带气候，东风带来了暖气流，形成了雨水，对来年的农业丰收起到了关键的作用，壮族认为这是老祖宗的恩赐，称之为祖宗带来的雨。

（二）壮族的雷神崇拜

当雨饱含原始先民的精神寄托，"雨"意象变成了一个民族崇拜的神灵之物。在人类漫长的发展史中，洪水泛滥给人类留下了无法磨灭的记忆。人们对淫雨不止、洪水泛滥的苦闷、烦恼表达了先民一种苦雨的心理模式。《尔雅》对此曾有这样的解释："久雨曰苦雨"，过多的雨水给人类造成灾难。洪水是神话中一种灾难母题，在壮族谚语中，洪水母题已经外化为具有民族特色的生产生活习俗、节日习俗和宗教仪式习俗等，它衍化成为壮族一种文化心理意识，那就是雷王崇拜。壮族谚语Mbwnrengx muengh fwn, mbwnbumz muengh ndit.（天旱望雨，天阴望晴）、Lungz mbouj byaij fwn gohaeux roz, vunz mbouj guh hong ranz mbouj fouq（龙不行雨庄稼枯，人不劳动家不富）反映了壮族朴素的雨神、雷神崇拜观念。

在壮族原始宗教信仰体系中，自然崇拜来自万物有灵的观念。壮族先民原始宗教信仰中的他们崇拜天上诸神，认为天神主宰世间，日神主宰万物生长，而雷神主管雨水，最大的雷神叫雷王。天上雷王是主宰雨水的大神，决定着地上的水灾和旱灾，因此对雷王十分敬畏，谚语Gwnz mbwn goengbyaj, laj dieg goengnax（天上雷公，地上舅公）反映了雷神（王）在壮族人民心目中的地位。壮族先民的祈雨、止雨的仪式活动大多与雷相关。农耕时节，人们祈盼雷公保持雨水丰足以养活禾苗，当淫雨不止的时候，人们祈祷上天、祈求雷神止雨。正如谚语Byaj byak naeuh, biengz gaeuq ndei（雷王不响，这边就好）所说的，壮族先民认为，只要雷王不出声，天不再下雨，就不会有水灾了。于是天旱时祈雨、水灾时祭拜雷王就成了壮族先民生活中重要的一部分。壮族地区很多村寨都建有雷王庙，逢年过节要祭拜以祈祷风调雨顺、五谷丰登，在水灾或旱灾时也要祭拜，祈求雷王停止洪涝、调风化雨或呼风唤雨。壮族民间流传很多雷神（王）的故事，其中最有名的是《布伯斗雷王》，又名《洪水的故事》、《雷王的传奇》、《盘古》等，这些故事没有统一和固定的标题，但是主人公都极为相似，内容基本相同。雷王是造雨之神，谚语中的"雷"意象其实就是"雨"意象的代身，它反映了壮族原始的雷神崇拜。

（三）泰族的祈雨仪式

泰语谚语ອານຸภาพ ดัง ฟ้าผ่า（威力响雷击）比喻雷霆万钧，说明泰族先民对雷鸣威力的体验与感知，但泰族的宗教信仰中没有雷神（雷王）崇拜。为了抚慰担心农业歉收的忧虑心理，他们每年举行"求雨"节日，包括佛历六月的宋干节、火箭节或每逢干旱举行的各种求雨仪式。每年佛历六月举行"春耕节"，由国王亲自主持祭祀天神，保佑风调雨顺、五谷丰登，因为佛历六月正是泰国干旱季节，犁过的田地开裂，禾苗生长需要足够的水分，特别是雨水的浇灌，而在泰国东北部，热季时经常发生旱灾，因此在这里举行的求雨仪式比其他地方频繁，谚语ข้าว คอย ฝน（禾苗等雨 稻等雨），ฝน ฟ้าอำ นวย（需要雨天）描写了人们期盼雨水的急切心理。沐浴是"求雨"节日的内容之一，宋干节是泰国最热的时候，有给佛像沐浴的习俗，有的村寨村民会邀请家里爷爷奶奶或村里德高望重的老人到水里沐浴，有的地方会给和尚沐浴以表示其级别得到提升，经过沐浴的水被视为神水，人们互相泼水祝福，因此宋干节也称为泼水节，สาดน้ำรดกัน（互相泼水浇对方）记录了宋干节泼水的情景。在一些求雨仪式中，人们抬着母猫游行，并且自始至终都要唱歌，内容与求雨相关。经过求雨仪式之后，终于迎来了阵阵雷声和大雨。泰语谚语ข้าว คอย ฝน（禾苗等雨 稻等雨）反映了求雨仪式上人们对降雨的渴求与祈盼，而กระดี่ ได้ น้ำ（丝足鱼得水）描写了泰族先民喜雨、好雨的情怀，当大雨来临之时，人们欢呼雀跃，就像丝足鱼获得了久逢的甘露。[8]

在这些与民间信仰相关的谚语里，"雨"意象承载着独特的思想内涵与文化信息，表达了壮泰民族喜爱雨水、期盼好运、崇敬造雨之神的淳朴情愫。

五 结语

雨，是一种自然物象，是农业发展的命脉之水和人类生命之源。雨，是文学创作的一个主题，当"雨"意象被赋予人的情感内涵，成为文人吟咏的对象，它是一种具有象征意义的文学意象。雨，是一个民族表达祈愿的托物，当"雨"意象饱含原始先民的精神寄托，它变成为一个被崇拜的神灵之物。壮泰民族有大量与雨相关的谚语，有的气象谚语创造了描述性"雨"意象，真实反映壮泰民族居住地区雨气候特征并总结与雨气候相关的农耕活动及其规律；有的隐喻性谚语创造了象征性"雨"意象，赋予了"雨"这个隐喻意象独特的象征含义，反映了壮泰民族特有的隐喻思维；而在那些描述、记录壮泰民族喜水节日或祈雨祭祀仪式的谚语中，雨成为一个自然崇拜，"雨"意象被赋予了丰富的文化内涵，反映了独具壮泰民族文化特色的原始宗教信仰。

参考文献

［1］ 张美丽：《东坡词中"雨"意象的审美意蕴》，《黑龙江社会科学》2009年第6期。

［2］ 庄超颖：《论张爱玲小说的雨意象》，《福建师范大学学报》（哲学社会科学版）2010年第6期。

［3］ 刘倩：《唐诗雨意象研究》，硕士学位论文，内蒙古师范大学，2012年，第2页。

［4］ 黄田田：《论唐诗中的风雨意象》，硕士学位论文，山东师范大学，2011年，第1页。

［5］ Stewart Kingsbury, *Weather Wisdom*: *Proverbs*, *Superstitions*, *And Signs*. New York: Peter Lang Publishing, Inc. 1996, p. 1.

［6］ Richard Inwards, *Weather Lore*（*the Fourth Edition*）. New York: S. R. Publishers Limited. 1969, pp. 21—26.

［7］ 袁行霈：《中国诗歌艺术研究》，北京大学出版社1996年版，第53页。

［8］ 周艳鲜：《从农业谚语看壮泰民族的传统农耕文化》，《广西民族研究》2016年第6期。

（原文载于《广西民族师范学院学报》2018年第10期）

壮泰谚语对比视界中动物意象的隐喻机理阐释

石 岩

一 引言

意象是中西诗学中常见的一个概念。在中国，人们主要把意象理解为一种象征，一种"表意之象"，即具体有形的形象，诗人立象的目的是为了把丰富、深刻的思想意念用具体可感的形式表现出来。类似地，英美意象派所提倡的"image"是指"运用想象、幻想、譬喻所构成的各种具体鲜明的、可以感知的诗歌形象"。[1]意象派主张把自己的情绪全部隐藏在意象的背后，通过意象将它们暗示出来。传统的意象观认为意象是以语言为物质外壳的主客观统一体，是以语词为外在附着物的意念，对意象的研究往往局限于文学，特别是诗学的层面上，忽视了动物意象是谚语中隐喻意义概念化的主要载体之一的事实。迄今已有语言学专家从认知语言学的角度对隐喻意象构造、英汉语言意象隐喻差异及其翻译进行了有益的探索。[2,3]但是令人惋惜的是，这些研究或只宽泛地就隐喻意象如何构建，或只就在翻译中如何转换意象等问题做了概括性的分析，缺乏微观性的个案研究。基于此，本文参照壮泰谚语中的动物意象隐喻赋义和释义的生成机制，从认知隐喻学的视角揭示壮泰谚语中动物意象隐喻的异同及其背后深刻的认知理据。

二 谚语中动物意象的隐喻属性

认知隐喻理论摒弃了以往把隐喻仅仅看作一种修辞手法的观点，认为隐喻是一种认知模式，是"以一事物描写另一相关事物的思维方式"，[4]其实质是一种跨越不同概念域的映射，即认知从源域到目标域的映射，或通俗地说，认知主体运用喻体的知识结构来突显或藏匿本体。"在描述抽象事物时，隐喻思维尤其能帮助人们将抽象概念具体化，通过人类已知和熟悉的经验来理解和体验未知和抽象的事物，表现在语言中就是用我们熟悉的方式来表达抽象概念。"[5]相对于谚语中的动物意象本身而言，其隐喻意义是具有抽象性的，所以解读含有动物意象的谚语，在很大程度上依赖于隐喻投射机制对其进行概念化和表述。谚语中的动物意象作为人类概念体系对世界经验化的产物之一，认知主体对其赋义和释义是受他们的周遭境遇、文化积淀、认知水平等因素影响和制约的。

谚语中的动物意象不能通过其字面意义去直接解读，而须通过概念隐喻在动物的某些习性特点与隐喻义之间建立映射关系，搭建桥梁。如壮语谚语"Huk siengq duz mou（蠢得像只猪）"比喻笨拙、愚蠢的人，是把源域猪笨拙的特性投射到目标域人的身上。泰语谚语"งุ่มง่ามเหมือนปู（笨如螃蟹）"与其有异曲同工之妙，把源域螃蟹横行滑稽的模样投射到人的目标域，形容人笨手笨脚、行动缓慢。

三 壮泰谚语动物意象及其隐喻解读

通过查阅相关的文献资料，发现壮泰谚语都十分擅长使用动物进行比喻。根据隐喻源域与目标域相互映射的对应关系，壮泰谚语中的动物意象隐喻可以从以下三个方面进行对比解读。

（一）动物意象相同，隐喻义相同

壮语与泰语有着许多相似之处，以下壮泰谚语不仅具有相同或相似的语法、句式结构，更重要的是，这些谚语中的动物意象相同，其隐喻意义也相同。换言之，谚语隐喻共享源域和目标域；投射方式也是一样的。例如：

（1）Deuz guk youh nyangz mui.*
　　逃　虎　又　遇　熊（躲开老虎又遇到熊。）

（2）หนี เสือ ปะ จระเข้
　　避　虎　遇　鳄（逃离虎口又遇到鳄鱼。）

---

* 为方便对比，壮泰谚语例子成对列出分析；壮谚例子在前，泰谚例子在后，下同。

谚语（1）和（2）都比喻刚刚脱离一处危险之地，又陷入另一危险之中。分别使用源域虎（guk/เสือ）、熊（mui）、和鳄鱼（จระเข้）三种动物意象，其中"虎"是壮泰两句谚语形容险境时共用的意象。壮泰人民共有的生活体认使得他们在隐喻机制的作用下，把老虎残暴、凶猛、捕猎的特质概念化成对人具有威胁性的境遇。所不同的是，同样描写"另一险境"，壮泰谚语分别使用了熊和鳄鱼的意象，这是后面要探讨的问题。

（3）Meuz mbouj youq ran nou fan mbwn.
　　　猫　不　在　家　鼠　翻天

（4）แมว ไม่ อยู่ หนู ละเลิง
　　　猫　不在　鼠　得意

例（3）和例（4）都比喻了无人管制时，被管的人就可以恣意妄为。"猫"和"鼠"是天敌，"猫"捉"老鼠"，制约着"老鼠"，当中所体现的是两者矛盾、对立的关系，与现代汉语中的"山中无老虎，猴子当大王"的含义是一样的。

（5）Mboenj gyu fat non.
　　　罐　盐　发　虫（盐罐里生虫。）

（6）เกลือ เป็น หนอน
　　　盐　成　虫（盐堆里生虫。）

人类生活经验告诉我们：虫子喜欢啃食植物、破坏植物，易繁衍在腐蚀动物的身体中，而盐里生虫简直是不可思议的事。所以例（5）壮语谚语比喻的是内部出现毛病，形容一个群体或是一个组织发生内讧、叛变的行为，用以讽刺；例（6）泰语谚语喻义是家庭成员中，有人吃里扒外，把家丑外扬。都是"盐里生虫"，可见壮语与泰语的相似程度之高。但人们不以虫子本身的自然个性去定义形象，只是纯粹地利用一个自然现象设喻。

（二）动物意象相同，隐喻义不同

相对于上面壮泰谚语中动物意象及其隐喻义完全对应而言，下面要探讨的是一种半对应的关系，即壮泰谚语共享的动物意象被赋予不同的隐喻义，这种差异与一个地区的风俗习惯、文化内涵和认知语境等有着牵绊。例如：

（7）Gaeq haen ranz caez rongh.
　　　鸡　叫　屋　齐　亮（鸡鸣天齐亮。）
（8）ไก่ ขัน ไก่ โห่
　　　鸡啼　鸡鸣

鸡鸣是一种很正常的自然现象，同样是"鸡鸣"，但有着不同的隐喻。壮语谚语里"鸡鸣"受其语境"天齐亮"的影响，比喻懒人的托词，意思是"你忙我不忙，到了收割的季节，大家的稻谷一样黄"；泰语谚语则比喻时间，公鸡报晓，黎明来临。类似的例子还有：

（9）Bya dai aek baiq mbwn.
　　　鱼　死 胸　拜　　天（死鱼用肚来祭天。）
（10）ปลา ตาย น้ำ ตื้น
　　　　鱼　死　水　浅（鱼死在浅水滩。）

上面两句谚语都有"死鱼"这一意象，但隐喻义不同。例（9）是说鱼死后肚白朝天，算是对天的祭祀，这是对暴政的幽默讽刺；比喻死个老百姓就像死掉一条鱼一般，活不下去的人对死无所谓。例（10）中的"鱼"（ปลา）形容学识渊博之人，而ปลาตาย（鱼死）是指"鱼死在……"是介宾结构，整个谚语的意思是有能力、有知识的人不能解决小问题。

（三）动物意象不同，隐喻义相同

在壮泰谚语中动物意象及其隐喻义的关系上，还存在另一种半对应关系，即两种谚语中不同的源域被投射到相同的目标域之上。通俗地说，就是不同的动物意象具有相同隐喻义。例如：

（11）Roeg ndei ndij bwn，Vunz ndei ndij buh.
　　　鸟 好 与 毛　　人　好 与　衣（鸟好看在羽毛，人好看在服装。）
（12）ไก่　งาม เพราะ ขน คน　งาม เพราะ แต่ง
　　　鸡 美 因为 羽毛 人 美 因为 打扮（鸡因羽毛而美，人因打扮而俏。）

谚语（11）和（12）隐喻目标域一样，都表达"人靠衣装，马靠鞍"的道理，但是源域不一样。壮语谚语用鸟的羽毛做铺垫，引出人要衣着得体，三分身材七分打扮的关键所在；泰语谚语里则是用鸡的羽毛来做铺垫，引出喻义。又如：

（13）Gaj vaiz meh aeu seiq cangz naeng.
　　　杀　牛　母　要　四　两　皮（杀只母牛要四两皮）
（14）ฆ่าช้าง เอา งา
　　　杀象　取（象）牙

上面两句谚语隐喻的源域不同，但是不论是"杀象取象牙"，还是"杀牛取牛皮"，它们都投射到了共同的目标域，即都比喻为得到小利益而放弃大利益的做法，因小失大，得不偿失。此话常用来批评那些把好材料作小用场使的行为。

此类例子还有很多，比如：

（15）Duzbing song gyaeuj haeb.
　　　蚂蝗　　两　头　咬
（16）นก สอง หัว
　　　鸟　两　头（双面刀）
（17）Roeglaej doek ndoengj mba.
　　　麻雀　　落　簸箕　粉（麻雀落到粉簸箕。）
（18）หนู ตก ถัง ข้าว สาร
　　　鼠　落　桶　米（老鼠掉进米桶。）

四　壮泰谚语中动物意象隐喻异同理据考究

承前所示，基于壮泰谚语中的动物意象的隐喻具有一定的广泛性，两种谚语在动物意象的选取及其隐喻赋义和释义等方面存在异同。一方面，世界上各种民族虽有诸多不同，但是都生活在同一个星球上，对同样的客观世界或多或少会有相同的体认。隐喻是人类共有的源于体验哲学的一种认知方式，所以，跨民族的隐喻自然具有相似性。另一方面，不同民族由于自身独特的地理环境、宗教信仰、民俗民风、价值取向等因素，人们运用隐喻思维认知世界时，就会产生极具特色的民族性。就壮泰谚语而言，其中的动物意象隐喻异同的生成与解读在很大程度上是受到地理环境和宗教信仰影响和制约的。

（一）地理环境

泰国位于北纬6°至20°，中部、南部属于热带气候，而北部、东北部偏向于亚热带，但泰国大部分地区属于热带季风气候，并有绵长的海岸线。另外，泰国森林资源丰富，现有森林面积116.30万公顷。湄南河自北而南地纵贯泰国全境，注入泰国湾。独特的地理自然环境，孕育了珍贵的野生动物，比如大象、鳄鱼、蛇、猴子等，栖息于森林之中；鱼、虾、贝、蟹等也在泰国湾里大量繁殖；除此之外，泰国平原面积广阔，适宜农耕，蓄养家禽牲畜如牛、猪、狗、鸡、鸭等。人们进山伐木、下海捕鱼、圈养牲畜，使得这些动物变得与人们的生活息息相关。人们对这些动物的特性十分了解和熟悉后，便根据动物的形象来打比喻，创造出有关的谚语、熟语。而中国的壮族人口主要集中在广西壮族自治区。广西地处低纬度，北回归线横贯全区中部，属中亚热带季风气候区，南部地区则偏向热带季风气候，雨热充足，与泰国的农耕文化有着极其相似的有利条件。因而在选取某类动物意象上，比如猪、牛、鱼、狗、猫等，有着异曲同工之处。但也有不同甚至找不到对应的动物意象，比如大象、鳄鱼等，因为在壮族群居生活的地方很少或甚至是没有此类动物。所以在壮语谚语里就找不到与之对应的动物意象。同样，壮语谚语里出现的蚯蚓、蚂蝗、老鹰等，在泰语谚语亦不常见。因此，气候不同、地域不同使得壮泰两个民族选择适当的隐喻来调适他们的认知语境，壮泰谚语中动物意象隐喻的民族特色也因此开枝散叶。

（二）宗教信仰

"壮族历史上从未形成过自己的宗教中心或统一的宗教文学。"[6]壮族的宗教信仰多为自然崇拜和祖先崇拜，可壮族人信奉的神很多，但随着壮族社会的发展，壮族的宗教思想逐渐发展成本民族的宗教——巫教即麽教。这种融合在壮语谚语中也有所体现。比如"Gaeuj vaiz lumz mauh, Guh dauh lumz gyong（看牛忘带草帽，做道法忘记拿鼓）"比喻干活不带工具；"Naih souj naih baenz baed（耐得修炼方成佛）"比喻经历一番艰辛方可得到回报；"Ndang mbouj ndei laih fangz doz, Mo mbouj lingz laih gaeq iq（身体不好赖鬼缠，巫术不灵嫌鸡小）"比喻做事不成功，归罪于客观条件不好。可见，这些具有宗教色彩的壮语谚语源于现实也反映生活，实实在在地呈现道教结合的特点。

另外，壮族是一个稻作民族，很崇敬青蛙，有些地方的壮族支系认为青蛙便是他们的祖先，依照壮族人崇拜祖先的传统，有专门的"敬蛙仪"，所以一些壮族地区，严禁捕杀青蛙，也不能吃蛙肉，民间还流传着"Fwngz mbouj caeux gvej, mbouj lau byaj bag（手不拿青蛙，不怕雷公劈）"。

泰国佛教起源于公元前267—227年，由印度传入泰国。目前，超过九成的泰国人信奉塔娜娃达佛教（主要是南传佛教，即小乘佛教）。"小乘佛教把释迦牟尼佛视为唯一的教主，追求个人自我解脱，把'灰身灭智'证得阿罗汉作为最高目标。"[7]佛教还是泰国道德礼教的"准则"，维系社会和谐及推动艺术的原动力。因而泰国人崇尚"ทำ ดีได้ดี ทำชั่วได้ชั่ว（善有善报，恶有恶报）"，从而有"หมากัดอย่ากัดตอบ（狗咬莫咬回，即莫与恶人斗）"的退一步海阔天空的思想；以及"ข้าวใหม่ปลามัน（饭新鱼脂肪，即新婚燕尔）*"象征世间的美好生活憧憬等谚语。可见佛教在泰国的社会中具有十分重要的影响力。

泰国人民对大象有着极深的情感。相传，"佛祖释迦牟尼是在其母亲梦见白象后诞生的，泰国以佛教为国教，因而古往今来将白象视为镇国瑞兽，象征昌盛吉兆。"[8]在曼谷卧佛寺中的佛案上，象雕是和佛祖摆放在一起供人们祭拜的。泰国有"ดูช้างให้ดูที่หาง ดูนางให้ดูที่แม่（看象要看尾，看姑娘要看母亲）"的择偶标准，这就不难解释为什么关于大象的谚语富有美好的意蕴。

由此可见，壮泰民族不同的宗教文化模型，使得他们对动物意象具有不同的体认。借助此类体认，他们将各自的感受、意念和经验转化到谚语上，由此及彼，由此喻彼，使得谚语中动物意象的隐喻具有鲜明的民族文化特异性。

五 结语

隐喻是人类认知世界的一种重要工具。谚语中的动物意象隐喻是利用具体有形的动物形象来描述抽象无形的事物。其隐喻意义的产生可视为认知主体结合自身百科知识和体认经历相互映射认知源域与目标域后的产物。本文所概述的壮泰谚语中动物意象的隐喻异同源自壮泰两个民族共同的身体体验和不同的文化模型，即异同并存的地理环境和不同的宗教信仰。

---

* 泰国民间流传婆罗攀摩创立万物，受到人们的祭拜，相传婆罗攀摩喜食鱼腹上的脂肪，于是泰国百姓认为鱼脂肪象征着世间的美好景象，因而这一带有宗教色彩的谚语用来比喻新婚夫妻如同鱼腹上的脂肪，是世间的美好代表。

参考文献

[1] 袁行霈：《中国诗歌艺术研究》，北京大学出版社1987年版，第58页。

[2] 张维鼎：《隐喻意象认知与直觉感悟》，《西安外国语大学学报》2007年第1期。

[3] 丁国旗：《认知语法视角下意象分析与翻译》，浙江大学出版社2011年版，第124—151页。

[4] Johnson, M. *The Body in the Mind: The Bodily Basis of Meaning, Imagination, and Reason.* Chicago: University of Chicago Press, 1987, p. 15.

[5] 孙毅：《英汉情感隐喻视阈中体验哲学与文化特异性的理据探微》，《外语教学》2010年第1期。

[6] 蒙元耀：《壮语熟语》，民族出版社2006年版，第8页。

[7] 杨学政：《云南宗教知识百问》，云南人民出版社1994年版，第8页。

[8] 高文娟：《象行泰国》，《新烟草》2013年第16期。

（原文载于《百色学院学报》2015年第1期）

泰语气象谚语分析

阳亚妮

一 前言

气象谚语是人们对气象的观察和总结，反映一定的规律，有一定的科学依据，对预测气候变化、适时安排、应对农事及其他活动有一定的作用。农业是泰国传统经济产业，全国可耕地面积约占国土面积的41%，农产品是泰外汇收入的主要来源之一，气象对农业的重要性是可见一斑的。此外，人类的衣食住行都与气象有着密切关系。

二 泰语气象谚语分析

泰语气象谚语是泰国人民与自然做斗争所积累和总结的经验教训，对其在社会生活中有着一定的指导作用，随着历史的不断发展，泰语气象谚语被人们用口头相传，或笔记记录等形式保留了下来。农努·毕查王伟功《泰国谚语大全》（2007），泰语气象谚语并类别划分，可反映出泰语气象谚语所占的谚语比例较小。

1. 气象谚语预示气象

泰语气象谚语中，真正含有"气象"意思的谚语其实并不多，而且谚语包含的意象也相对简单。如：ฝนตกแดดออก（雨下太阳出，译为雨过天晴）、ฝนตกไม่มีเค้า（雨下没有预兆，译为下雨无预兆）、เร็วปานลมพัด（快似风吹，译为风驰电掣）、อานุภาพดังฟ้าผ่า（威力如雷击，译为雷霆万钧）、คลุ้มฟ้าคลุ้ม（天阴雨阴，译为乌云密布）、ดาวล้อมเดือน（星星包围月亮，译为百鸟朝凤），ฝนฟ้าอำนวย（雨和天允许，译为风调雨顺），ฟ้าหลังฝน（雨后天空，译为雨过天晴），หิมะเป็นนิมิตมงคล（雪是吉祥，可理解为瑞雪兆丰年）。泰国是一个处在热带的国家，夏、冬两季陆地和海洋的气温和气压悬殊，是典型的热带气候。除北部山区少数地方外，纷纷扬扬的雪花对泰国人来说确实很稀罕。

2. 气象谚语与农业生产活动关系密切

泰国地处热带，雨量充沛，适宜农作物生长，所以种植业自古就是泰国农业最重要的部门，气象谚语与农业生产活动有着紧密关系。谚语揭示了劳动人民进行劳动生产活动的艰辛与自然作斗争的困难，如：หลังสู้ฟ้าหน้าสู้ดิน（背斗天，脸斗地，意思是面朝黄土、背朝天），หลังตากแดด（背晒太阳，意思是在太阳底下暴晒，埋头苦干），กรำแดดกรำฝน（忍受太阳，忍受雨，意思是日晒雨淋），ใบหน้าง้ำคว่ำดูดิน（脸朝下看土，意思是面朝黄土），อดอยากปากแห้ง อดแห้งอดแล้ง（忍住口干，忍受干旱，意思是吃不好，忍受苦难），พลอยฟ้า พลอยฝน（跟着天，跟着雨，意思是受连累），ฟ้าเคืองสันหลัง（天怒脊背，意思是从天而降的惩罚）。

3. 气象谚语预示人生哲理

泰国人民在与自然做斗争中总结经验教训，用自然意象创造出气象谚语，虽然谚语含有"气象"的意象，但暗含的意思与气象并无关系，而更多表达的是人生道理。这些谚语因为含有"气象"的意象，显得生动、通俗易懂，流畅动听，易于流传。如：ฝนตกไม่ทั่วฟ้า（不是每一片天空都下雨，译为厚此薄彼），ฝนทั่งให้ เป็นเข็มตราเป็นเข็ม译为铁柱磨成针，ฝนตกก็แช่งฝนแล้งก็ด่า（下雨也骂，干旱也骂，译为费力不讨好）ฝนตกขี้หมูไหล คนจัญไรมาพบกัน（雨下猪屎流，恶人来相见，译为物以类聚），ฝนตกอย่าเชื่อดาว มีเมียสาวอย่าไว้ใจแม่ยาย（下雨别信星星，有幼妻勿放心岳母，译为勿轻信他人），ฝ่าลมฝ่าฝนไปอย่างไม่ท้อถอน（冒着风冒着雨去，似不妥协，译为风雨无阻），กินลมกินแล้ง（吃风吃干旱，译为吃西北风，白费力气），ชั่วฟ้าดินสลาย（天坏地陷，译为天长地久，海枯石烂），อาบน้ำร้อนมาก่อน（先洗过热水澡，译为经验老到）。

三　影响泰语气象谚语的因素

1. 地理环境

泰国地处东南亚的中心，在北纬5°7′和东经97°2′—105°7′之间，国土面积为51.3万平方公里，陆地边界线长约3400公里，海岸线长约2614.4公里。泰国地处热带，夏、冬两季陆地和海洋的气温和气压悬殊，是典型的热带气候。泰国阳光充足，潮湿闷热。全年为三个季节：3月到5月为热季，气候炎热干燥；6月到10月为雨季，受西南季风的影响，全国普遍降雨；11月到次年2月为凉季，受东北季风的影响，这个季节泰国的大部分地区气温降低，气候凉爽宜人。泰国的凉季和热季很少下雨，因此也叫干季和旱季。地处马来半岛北部的地区则属热带雨林气候，终年炎热多雨，无明显旱季。泰国平均最低气温为20℃，最高气温为37℃，气温的年温差很小。泰语中的气象谚语相对没有那么复杂和繁多。

2. 经验总结

气象谚语不是一蹴而就的，是日积月累的，是前人积累的经验总结，是人民在长期的生产生活实践中积累下来的，气象谚语是有规律可循的，有一定的合理性和准确性，并且影响着千家万户的衣食住行。

3. 生活方式

泰国自古就是一个依水而生的国家，国内河流纵横，雨量充沛，适宜作物生长，所以种植业自古就是泰国农业最重要的部门，气象谚语绝大部分都与农业生产活动有着密切关系，也可以说，大部分的气象谚语是因农业而产生。

四　总结

在漫长的历史长河中，人们把自己在劳动生产和生活斗争中所积累的心得和经验，用最精练的语言表达出来，又在世代口耳相授的流传过程中，不断加以琢磨，形成现在我们熟悉的谚语。泰语气象谚语可预示气象，与农业生产和人生哲理相关，受地理环境、生活经验和生活方式等因素的影响。

（原文载于《佳木斯职业学院学报》2016年第4期）